십 계 명 과 열 가 지 재 앙 의 연 관 성

누가 우리의 왕인가

| 서대천 지음 |

쿰란출판사

누가 우리의 왕인가

추천사

왕을 잃어버린 시대에
참된 왕을 다시 보여 주는 귀한 책

우리 시대는 풍요로워 보이지만 실상은 방향을 잃은 시대입니다. 지식은 넘쳐나지만 영혼이 의지할 왕은 사라졌고, 문명은 빠르게 달리지만 마음의 중심은 무너지고 있습니다. 그러기에 우리는 다시 묻게 됩니다. '과연 누가 우리의 왕인가?'

서대천 목사님의 《누가 우리의 왕인가》는 이 근본 질문 앞에 독자를 세우며, 십계명과 열 가지 재앙을 통해 하나님의 통치의 선하심과 그 통치를 떠난 인간의 붕괴를 복음적 시각으로 밝히 보여 줍니다. 목사님은 많은 사람이 따로 읽어온 두 본문에서 하나님의 언약, 그리스도를 예표하는 복음의 길, 왕 되신 주님의 통치를 놀라울 만큼 자연스럽고 깊이 있게 드러냅니다. 특히 열 번째 재앙은 단순한 심판이 아니라, 하나님께서 장차 독생자이신 참 장자 예수 그리스도를 내어 주시기까지 우리를 포기하지 않으시는 사랑의 그림자로 새롭게 읽게 합니다. 하나님께서 심판의 어둠 속에서도 이미 준비하신 구원의 새벽을 보여 주는 이 대목은 저자의 통찰이 빛나는 이 책의 가장 감동적인 부분입니다.

서대천 목사님의 글은 따뜻하면서도 성경신학의 큰 흐름을 정교하게 엮어, 독자가 자연스럽게 예수 그리스도의 왕 되심을 고백하게 합니다. 이 책은 단순한 설교집이 아니라, 왕을 잃어버린 시대에 참된 왕을 다시 선포하는 책입니다.

저는 기쁨과 확신을 가지고 본서를 모든 성도와 사역자에게 적극 추천합니다. 이 책을 통해 독자 모두의 마음의 왕좌에 예수 그리스도께서 다시 영광스럽게 자리하시기를 축복합니다.

김장환 목사

극동방송 이사장

추천사

누가 우리의 왕인가?

금번에 홀리씨즈교회를 섬기시는 서대천 목사님이 《누가 우리의 왕인가》라는 제목의 귀한 설교집을 펴내신 데 대하여 축하의 말씀과 함께 격려의 말씀을 드립니다.

본서는 일반적인 설교집과는 다른 독특한 특징이 있습니다. 일반적으로 설교집은 전체 내용에 일관성이 결여되고 성도들의 삶을 강조하는 도덕적인 내용을 많이 포함하고 있습니다.

그런데 서대천 목사님의 《누가 우리의 왕인가》는 하나님의 구속 역사 진행의 과정에서 발생한 사건들을 연계하여 성도들의 믿음의 핵심이 무엇이며, 성도들이 하나님의 뜻을 이루기 위해서는 어떻게 살아야 하는지를 잘 설명해 줍니다. 따라서 본서는 예수 그리스도를 통한 하나님의 구속 역사의 과정을 조직적으로 풀어내는 체계적인 특성을 가지고 있습니다.

또 본서는 독자들이 하나님의 구속 역사 진행 과정의 단면들을 들여다볼 수 있게 하며, 십계명의 깊은 뜻을 터득할 수 있게 해줍니다.

예를 들면, 십계명의 제1계명과 출애굽 당시 하나님께서 애굽에 내린 첫 번째 재앙을 연계시키고, 십계명의 제2계명과 출애굽 당시 두 번째 재앙을 연계시키는 등 특별한 방법으로 하나님의 구속 행위의 두 사건을 풀어가며 성도들이 현재의 삶을 어떻게 살아야 할 것인지 도전합니다.

따라서 본서는 예수님께서 "네 마음을 다하고 목숨을 다하고 뜻을 다하여 주 너의 하나님을 사랑하라"(마 22:37)고 하신 첫째 되는 계명과 "네 이웃을 네 자신같이 사랑하라"(마 22:39)는 둘째 되는 계명을 모두 포함하고 있는 귀한 설교입니다.

본서는 주제와 관련된 성구를 철저히 제시함으로써 성경의 교훈에서 벗어나지 않고, 성경을 통해 하나님이 역사의 주인임을 분명히 깨닫게 해주며, 우리의 왕 되신 예수 그리스도의 복음을 위하여 사는 것이 무엇인지를 배우게 합니다. 이에 본서를 적극 추천하며 목회자들과 성도들에게 일독을 권합니다.

박형용 박사

한국성경신학회 회장·합동신학대학원대학교 명예교수

추천사

예수 그리스도 안에서 '십계명'과 '열 가지 재앙'의 연관성을 밝힌 복음설교

오늘날 한국교회는 여러 위기에 직면해 있습니다. 그중에서 근본적인 위기는 강단의 위기입니다. 교회 강단은 예수 그리스도의 복음이 선포되어야 하는 거룩한 지성소입니다. 그런데 지금 한국교회 강단에는 '오직 예수'를 증언하는 '복음설교'가 희귀합니다. 이 땅에 복음이 들어온 후 오랫동안 소위 '기복설교'가 대세를 이루다가, '은사설교', '성장설교', '윤리설교'로 이행하더니, 지금은 설교자의 현학(衒學)에 치우친 '지성설교'가 주류를 이루고 있는 것 같습니다. 저의 이러한 판단을 편견이라고 나무랄지도 모르지만 한국교회 강단의 건강한 회복을 위하여 드리는 고언입니다.

이러한 상황에서 저는 오래전에 '오직 예수'만을 선포하는 교회와 설교자를 만났습니다. 홀리씨즈교회 서대천 목사님은 두 가지 면에서 제가 미처 하지 못한 일을 하고 있었습니다. 하나는, 제가 다음 세대 사명자의 인격 교육을 소홀히 한 반면, 서 목사님은 '오성 교육'이라는 영성훈련을 통하여 다음 세대를 철저히 '예수 그리스도의 일꾼'으로 양육하고 있었습니다. 다른 하나는 강단에서 예수님만을 증언하는 이른바 '복음설교'로 일관하고 있었습니다. 그래서 교단을 초월하여 십수 년 전부터 홀리씨즈교회에 출석하며 '복음설교'를 통해 예수님을 새롭게 만나고 있습니다. 기실 평생 신학교에서 복음의 사명자를 길러온 노병으로서 매 주일 설교에 은혜를 받고 회개의 눈물을 흘리기란 쉽지 않습니다.

이번에 서대천 목사님이 펴낸 설교집 《누가 우리의 왕인가》는 한마디로 그의 '예수 설교'의 정화라고 할 것입니다. 그것도 출애굽 당시 하나님께서 애굽에 내리신 열 가지 재앙과 출애굽 후 시내산에서 모세를 통하여 선민 이스라엘에 주신 십계명의 연관성을 예수 그리스도 안에서 구속사적으로 밝힌, 그 사례가 드문 설교입니다. 두 사건이 지향하는 영적 주제는 바로 하나님의 주권(Sovereignty of God)으로 성취되는 예수 그리스도의 구속사입니다. 이 열한 편의 설교는 하나님의 주권적인 역사 속에서 예수 그리스도의 구속 사역을 성취하기 위한 예표적인 사건과 그 연관성을 심층적으로 살펴본 독창적인 복음주의 설교로, 이 시대의 성도들에게 '진정 우리의 왕은 누구인가'라는 궁극적인 질문을 던지고 있습니다.

이 설교는 왜 우리가 예수님을 믿어야 하며, 예수님을 믿는 자는 어떤 삶을 살아야 하는지에 대한 명확한 답을 제공합니다. 결과적으로 예수를 믿는 우리가 얼마나 행복한 사람인지를 깨달음으로써, 하나님을 잃어버린 이 시대에 성도들이 '오직 예수 외에는 소망이 없다'는 확고한 믿음과 사명감으로 재무장하여 복음으로 이 땅을 변화시켜야 한다는 '예수님 메시지'입니다.

이에 본서를 한국교회 목회자들과 성도들에게 적극적으로 추천하는 바입니다.

김성영 박사

전 한국복음주의신학회 회장·전 성결대학교 총장

머리말

십계명과 열 가지 재앙, 그리고 '왕'의 의미를 묻는 당신에게

사랑하는 독자여, 당신은 지금 한 권의 책을 펼쳤지만, 사실은 한 시대를 가르고 다시 세우는 하나님의 손길 앞에 서 있는 것입니다.

출애굽의 광야에서 울려 퍼진 십계명은 단지 인간에게 주어진 법이 아니라, 우주를 지탱하는 보이지 않는 하나님의 질서가 인간의 언어로 번역된 것이었습니다.

그리고 애굽을 뒤흔들었던 열 가지 재앙은 그 질서를 거부한 세상이 얼마나 빠르게, 얼마나 철저하게 무너지는지를 보여 주는 역사 속의 심판이자 영원의 그림자였습니다.

이 두 사건은 서로 떨어져 흐르는 개별의 강이 아닙니다. 둘은 서로를 향해 흐르며, 한 지점에서 교차하고 맞닿아 마침내 하나의 질문으로 귀결됩니다.

'과연 누가 우리의 왕인가?'

1. 십계명은 왕의 음성이고, 재앙은 왕을 거부한 세계의 붕괴입니다

십계명을 읽을 때 우리는 '윤리'를 떠올립니다. 그러나 성경은 그보다 훨씬 더 깊은 것을 말합니다. 십계명은 왕의 나라를 지탱하는 언약의 뼈대, 즉 하나님의 백성이 어떤 존재로 살아야 하는지에 대한 신적 선언입니다.

반면 열 가지 재앙은 그 신적 선언을 거부한 애굽 문명이 참된 왕이 없는 질서 속에서 어떻게 자기 심장부터 무너져 내리는지를 보여 준 하나님의 역사적 서사입니다.

물이 피로 변한 것은 단지 강의 변질이 아니라, 하나님 아닌 것들을 신으로 삼은 인간에게 생명의 원천이 어떻게 죽음의 원천으로 변하는지를 보여 주는 첫 번째 계명의 붕괴였습니다. 폭우처럼 떨어진 우박은 가정을 파괴하는 간음의 죄가 결국 삶 전체를 산산조각 낸다는 일곱 번째 계명의 그림자였습니다.

마지막 장자의 죽음은, 죄로 가득한 인간의 문명이 결국 스스로 미래를 잃는 비극만이 아니라, 하나님께서 죄인인 우리를 위해 자신의 장자를 대신 내어 주시는 구원의 길을 미리 보여 주신 사건이었습니다. 애굽의 장자가 죽은 그 밤은 하나님께서 인간을 벌하시기 위해 손을 드신 밤이 아니라, 훗날 하나님의 독생자께서 모든 죄인을 대신해 죽으실 대속(代贖)의 비밀을 예표한 밤이었습니다.

십계명은 왕이 인간에게 주신 길이고, 재앙은 왕을 잃은 인간이 맞이하는 끝입니다. 길과 끝 사이에 서 있는 우리에게 하나님은 오늘도 이렇게 질문하십니다.

'너는 어느 나라에 속해 있느냐?'

2. 십계명과 재앙 사이에는 하나님의 마음이 흐릅니다

애굽에 임한 재앙에 대해 들을 때 사람들은 종종 두려움을 먼저 떠올립니다. 그러나 그 심판에는 왕의 뜨거운 눈물과 고백이 흐르고 있습니다.

"내 백성을 보내라. 그들은 내 것이다." 하나님은 자기 백성을 찾으시는 왕이십니다. 억압 속에서 신음하는 자를 그분은 외면하지 않으셨습니다. 그리고 우상을 섬기는 땅, 피 흘리는 땅, 자기 욕망을 신격화한 문명 속의 잃어버린 백성을 찾아오셨습니다.

그래서 십계명은 단순한 법칙이 아니라, 왕이 사랑하는 백성을 위해 외치는 자유의 선포입니다. "너희는 이제 노예가 아니다. 내 언약 안에서, 나의 통치 안에서 참된 인간으로 살아라." 하나님은 지금 이 글을 읽는 당신에게도 동일한 말씀을 조용히, 그러나 단호하게 들려

주고 계십니다.

3. 왜 우리는 오늘 이 질문을 다시 들어야 하는가?

오늘의 세상은 애굽보다 더 빠르고, 더 정교하며, 더 풍요로워 보입니다. 그러나 우리는 묻지 않을 수 없습니다. '이 풍요 속에 진짜 왕은 어디 계신가?'

기술이 왕이 된 시대, 자아가 왕이 된 시대, 성공과 안전이 왕좌를 차지한 시대. 이런 시대에 우리는 여전히 첫 번째 재앙처럼 생명을 잃고, 일곱 번째 재앙처럼 관계가 부서지며, 열 번째 재앙처럼 미래가 사라지는 내면의 붕괴를 겪고 있습니다. 그 이유는 단 하나입니다. 왕이신 하나님을 잃었기 때문입니다.

십계명은 이 시대를 향한 하나님의 부름이며, 재앙은 왕을 떠난 시대의 자화상입니다. 그리고 둘 사이에는 변함없는 하나님의 초대가 있습니다. "내게 돌아오라. 나는 너의 왕이다."

4. 이 책을 집필한 이유

이 책은 역사 연구서가 아닙니다. 윤리 해설서도 아닙니다. 이 책은 왕을 잃어버린 시대에 왕이신 하나님을 다시 선포하기 위한 글입니다. 십계명은 왕의 나라를 세우는 선언이고, 열 가지 재앙은 왕 없는 세상이 파괴되는 과정이며, 결국 이 모든 것은 예수 그리스도께서 우리의 참되고 영원한 왕이심을 증언합니다.

저는 이 책을 통해 독자 한 사람 한 사람이 이 질문 앞에 진지하게 서기를 바랍니다.

'과연 누가 나의 왕인가?'

만약 이 책이 이 질문을 마음속에 다시 일으킨다면, 그리고 이 질문이 당신을 예수 그리스도의 통치 아래로 이끌어 간다면, 저에게는 그 무엇보다 큰 기쁨이 될 것입니다. 또 그것은 제가 이 책을 쓴 유일한 이유이기도 합니다.

사랑하는 독자여, 왕 없는 시대에 참된 왕을 다시 바라보는 일, 그것이 우리의 삶을 다시 세우는 시작입니다. 십계명은 그 시작을 위한 왕의 음성이며, 열 가지 재앙은 그 음성을 외면할 때 세상이 어디로 가는지를 보여 주는 경고입니다.

이 책이 그 두 세계 사이에서 당신의 눈과 마음을 열어 오늘 우리의 왕이 누구신지를 더 깊이, 더 명확하게, 더 아름답게 보게 해주기를 기도합니다.

저의 부족한 설교를 관심 있게 읽고 분에 넘치는 평가와 추천을 해주신 존경하는 김장환 목사님과 박형용 박사님, 김성영 박사님께 깊은 감사의 말씀을 드립니다. 아울러 저와 함께 오직 예수님이 우리의 왕 되심을 고백하며 '예수 복음'을 힘써 전하고 있는 홀리씨즈 교회 성도님들에게 다함 없는 사랑을 전합니다.

주님의 통치가 당신의 삶에 빛처럼 임하시기를 기도합니다.

2025년 12월, 예수님께서 우리를 찾아오신 계절에

허토(虛土) 서대천(徐大泉) 드림

목차

Chapter

01

누가 우리의 왕인가?

십계명과 열 가지 재앙을 일치시키신 이유

출애굽기 7장 5절, 20장 2–3절

7:5 내가 내 손을 애굽 위에 펴서 이스라엘 자손을 그 땅에서
인도하여 낼 때에야 애굽 사람이 나를 여호와인 줄 알리라 하
시매

20:2–3 나는 너를 애굽 땅, 종 되었던 집에서 인도하여 낸 네
하나님 여호와니라 3너는 나 외에는 다른 신들을 네게 두지
말라

우리가 인생을 깊이 있게 살아가면 항상 이러한 질문을 마주하게 됩니다. “내 인생의 주인은 과연 누구인가? 나인가, 아니면 또 다른 누군가가 있는가? 내가 붙들어야 할 권세는 도대체 무엇인가?” 이것이 인생을 깊이 생각하며 살아가는 자라면 반드시 마주하게 되는 질문입니다.

어린 시절, 부모는 우리 인생의 전부였습니다. 꿈 많은 청춘의 날에는 모든 세상이 내 뜻대로 열릴 줄 알았습니다. 그러나 시간이 흐를수록 분명히 깨닫게 되는 한 가지가 있습니다. 내가 쥐고 있다고 믿었던 인생은 언제나 예기치 못한 길로 꺾였고, 내가 주인인 줄 알았던 삶은 보이지 않는 어떤 손에 의해 이끌려왔다는 것입니다.

우리는 항상 주권을 말합니다. 내가 선택하고, 내가 결정하고, 내가 이루어낸 것이라고 자랑합니다. 그러나 우리는 태어날 때를 정하지 못했고, 죽는 순간도 알지 못하며, 만날 사람도 떠날 길도 결코 스스로 정할 수 없습니다. 태양을 멈출 수 없고, 계절을 바꿀 수 없으며, 시간조차 우리의 손에 잡히지 않습니다.

그렇다면 이 모든 것 위에 누가 계시는 것입니까? 누가 이 모든 것을 다스리고 있는 것일까요? 그분은 시간을 초월해 계시며 시간을 지으신 분, 그 모든 흐름의 근원을 계획하신 분, 생명의 시작과 끝을 아시는 분, 곧 우리의 주권자 하나님이십니다. 그분은 역사의 물줄기를 돌리시고, 나라들의 왕을 세우고 폐하시며, 우리 한 사람의 눈물과 기도를 기억하시며 그분의 뜻을 이루어 가십니다. 그러므로 진짜 자유는 내가 이 세상의 주인공이 되려는 욕망이 아니라 그분의 주권에 순응할 때 이루어집니다. 하나님은 지금도 우리를 부르십니다. "네가 네 삶의 왕이 되려 하지 말고 내 주권 안에 머물러라." 그곳에 진정한 평안과 능력과 기쁨과 행복이 있음을 믿으시길 바랍니다.

태초에 하나님은 말씀으로 질서를 세우셨습니다. "빛이 있으라"고 말씀하심으로 빛이 있었고, 혼돈과 공허 위에 하나님의 주권이 펼쳐졌습니다. 모든 존재는 그분의 말씀 안에서 자기 자리를 지켰고, 시간도 물질도 생명도 그분의 의지에 순종하였습니다.

그러나 피조물 가운데 유일하게 하나님의 형상으로 지음 받은 아담과 하와는 그 질서의 아름다움을 거부하고 그들 스스로가 주인이 되기를 원했습니다. 피조물의 자리에서 벗어나 하나님같이 되고자 했고, 스스로 주인이 되고자 하나님의 왕좌를 넘보았습니다. 그때부터 왕좌는 끊임없는 쟁탈의 대상이 되었고, 사람은 자기가 주인인 줄 착각하며 고통과 두려움을 자초하는 타락한 존재가 되었습니다. 자신의 판단을 신처럼 여기고, 자기 욕망을 진리처럼 추구하며, 또 하나님의 주권을 거부한 자유의 허무함 속에서 방황하며 미련하게 지금껏 살아오고 있습니다.

우리는 간절히 자유를 원하지만 피조물의 자유는 창조주의 주권 안에서만 의미가 있습니다. 창조주의 주권 안에서만 자유가 이루어짐을 우리는 알아야 합니다. 그 질서로부터 이탈한 자유는 곧 방종이 되고, 그 방종은 스스로를 무너뜨리는 파멸의 서곡이 됩니다. 죽음, 억압, 전쟁, 경쟁, 무의미함 이 모든 인류의 붕괴는 "누가 왕인가?"라는 질문에 잘못된 대답을 내린 데서부터 시작된 비극입니다. 우리는 앉지 말아야 할 자리에 앉으려 했고, 우리의 것이 아닌 통치권을 움켜쥐려 했기에, 하나님의 질서는 깨졌고 인간은 그 파편 위에서 길을 완전히 잃어버렸습니다. 그러나 하나님은 그 무너진 자리에 다시 말씀을 주셨고, 그 깨어진 질서 위에 십자가로 길을 내주셨습니다.

오늘 말씀을 통해 우리 안에 여전히 자리 잡고 있는 거짓된 주권의 욕망을 내려놓고 오직 예수 그리스도만이 우리의 참된 왕이심을 고백하게 되기를 축원합니다. 그리고 그 고백 위에 하나님의 통치가 다시 우리의 인생 가운데 시작되기를, 그분의 사랑과 평화가 우리의 삶을 다스리기를 우리 주 예수 그리스도의 이름으로 축원합니다.

오늘 우리가 함께 읽은 본문은 하나님께서 애굽에 내리신 열 가지 재앙과, 그 후 시내산에서 주신 십계명의 서두입니다. 이 두 본문은 결코 따로 떼어서 읽을 수 없습니다. 하나님께서 왜 재앙을 내리셨는가를 이해할 때, 왜 선민 이스라엘에게 십계명을 주셨는가에 대한 답이 분명해지기 때문입니다.

먼저 출애굽 당시 열 가지 재앙에 대하여 살펴보면, 당시 이스라엘은 400년 넘게 애굽에서 종살이를 하고 있었습니다. 그들은 철저히 애굽의 질서, 애굽의 신들, 애굽의 통치 아래 노예처럼 살아왔습니다. 하나님은 그들을 그냥 해방시킨 것이 아니라 열 가지 재앙을 통해 애굽의 모든 신들을 무너뜨리고 그 과정에서 여호와 하나님만이 참된 주권자이심을 드러내셨습니다.

출애굽기 12장 12절에서 하나님은 분명히 말씀하십니다. "애굽의 모든 신을 내가 심판하리라 나는 여호와라." 이것이 바로 십계명의 서문이 "나는 여호와라"로 시작되는 이유입니다. 이 말씀은 단순한 정체성의 선언이 아니라, 하나님의 주권과 유일성에 대한 선포입니다. 그리고 이 선언에 이어지는 첫 계명이 "너는 나 외에 다른 신들을 네게 두지 말라"입니다. 하나님은 애굽의 신들로부터 이스라엘을 건져내셨을 뿐 아니라 이제 그들의 마음속에서 애굽의 흔적마저도 제거하시려는 것입니다.

"하나님은 왜 이렇게 철저히 자신의 주권을 선포하셨을까? 왜 구속의 역사 이후에 바로 이 말씀을 하셨을까? 오늘 우리의 삶 속에서 여전히 주권을 주장하는 다른 신들은 무엇인가?" 이 질문들은 단지 과거 이스라엘만이 아니라 오늘 우리에게도 동일하게 주어지는 질문입니다. "너는 지금 누구의 통치를 받고 있는가?" 이 질문이 본문을 통해서 우리에게 주시는 하나님의 응답입니다. 이 질문에 대한 우리의 대답은 단 하나입니다. "오직 여호와 하나님, 그분만이 우리의 왕이시다."

하나님은 출애굽 당시의 '열 가지 재앙'과 시내산에서 주신 '십계명'을 별개의 사건으로 주신 것이 아닙니다. 이 두 사건은 모두 같은 메시지를 가지고 있습니다. "누가 진짜 왕인가? 우리는 누구를 섬길 것인가?"

하나님은 열 가지 재앙을 통해 그 질문에 대한 하늘의 대답을 보여 주셨고, 십계명을 통해 그 대답 위에 백성의 삶을 세우셨습니다.

하나님은 왜 애굽에 열 가지 재앙을 내리셨을까요? 야곱의 자손들, 그들은 처음에는 애굽에서 요셉으로 인하여 굉장한 환대를 받았습니다. 그러나 시간이 지나면서 요셉의 선정(善政)을 알지 못하는 새 왕 바로가 일어났고 이스라엘은 애굽에서 노예가 되었습니다(출 1:8-11). 그들은 강제노동에 시달렸고, 남자 아이들은 태어나자마자 나일강에 버려지는 죽임을 당할 수밖에 없었습니다. 그럴 때 그들의 부르짖음이 하늘에 닿았고, 하나님은 그 소리를 들으셨습니다. 출애굽기 2장 24절 말씀입니다.

하나님이 그들의 고통 소리를 들으시고 하나님이 아브라함과 이삭과 야곱에게 세운 그의 언약을 기억하사.

하나님은 언약을 기억하셨고, 자신의 백성을 구속하기 위하여 행동하셨습니다. 하지만 하나님은 단지 이스라엘을 해방시키는 것으로 만족하지 않으셨습니다. 그들을 억누르고 있던 애굽의 거짓 권세, 그 땅이 신이라 부르던 모든 우상들을 무너뜨리시며, 오직 여호와만이 하나님이심을 온 땅에 드러내시기 위하여 이렇게 말씀하십니다. 출애굽기 12장 12절입니다.

애굽의 모든 신을 내가 심판하리라 나는 여호와라.

이것이 하나님께서 애굽에 열 가지 재앙을 내리신 이유입니다. 그분은 단지 이스라엘만이 아니라 온 애굽과 열방에 여호와가 누구인가를 알리려 했던 것입니다.

그렇다면 열 가지 재앙은 어떤 의미였을까요? 이 재앙은 단순한 자연 재해가 아니었습니다. 그것은 애굽 사람들이 신이라 믿었던 것들이 얼마나 무력한지를 드러내는 심판이었습니다.

나일강은 피로 변했고, 개구리와 이, 파리는 애굽의 풍요와 위생을 무너뜨렸으며, 흑암은 태양신 라(Ra)를 모독했고, 장자의 죽음은 신의 아들이라 여겼던 바로 왕조 자체를 붕괴시켜 버렸습니다.

하나님은 하나씩 말씀하신 것입니다. "너희가 신이라 부르던 것들은 아무것도 아니다. 너희가 의지하던 권력은 나의 손아래 있다. 나는 여호와다."

출애굽은 단지 이스라엘이 노예 상태에서 벗어나는 것이 목적이 아니었습니다. 그렇다면 하나님께서는 그들을 왜 해방시키셨을까요? 그 이유를 하나님은 출애굽기 5장 1절에서 직접 말씀하십니다.

> 내 백성을 보내라 그러면 그들이 광야에서 내 앞에 절기를 지킬 것이니라.

그렇습니다. 열 가지 재앙의 목적은 단순한 징벌이 아니라 예배의 회복이었습니다. 하나님은 백성을 자유케 하셔서 다른 신이 아닌 참 하나님을 섬기게 하시기 위해 애굽의 모든 거짓 신들과 권세를 무너뜨리신 것입니다. 결국 이 모든 사건은 단 한 가지 질문을 향해 나아갑니다. "누가 진정한 신인가? 누가 진정한 왕인가?"

애굽은 "바로가 왕이다"라고 말했습니다. 그러나 하나님은 열 가지 재앙을 통해 단호하게 선언하십니다. "내가 여호와다. 너희의 왕은 나다."

이처럼 열 가지 재앙은 하나님의 주권을 드러내는 전면적인 선포였으며, 참 하나님이 누구신지를 밝히는 영적 전쟁이었습니다. 하나님께서는 애굽에 열 가지 재앙을 내리시고 이스라엘 백성을 기적적으로 출애굽시키셨습니다.

이제 그들은 더 이상 애굽의 노예가 아니었습니다. 더 이상 바로의 명령 아래 살지 않아도 되는 존재가 되었습니다. 그들은 이제 하나님의 통치를 받으며 살아가야 할 하나님의 백성이 된 것입니다.

그러나 문제는 여기에 있었습니다. 몸은 애굽에서 나왔지만, 그들의 마음과 삶은 여전히 애굽의 방식 곧 우상과 자기중심적인 삶에 붙들려 있었습니다. 광야에서 그들은 끊임없이 불평했고, 애굽으로 돌아가고 싶어 했으며, 심지어는 금송아지를 만들어 그것을 자기들의 신이라고 부르기까지 했습니다.

바로 그때 하나님께서는 그들을 거룩한 백성으로 세우시기 위해 하늘로부터 선포하신 위대한 계시, 곧 '십계명'을 주셨습니다. 그 계명은 단순한 도덕률이 아닙니다. 그것은 하나님께서 "내 백성은 이렇게 살아야 한다"라고 친히 정하신 거룩한 백성의 정체성과 삶의 기준이었습니다. 오늘 본문 출애굽기 20장 2-3절입니다.

> 나는 너를 애굽 땅, 종 되었던 집에서 인도하여 낸 네 하나님 여호와니라 너는 나 외에는 다른 신들을 네게 두지 말라.

이 말씀은 한 가지를 분명히 보여 줍니다. 십계명은 구원받기 위한 조건이 아니라, 이미 구원받은 자가 어떻게 살아야 하는지에 대한 하나님의 선포입니다. 다시 말해, 하나님은 '열 가지 재앙'으로 애굽의 신들을 완전히 초토화시키고 무너뜨리신 뒤, '십계명'으로 그분의 백성 안에 참된 신앙의 질서를 바로 세우신 것입니다.

열 가지 재앙은 애굽의 거짓 신들을 무너뜨리는 하나님의 심판이었습니다. 그 재앙은 이렇게 외칩니다. "나는 여호와라. 나 외에 다른 신은 없다." 그리고 십계명은 그 심판 위에 이렇게 우리에게 명령하십니다. "너는 나 외에 다른 신들을 네게 두지 말라."

결국 같은 메시지입니다. 하나는 세상을 향한 외침이었고, 다른 하나는 하나님 백성을 향한 명령입니다. 하나님은 먼저 구원하신 후에 계명을 주셨습니다. 이 순서는 매우 중요합니다. 십계명은 구원받기 위한 조건이 아니라, 이미 구원받은 자가 어떻게 살아야 하는지를 보여 주는 기준입니다. 따라서 십계명은 출애굽 사건과 결코 분리될 수 없습니다. 십계명은 이렇게 외칩니다. "너는 더 이상 애굽의 방식으로 살지 말고 내 백성답게 내 법 아래에서 살아라."

열 가지 재앙과 십계명은 모두 하나님의 유일한 주권을 선포합니다. 이제 우리는 왜 재앙이 열 개였는지, 왜 십계명도 열 개였는지를 알게 됩니다. 그 수는 우연이 아닙니다.

하나님은 열 가지 재앙으로 이 세상의 거짓 신들을 하나하나 무너뜨리셨고, 열 가지 계명으로 참된 하나님 나라의 질서를 하나하나 세우셨습니다. 재앙은 선언입니다. "하나님 외에 다른 신은 없다." 계명은 응답입니다. "나는 그 하나님만 섬기겠습니다."

하나님께서 열 가지 재앙과 십계명을 주신 이유는 단 하나입니다. 우리로 하여금 오직 하나님만이 참된 왕이심을 알도록 하시기 위함입니다. 하나님은 거짓 권세를 무너뜨리고, 그 무너진 자리에서 참된 통치를 회복하십니다.

그런데 이 열 가지 재앙과 십계명은 모두 하나의 흐름이며 동일한 목적을 향하여 가고 있습니다. 그 목적은 단 하나입니다. “여호와만이 유일한 하나님이시며, 그분만이 우리의 참된 왕이시다.” 이것을 말하고 있는 것입니다. 하나님은 자신의 주권을 선포하시고 구원받은 백성을 거룩하게 세우시기 위해 애굽의 우상들을 무너뜨리셨고, 그 무너진 자리에 십계명을 세우셔서 새로운 질서와 삶의 방향을 우리에게 제시해 주셨습니다.

그러나 이것이 완성입니까? 그렇지 않습니다. 하나님은 출애굽의 모든 사건을 통해 장차 오실 구속자 곧 예수 그리스도를 미리 보여 주신 것입니다. 하나님은 모세를 보내 애굽 왕 바로 앞에 세우셨고, 때가 차자 하나님은 자기 아들 예수 그리스도를 세상에 보내사 이제는 애굽이 아니라 온 인류의 죄와 사망의 권세 앞에 당당히 서게 하셨습니다. 모세는 지팡이로 바다를 가르며 백성을 이끌었지만, 예수님은 십자가에서 자신의 몸을 찢으심으로 죄와 죽음의 바다를 가르시고 우리 모두를 죄의 종살이에서 해방시켜 참된 출애굽을 이루어 주셨습니다.

예수님의 십자가는 모든 거짓 신과 권세를 무너뜨리는 하나님의 궁극적인 재앙입니다. 출애굽기의 열 가지 재앙이 애굽의 우상과 거짓 권세를 무너뜨린 사건이라면, 예수님의 십자가는 온 인류 역사 속 모든 우상과 죄의 권세, 사탄과 죄의 죽음이라는 최후의 권세를 무너뜨린 결정타였으며, 하나님의 최종 심판이었습니다. 사도 바울은 골로새서 2장 15절에서 이렇게 말합니다.

> 통치자들과 권세들을 무력화하여 드러내어 구경거리로 삼으시고 십자가로 그들을 이기셨느니라.

십자가는 단지 로마의 사형 틀이 아니라 하나님께서 사탄의 권세를 꺾으신 전쟁터였습니다. 그리고 그 전쟁의 승리는 예수님의 죽음이 아니라 부활로 입증되었습니다.

그러나 예수님은 단지 거짓된 신들을 무너뜨리는 분으로만 머무시지 않으셨습니다. 그분은 무너진 자리 위에 새로운 나라의 질서를 세우시기 위해 오신 우리의 왕이십니다. 십자가는 심판의 자리였을 뿐 아니라, 하나님의 나라가 선포되고 하나님 백성의 정체성이 다시 세워지는 새 창조의 자리였습니다. 그래서 예수님은 십자가에서 우리의 죄를 대신 지심으로 율법의 요구를 완전하게 이루셨습니다. 나아가 부활을 통해 그분의 생명을 따르는 자들이 어떤 삶을 살아야 할지를 친히 보여 주셨으며, 그 깊은 율법의 본질을 몸소 살아내심으로 율법을 완성하셨습니다. 마태복음 5장 17절 말씀입니다.

> 내가 율법이나 선지자를 폐하러 온 줄로 생각하지 말라 폐하러 온 것이 아니요 완전하게 하려 함이라.

이 말씀은 곧 십계명의 기준을 예수님께서 이루셨다는 선언입니다. 예수님은 율법의 유형만이 아니라 그 깊은 정신과 본질, 곧 율법 안에 흐르는 하나님의 마음 자체를 이루어 주셨습니다. 그렇다면 율법이 말하는 진짜 기준은 무엇입니까? 하나님께서 원하시는 삶의 모습, 그 백성이 따라야 할 참된 삶의 질서는 과연 어떤 것일까요? 바로 이 지점에서 우리는 율법의 핵심인 하나님 사랑과 이웃 사랑이라는 십계명의 본질과 마주해야 합니다.

율법의 핵심 곧 십계명의 본질은 하나님 사랑과 이웃 사랑입니다. 율법이 명령만을 주었다면, 예수님은 그 명령을 우리 안에서 살아 움직이게 하시는 분이십니다. 그래서 예수님은 십계명의 본질을 이렇게 요약하셨습니다. 마태복음 22장 37-40절 말씀입니다.

> 예수께서 이르시되 네 마음을 다하고 목숨을 다하고 뜻을 다하여 주 너의 하나님을 사랑하라 하셨으니 이것이 크고 첫째 되는 계명이요 둘째도 그와 같으니 네 이웃을 네 자신같이 사랑하라 하셨으니 이 두 계명이 온 율법과 선지자의 강령이니라.

예수님의 삶과 죽음 그리고 부활은 십계명의 제1계명 "너는 나 외에는 다른 신들을 네게 두지 말라"는 말씀을 가장 온전하게 실천한 삶의 본보기였습니다. 그분은 단 한순간도 다른 신을 두지 않으셨고 오직 하나님 아버지의 뜻에만 순종하셨습니다. 예수님은 십계명을 새 언약 안에서 우리 마음판에 새기신 분이십니다. 십계명은 돌판에 새겨졌지만 예수님께서 주시는 새 언약은 우리 마음판에 성령으로 새겨진 언약입니다.

제1계명은 곧 하나님을 가장 사랑하라는 명령입니다. 이 계명의 실천은 삶의 모든 영역에서 하나님을 가장 우선순위에 두고 그분만을 예배하며 그분의 말씀에 순종하는 삶을 사는 것입니다. 하나님을 첫자리에 두는 우선순위의 삶, 다른 어떤 것보다 하나님만을 예배하는 삶, 하나님께만 기꺼이 순종하는 삶, 즉 제1계명의 실천은 하나님을 왕으로 모시는 실제적인 삶입니다. 이것이 우리가 매일 드려야 할 믿음의 응답입니다.

이제 우리는 예수님 안에서 십계명을 '지켜야만 하는 외적 규범'으로만이 아니라 '사랑으로 역사하는 내적 능력'으로 받게 되는 것입니다. 예수님은 참된 모세, 참된 출애굽의 완성자이십니다. 히브리서 기자는 예수님을 모세보다 더 크신 분, 참된 중보자요 인도자라고 증언합니다(히 3:2-6). 모세는 백성을 애굽에서 이끌어냈지만 그들을 약속의 땅까지 데려가지는 못했습니다. 하지만 예수님은 우리를 죄와 사망에서 건져내셨을 뿐 아니라 하늘에 속한 기업에까지 인도하시는 참된 구속자이십니다.

재앙은 거짓 신을 무너뜨렸고, 계명은 참된 주를 섬기는 법을 가르쳐 주었습니다. 예수 그리스도는 그 모든 것을 성취하시고 완성하신 분이십니다. 이제 우리에게 남은 것은 단 하나입니다. 곧 이 예수님을 믿고 그분 안에서 살아가는 것입니다. 다른 신을 두지 않고 그분만이 우리의 왕이요 구원자 되심을 고백하며 살아가는 것입니다.

지금 우리는 출애굽의 홍해 앞에, 그리고 십계명의 성산 앞에 서 있습니다. 몸은 교회에 와 있지만 마음은 여전히 애굽을 그리워하고 있지는 않습니까? 오늘도 말씀을 통하여 세상의 복을 빌어주기를 기다리고 있지는 않았습니까? 세상의 방식이 더 익숙하고, 자기중심적인 삶이 더 편안하며, 예수님을 믿는다고 하면서도 그 이름을 빌려 세상의 모든 욕망을 채우려 하지는 않습니까? 혹시 예수 그리스도를 다른 여러 신 중 하나쯤으로 여기고 세상의 것만을 요구하는 그런 믿음으로 살아가지는 않습니까? 여전히 세상의 다른 신들, 즉 물질과 성공, 부귀와 자아를 내려놓지 못한 채 예수님 앞에 나와서도 그런 것들을 간절히 구하며 예배드리지는 않았습니까?

하나님은 재앙을 통해 말씀하셨습니다. "나는 여호와다. 나 외에 다른 신은 없다." 그리고 계명을 통해 말씀하셨습니다. "너는 나 외에 다른 신을 네게 두지 말라." 오늘 우리에게 주신 출애굽기 20장 2-3절 말씀입니다.

> 나는 너를 애굽 땅, 종 되었던 집에서 인도하여 낸 네 하나님 여호와니라 너는 나 외에는 다른 신들을 네게 두지 말라.

그동안 우리가 얼마나 자주 하나님이 아닌 다른 것들을, 다른 세상의 우상들을 내 마음에 왕으로 세우며 살아왔습니까? 우리는 오늘 이 말씀 앞에 겸손히 엎드려 회개해야 합니다. 우리 마음속에 숨어 있는 그 애굽의 더러운 잔재들, 거짓된 왕들, 내가 만들어 세운 금송아지들을 하나님 앞에 정직하게 내려놓으시기 바랍니다. 그리고 이렇게 기도합시다. "주님, 나를 구원해주시옵소서. 내 마음의 왕좌를 비우고 오직 예수 그리스도만을 나의 구주로 모시게 하여 주시옵소서. 아멘!"

우리는 지금 결단의 문 앞에 서 있습니다. 하나님께서 열 가지 재앙으로 거짓된 신들을 무너뜨렸듯이, 예수 그리스도께서는 십자가로 우리 안에 숨어 있는 우리의 모든 우상을 무너뜨려 주셨습니다. 우리의 모든 잘못된 주권, 우리의 모든 우상, 자기 중심적인 자아, 이 모든 통치를 완전히 무너뜨려 주셨습니다. 이제 더 이상 묻지 않을 수 없습니다.

누가 우리의 왕입니까? 세상의 성공입니까? 사람의 인정입니까, 물질입니까, 두려움과 불안입니까, 죽음입니까, 아니면 십자가에 달리신 예수 그리스도이십니까? 그분은 죽으시고 부활하심으로 사망을 이기시고 하늘 보좌에 오르신 참된 우리의 왕이십니다. 지금이 바로 그 왕을 내 삶의 중심에 모셔야 할 시간입니다. 이제 세상의 모든 소망들, 권세들이 무너지고, 내 안의 자아의 주권이 허물어지며 하늘의 왕이 우리 안에 우뚝 서야 할 시간입니다. 더는 내 방식이 내 삶의 기준이 되어서는 안 됩니다. 더는 불안이, 좌절이, 절망이 우리를 지배하게 해서는 안 됩니다. 이제 그 자리에 존귀와 영광을 받으시기에 합당하신 예수 그리스도께서 앉으셔서 우리를 다스리셔야 합니다. 그분은 십자가에서 나의 거짓된 왕좌를 무너뜨리셨고, 부활로 참된 통치의 보좌를 열어 주셨습니다.

그러므로 오늘 그 왕의 영광 앞에 우리의 삶 전체를 다 드리길 바랍니다. 이제 내 것은 없고 모든 것이 다 주의 것임을 고백하며 나아갈 수 있는 믿음이 필요합니다. 십계명은 예수님 안에서 생명이 되었고, 재앙은 예수님의 십자가에서 구원이 되었습니다.

지금 이 믿음으로 고백하며 나아가기를 원합니다. "오, 주 예수 그리스도시여, 내 삶의 중심에 오셔서 내 뜻이 머물던 그 자리를 대체하여 주시옵소서. 주의 통치가 나의 시간 위에, 나의 관계 위에, 나의 결정과 꿈 위에 완전히 세워지기를 원하오니, 주여, 나를 다스려 주시옵소서. 내가 다스리던 인생은 이제 끝났습니다. 주님, 나의 왕이 되어 나를 다스려 주시고, 영광을 홀로 받아 주시옵소서."

이 기도가 우리 모두의 고백이 되기를 원합니다. 이 고백이 우리의 인생을 완전히 바꾸어 줄 것입니다. 완전히 새롭게 세워진 왕 앞에 진정으로 헌신할 수 있기를 축복합니다.

이제 우리 모두가 간절히 붙들고 전심으로 사모해야 할 은혜는 바로 이것입니다. 오직 하나님 한 분만이 나의 왕이심을 삶으로 증거하는 믿음이 굳게 세워질 때, 예수 그리스도의 십자가 앞에서 내 자아와 우상을 무너뜨리는 참된 회개의 능력이 나타나는 것입니다. 세상의 소리에 흔들리지 않고 하나님의 말씀 앞에 무릎을 꿇는 거룩한 복종이 이루어지는 것입니다. 하나님의 백성답게 살 수 있는 믿음과 용기가 우리의 삶에 넘쳐흐르기를 간절히 소망합니다.

애굽의 방식이 아니라 하나님의 방법으로 하나님의 백성답게 살아가는 은혜가 넘치시기를 바랍니다. 그 은혜가 우리의 발걸음을 인도하시고, 모든 두려움을 이기게 하시며, 십자가의 승리를 삶으로 증거하게 하시기를 간절히 소망합니다.

이러한 거룩한 복이 우리 모두에게 임하시기를 우리 주 예수 그리스도의 이름으로 축원합니다! 축원합니다! 축원합니다!

기도

하나님, 감사합니다. 그러나 돌아보니 우리의 간절한 바람은 온통 돈입니다. 또 내가 다른 사람에게 인정받는 것이고, 나의 이름이 세상 모든 사람들 앞에 우뚝 서는 것이며, 내가 하나님의 자리에 앉아 하나님처럼 영광을 받는 것입니다.

주님, 이 죄악 된 우리의 욕망으로는 이 세상을 도저히 이길 수 없사오니 우리를 다스려 주시옵소서. 열 가지 재앙을 통해 모든 거짓 신들을 물리쳐 주시고, 십계명을 통하여 우리의 삶의 기준을 알게 해주시옵소서. 율법을 완성하기 위하여 이 땅에 오셔서 우리에게 십자가의 길, 구원의 길을 열어 주신 예수님만이 우리의 왕이시며 우리의 소망임을 알게 해주시옵소서.

그러나 우리의 마음과 영혼이 세상을 향해 있다면 이 보석 같은 말씀들을 전혀 받아들일 수 없음을 고백합니다. 주님, 우리 영혼 가운데 찾아오셔서 성령의 은혜로 오직 주님만이 왕이심을 알게 하여 주시옵소서. 주님만이 우리의 영원한 소망이시며 영원한 구원자이심을 알게 해주셔서, 이제는 예수 그리스도만을 구하고 예수 그리스도만을 믿으며 나아가게 해주시옵소서. 이제는 예수님을 위하여 평생 모든 것을 바쳐 일할 수 있는 우리 모두가 되도록 복을 내려 주시옵소서. 모든 것에 감사드리며 우리를 죄악에서 구원해 주신 우리 주 예수 그리스도의 이름으로 간절히 기도드리옵나이다. 아멘!

Chapter 02

나 외에 다른 신을 두지 말라

예수님 외에 다른 이름은 없다

(제1계명과 첫 번째 재앙)

출애굽기 7장 14–18절, 20장 3절

7:14–18 여호와께서 모세에게 이르시되 바로의 마음이 완강
하여 백성 보내기를 거절하는도다 15아침에 너는 바로에게로
가라 보라 그가 물 있는 곳으로 나오리니 너는 나일강가에 서서
그를 맞으며 그 뱀 되었던 지팡이를 손에 잡고 16그에게 이르기
를 히브리 사람의 하나님 여호와께서 나를 왕에게 보내어 이르
시되 내 백성을 보내라 그러면 그들이 광야에서 나를 섬길 것이
니라 하였으나 이제까지 네가 듣지 아니하도다 17여호와가 이
같이 이르노니 네가 이로 말미암아 나를 여호와인 줄 알리라
볼지어다 내가 내 손의 지팡이로 나일강을 치면 그것이 피로 변
하고 18나일강의 고기가 죽고 그 물에서는 악취가 나리니 애굽
사람들이 그 강 물 마시기를 싫어하리라 하라

20:3 너는 나 외에는 다른 신들을 네게 두지 말라

우리 인간은 자신이 얼마나 연약한지를 잘 모릅니다. 그러면서도 우리는 착각합니다. 내 스스로가 강하다고 착각하며, 잘못된 믿음으로 살아갑니다. 그러나 고요한 밤에 홀로 불 꺼진 방에 앉아서 문득 찾아오는 고독의 무게를 느끼며 우리는 비로소 깨닫게 됩니다. 나는 내 삶을 나 홀로 지탱할 수 없다는 것을. 보이지 않는 불안, 알 수 없는 미래, 피할 수 없는 죽음, 이 모든 현실 앞에서 인간은 본능적으로 무엇인가에 기대고 싶어 하는 것입니다. 그것이 인생입니다. 그래서 우리는 붙잡을 대상을 찾아 헤맵니다. 내 삶을 설명해 줄, 내 이름과 내 존재를 아름답게 만들어 줄 어떠한 의미, 내 하루를 버티게 해줄 어떠한 힘, 그러한 것들을 찾아 나섭니다.

그런데 그 대상이 누구입니까? 바로 신(神)입니다. 우리 인간은 신 없이는 살 수 없는 존재입니다. 믿음이 있든 없든 누구나 마음 깊은 곳에 절대가치를 부여할 대상을 찾고 스스로를 세우며 살아갑니다. 문제는 우리가 만들어낸 그 신들이 참 기이하게도 우리보다 더 약하다는 데 있습니다. 우리는 우리가 해결할 수 없는 그 무언가를 위해 신을 만들었지만, 정작 그 신들은 내 안에 있는 두려움조차 해결하지 못하는 가짜라는 것입니다. 우리가 의지하는 그것들이 결국은 우리 손으로 조작된 것이고 우리의 기대보다 훨씬 무력하다는 사실을 우리는 인생의 어느 순간 처절하게 깨닫게 됩니다.

그러나 역설적이게도 우리는 그렇게 누군가에게 의지하도록 지음 받은 존재입니다. 스스로 완전하지 않도록, 홀로 설 수 없도록, 의존하지 않고는 살 수 없도록 창조된 존재라는 것입니다. 그렇기에 절대적인 힘을 의지하고자 함은 인간 됨의 본질이자 창조자의 설계에 따른 것입니다. 그러므로 우리가 진정 해야 할 질문은 이것입니다. "나는 지금 무엇에 기대어 살아가고 있는가? 무언가에 기대어 살아가도록 설계된, 완벽하지 않은 나는 지금 무엇에 기대어 살아가고 있는가? 그리고 그것은 나를 끝까지 붙들어 줄 수 있는 진짜 신인가?"

이 질문 앞에 하나님은 우리에게 단호하면서도 자비로운 한마디를 들려주십니다. "너는 나 외에 다른 어떤 신도 네게 두지 말라." 그럼에도 우리 인간은 왜 그렇게 끊임없이 다른 신을 만들어 숭배하며 살아가는 것일까요? 이 물음의 해답은 인류 최초의 타락에서 분명히 드러납니다. 하나님은 인간을 인간으로서 완전하게 지으셨습니다. 그러나 그 완전함은 하나님을 전적으로 의존하고, 하나님과 함께할 때만 유효한 것이지, 하나님을 떠나서는 불완전함 속에서 살아가야 합니다. 인간은 스스로 빛이 아니고 생명이 아닌 피조된 존재입니다. 그 모든 것은 하나님으로부터 왔고, 우리가 하나님을 믿음으로써 보존되며 누리는 것입니다. 곧 하나님 없이 우리는 완전하지 않다는 것입니다.

그런데 사탄이 조종하는 뱀은 인간의 그 '의존'을 문제 삼고 우리 인간을 유혹했습니다. "너희가 그것을 먹는 날에는 너희 눈이 밝아져 하나님같이 될 것이다." 하나님을 의존하지 않아도 된다는 속삭임, 인간 스스로 완전해질 수 있다는 이 거짓말은 인간의 마음 깊은 곳에서 스스로도 자각하지 못한 자기중심의 욕망을 자극했습니다. 그렇게 인간은 하나님보다 다른 것에 의존하는 첫 선택을 했습니다. 그것은 단순한 과실이 아니라 인간이 자기 스스로를 신으로 삼고자 한 첫 시도였습니다. 그리고 그 결과는 즉각적이고 너무나 파괴적이었습니다. 그것은 곧 두려움과 수치심, 관계의 붕괴, 자연 질서의 혼란 그리고 무엇보다 하나님과의 단절이었습니다.

인간은 자유를 얻은 것 같았지만 실제로는 자유를 잃었고, 스스로 지혜롭게 판단한 것 같았지만 하나님이 주신 지혜를 잃어버렸습니다. 하나님 없이도 살 수 있다는 그 최초의 신념은 결국 혼돈과 고통이라는 현실 앞에서 처참히 무너졌고, 우리는 이렇게 비참하게 살게 되었습니다. 그러나 안타깝게도 인간은 회개가 아닌 반역을 택했습니다. 하나님을 떠난 인간은 그 공허를 메우기 위해 끊임없이 거짓 신들과 우상들을 자기 안에 만들고 그 거짓을 진리라 여기며 오늘에 이르기까지 살아가고 있습니다.

오늘 본문을 보면 하나님께서 모세에게 이렇게 말씀하십니다. “바로의 마음이 완강하여 백성 보내기를 거절하는도다.” 그러면서 모세에게 바로를 다시 찾아가라고 하십니다. 그리고 나일강가에서 지팡이로 강물을 치라고 명령하십니다. 그러면 온 강이 피로 변하고 고기가 죽고 악취가 나서 애굽 사람들이 그 물을 마시지 못하게 될 것이라고 말씀하십니다. 이 사건은 출애굽기의 첫 번째 재앙, 즉 하나님의 본격적인 심판이 시작되는 장면입니다.

우리는 이 장면을 십계명의 첫 계명과 함께 살펴보고 있습니다. “너는 나 외에 다른 신들을 네게 두지 말라.” 왜 하나님은 열 가지 계명 중에서 이 말씀을 가장 먼저 우리에게 주셨을까요? 그리고 왜 열 가지 재앙 가운데 가장 먼저 강물을 피로 바꾸는 재앙을 내리셨을까요? 그 이유는 분명합니다. 하나님을 거부한 인간의 가장 근본적인 죄가 하나님 아닌 다른 신을 섬기는 데 있기 때문입니다. 그리고 본문의 애굽이 바로 그 죄의 상징입니다. 애굽 사람들은 나일강을 신으로 섬겼습니다. 생명을 주는 강, 문명을 유지하게 하는 강, 모든 경제의 중심이었던 나일강은 그들에게서 절대적인 존재, 곧 신이었습니다.

그런데 하나님은 그 신의 본질을 완벽하게 무너뜨리십니다. 생명의 상징인 강물이 피가 되고, 그들이 의지하던 신이 썩은 물로 변해버린 것입니다. 그렇다면 왜 하나님은 출애굽의 첫 재앙으로 나일강을 치셨을까요? 왜 첫 번째 계명과 첫 번째 재앙이 모두 다른 신들에 대한 경고로 시작되었을까요? 이 질문은 단지 출애굽기의 역사에만 해당되지 않습니다.

예수님의 시선에서 보면 이 질문은 곧 구속사의 시작과 완성을 관통하는 질문입니다. 예수님께서는 공생애 처음부터 끝까지 하나님 외에 다른 것들을 신으로 삼고 살아가는 인간의 본성을 정면으로 마주하셨습니다. 사탄이 광야에서 예수님을 시험한 세 가지 유혹이 있습니다. '돌로 떡을 만들어라'(마 4:3). '성전 꼭대기에서 뛰어내려라'(마 4:6). '세상의 영광 앞에 절하라'(마 4:9). 이 모든 유혹의 본질은 단 하나였습니다. 하나님 외에 다른 신을 섬기라는 그런 달콤한 유혹이었습니다.

그때 예수님은 단호히 선언하십니다. "주 너의 하나님께 경배하고 다만 그를 섬기라"(마 4:10). 이 선언은 단지 율법의 반복이 아니라 하나님 외에는 다른 신을 둘 수 없다는 첫 번째 계명에 대한 완전한 순종이자 성취였습니다. 하나님께서 출애굽기의 첫째 재앙을 통해 나일강을 치셨을 때 그것은 단순한 기적의 표현이 아니었습니다. 그 장면은 "너희가 신이라 믿는 그것들, 생명을 주는 줄 알았던 그것들이 사실은 아무것도 아니다"라는, 하나님께서 온 인류를 향해 던지신 거룩한 꾸짖음이었습니다. 그 재앙은 창조의 질서를 뒤틀어 우상을 세운 인간의 오만에 대한 하나님의 철저한 재앙이었습니다. 성경에서 하나님은 창조의 질서를 세우시고 자연을 주신 분이지, 자연 그 자체가 아닙니다.

창세기에서 물은 생명의 원천으로 등장하며 하나님이 창조하신 자연 질서를 나타냅니다. 그런데 애굽 사람들은 창조주 하나님이 아니라 자연인 나일강 자체를 신격화했습니다. 특히 그들은 나일강을 하피(Hapi)라는 신으로 섬기며 그 물줄기에서 생명과 복을 간절히 구하며 살아갔습니다. 그런 그들에게 하나님은 출애굽의 첫 재앙으로 나일강을 피로 바꾸시며 심판하셨습니다.

그것은 단지 물리적인 기적이 아니라 "너희가 생명이라 부르는 것은 너희를 살릴 수 없다"는 선언입니다. 이는 곧 십계명 중 제1계명 "너는 나 외에 다른 신들을 네게 두지 말라"라는 명령과 직결되는 메시지입니다. 하나님은 창조 질서의 주인이시며 그분 외에 어떤 것도 생명을 줄 수 없다는 진리를 첫 번째 재앙을 통해 강력하게 인류에게 선포하신 것입니다.

애굽 사람들은 나일강에서 물을 길어 생명을 얻었고 그 물로 경제와 문화의 발전을 이루었기에 그 강 자체를 신처럼 섬겼습니다. 그러나 하나님은 출애굽의 첫 번째 재앙을 통해 애굽이 신으로 숭배하던 나일강에 대한 심판을 내렸습니다. 본문 출애굽기 7장 17절입니다.

여호와가 이같이 이르노니 네가 이로 말미암아 나를 여호와인 줄 알리라 볼지어다 내가 내 손의 지팡이로 나일강을 치면 그것이 피로 변하고.

하나님께서는 애굽이 의지하던 강을 피로 바꾸심으로 "생명은 너희가 붙든 대상이 아니라 나에게서만 난다"라고 선포하고 계십니다. 그 심판의 피는 성경 전체 구속사에서 다시 하나님의 어린양의 피로 이어집니다. 예수님께서는 십자가 위에서 피를 흘리셨습니다. 그 피는 죽음의 그림자가 아니라 영원한 생명을 열어 주시는 은혜의 샘이었습니다. 예수님은 이렇게 말씀하십니다. 요한복음 4장 14절 말씀입니다.

내가 주는 물을 마시는 자는 영원히 목마르지 아니하리니 내가 주는 물은 그 속에서 영생하도록 솟아나는 샘물이 되리라.

그분은 단지 우리의 갈증을 해결해 주는 그런 분이 아닙니다. 나일강조차 채워줄 수 없었던 인간 존재의 가장 깊은 갈증에 대한 응답입니다. 우리가 잘못 의지하고 살아온 거짓된 생명력과 우상을 깨뜨리시고 진짜 생명, 영원한 생명을 우리 안에 샘처럼 흘러넘치게 하시는 분이십니다. 예수님은 자신이 바로 거짓 생명과 신앙을 무너뜨리시는 하나님의 심판이시며, 동시에 참 생명을 주시는 은혜의 샘이심을 선포하신 것입니다.

출애굽의 첫 재앙은 "너희가 신이라 여긴 나일강은 피로 썩을 수밖에 없는 것이다"라는 선언이었고, 요한복음의 이 말씀은 "그러나 내가 주는 물은 영생을 주는 샘물이다"라는 복음의 약속입니다.

애굽의 나일강이 피로 변했던 그날, 하나님은 인간이 만든 신의 허상을 완벽하게 무너뜨리셨습니다. 그리고 예수 그리스도 안에서 하나님은 지금도 우리 안에 있는 거짓된 신념과 의지처들을 무너뜨리시고 참된 생명의 근원이신 자신을 우리에게 주셨습니다.

그러므로 우리는 이제 이 두 말씀 사이에서 한 가지 선택을 해야 합니다. '썩어가는 그 강물을 의지하며 살 것인가, 아니면 영원히 솟아나는 샘물 되신 예수님을 믿고 마실 것인가?' 그분은 여전히 우리에게 말씀하십니다. "내가 주는 물을 마시는 자는 영원히 목마르지 아니하리라." 그리고 오늘도 우리 마음의 거짓 샘들을 무너뜨리시며 참된 생명의 근원으로 자신을 우리에게 주십니다. 나아가 예수님은 이 땅에 오셔서 말씀하십니다. "내가 곧 생명이다." 그분은 단지 나일강이 아닌, 우리 심장 깊은 곳에 흐르는 '우상 숭배의 강'을 치셨습니다. 우리가 의지하던 거짓 생명, 거짓 기쁨, 거짓 구원을 무너뜨리시고 자신을 참된 샘물로 내어 주셨습니다.

첫 번째 재앙과 제1계명이 '다른 신'을 겨냥하는 것으로 시작된 이유는 분명합니다. 구원의 시작은 언제나 거짓된 신들을 떠나는 데서부터 시작되기 때문입니다. 첫 번째 재앙은 애굽이 신으로 여긴 나일강을 무너뜨림으로 시작되었고, 제1계명은 "다른 신을 두지 말라"

는 단호한 명령으로 시작됩니다. 이 두 사건은 모두 거짓 신들을 섬기며 하나님 없이도 살 수 있다는 인간의 착각을 깨뜨리기 위한 하나님의 사랑이자 개입이었습니다.

예수님은 단지 인간의 죄를 용서하시기 위해 이 땅에 오신 것이 아닙니다. 나아가 인간이 스스로 만든 모든 거짓 신을 무너뜨리기 위해 오셨습니다. 그리고 십자가에서 그 모든 우상의 권세를 깨뜨리시고 하나님만이 참하나님이심을 드러내셨습니다. 그러므로 출애굽의 첫 재앙은 단순한 심판이 아니라 예수 그리스도 안에서 완성될 구원의 첫 장면이었습니다. 그 강이 피로 변한 이유는 언젠가 예수님의 피가 우리의 진짜 생명이 되기 위함이었습니다.

그러므로 애굽에 내린 열 가지 재앙은 단순한 징벌이나 무서운 기적이 아니었습니다. 그것은 하나님께서 친히 시작하신 구속의 역사요 출애굽의 서곡이었습니다. 그리고 그 시작이 '피'였다는 사실은 결코 우연이 아닙니다. 성경에서 피는 생명을 상징하는(레 17:11) 동시에 죄에 대한 심판과 용서, 죽음과 구원의 갈림길을 의미합니다(히 9:22). 출애굽기에서 이스라엘 백성을 위한 피는 유월절 어린양의 피였습니다. 그 피를 집 문설주에 발랐을 때 죽음의 심판이 그 집을 넘어갔습니다. 하나님께서는 이렇게 말씀하십니다. 출애굽기 12장 13절입니다.

> 내가 애굽 땅을 칠 때에 그 피가 너희가 사는 집에 있어서 너희를 위하여 표적이 될지라 내가 피를 볼 때에 너희를 넘어가리니 재앙이 너희에게 내려 멸하지 아니하리라.

이 피는 그들을 덮은 구원의 표시이자, 생명을 지켜주는 은혜의 상징이었습니다. 심판은 지나갔고, 피 아래 있던 자들은 살아났습니다. 그리고 이 피는 장차 오실 예수 그리스도의 보혈을 예표하는 것이었습니다. 그분의 피가 우리를 덮을 때 우리는 사망을 지나 생명으로 옮겨지게 되는 것입니다.

반면 나일강의 피는 심판의 피였습니다. 한때 생명의 강이라 불렸던 나일강은 썩고 악취가 나며 사람이 마시지 못함으로 죽음의 상징이 되어 버렸습니다. 같은 피였으나 결과는 전혀 달랐습니다. 하나님을 의지한 자에게는 구원의 피로, 거짓 신을 섬긴 자에게는 심판의 피로 나타났습니다.

이것은 단지 애굽과 이스라엘의 차이가 아닙니다. 이 장면은 모든 인류를 향한 복음의 예표이며, 예수 그리스도가 십자가에서 완성한 구속 사건의 그림자입니다. 유월절 어린양, 그분이 누구십니까? 바로 예수 그리스도이십니다. 그분의 피의 능력은 단지 과거에만 머물러 있지 않습니다. 지금도 살아 있으며 지금도 동일하게 역사합니다. 하나님의 어린양을 믿고 피 아래 거하는 자에게는 생명이 임하고, 그 피를 거부하는 자에게는 심판이 임합니다. 이것이 바로 본문의 핵심입니다. 제1계명 "너는 나 외에 다른 신들을 네게 두지 말라"라는 이 말씀은 하나님의 마음이 담긴 가장 본질적인 명령입니다.

그렇다면 다시 돌아가 왜 하나님은 첫 번째 계명으로 우리에게 다른 신을 두지 말라고 하셨을까요? 왜 출애굽의 첫 번째 재앙에서 피를 사용하셨을까요? 그리고 왜 구원이 피로부터 출발해야만 했던 것일까요? 그 이유는 이렇습니다. 참된 생명은 하나님으로부터만 오기 때문이며, 그 하나님은 곧 자신의 피로 우리를 구속하신 예수 그리스도이시기 때문입니다.

그러므로 우리는 다시 물어야 합니다. “나는 지금 어떤 피 아래 있는가? 나일강의 피인가, 아니면 어린양의 피인가? 나는 누구를 하나님이라 부르며, 누구 앞에 무릎을 꿇고 살아가고 있는가?” 하나님의 피는 지금도 흐르고 있습니다. 그 피는 누구에게는 구원이요, 누구에게는 심판입니다. 그 분기점은 단 하나, “너는 나 외에 다른 신들을 네게 두지 말라”입니다. 이 명령 앞에서, 우리는 지금 누구를 주로 고백하며 살아가고 있는지 반드시 자신을 뒤돌아봐야 합니다.

구원이란, 죄의 심판을 넘어 생명으로 옮겨지는 하나님의 은혜입니다. 앞서 살펴본 유월절 사건처럼 구원은 단지 고난을 피해 가는 것이 아닙니다. 하나님의 심판이 임하는 날에 우리를 덮는 피, 즉 어린양 되신 예수 그리스도의 보혈 아래 있는 자들에게만 주어지는 생명의 표식입니다. 그 피 아래 거하는 자는 살 것이며, 그 피를 거부하는 자는 스스로 심판을 선택하는 것입니다.

이스라엘 백성이 집 문설주에 바른 피는 단순한 상징이 아니라 실제로 죽음이 지나가고 생명이 머무는 표적이었습니다. 그리고 그것은 장차 오실 예수 그리스도의 피의 의미를 미리 보여 준 사건이었습니다. 그분의 피는 죄를 덮고, 사망의 권세를 꺾으며, 우리를 영원한 생명으로 인도하는 구원의 길이 되어 주셨습니다.

그러므로 구원이란 그 피 아래 잠든 자를 깨우시는 하나님의 손길입니다. 두려움과 절망이 인생의 문을 두드릴 때 피는 침묵으로 응답하며 말합니다. "넘어가라. 이 생명은 내 것이다." 그 피는 사망을 멈추게 했고, 심판은 고요히 그 집을 넘어갔습니다. 우리가 받은 구원은 인간의 공로가 아닌, 찢기신 그리스도의 살과 쏟으신 그 피로 새겨진 생명의 언약입니다.

그러므로 구원이란 죽음을 덮는 사랑, 심판을 멈추는 은혜, 그리고 오직 예수 안에서만 열리는 생명의 문입니다. 하나님 아버지는 심판을 즐겨하시는 분이 절대 아닙니다. 그분은 우리를 치기보다 건지기를 원하는 분이십니다.

죄로 인해 죽음이 반드시 찾아와야 했던 그 밤에도 하나님께서는 우리에게 피를 요구하신 것이 아니라 피로 우리를 덮기를 원하셨습니다. 그분은 죽음의 칼을 든 심판자가 아니라 문설주에 피를 바르시는 아버지 하나님이십니다. 그래서 사랑하는 자녀가 사망에 삼킨 바 되지 않도록 스스로 어린양을 준비하셨고, 그 피 아래 있는 자를 생명으로 인도하여 주셨습니다. 이 얼마나 은혜롭고 감사한 일입니까? 오늘도 하나님은 우리에게 말씀하십니다. "나는 너를 치기보다 지키고 싶다. 너를 정죄하기보다 피로 덮고 싶다. 그러니 나의 피 아래로 오라. 내가 이미 너를 위하여 문설주에 피를 발라 두었다."

이렇게 하나님 아버지의 마음은 오늘도 동일합니다. 우리를 멸망이 아니라 생명에 이르게 하시려는 마음, 우리를 향한 끊어지지 않는 구원의 사랑입니다. 그리고 그 사랑은 지금도 우리를 부르고 있습니다. "예수 그리스도의 피 아래로 오라. 예수 그리스도의 은혜 아래로 오라. 그 생명의 문 안으로 오라."

성도란 피 아래 거하는 자입니다. 거짓 신들이 주는 안락함을 거절하고 참 하나님께서 주시는 구원의 은혜를 따라 죽음이 지나가는 밤을 견디며, 결국 그 피로 아침을 맞이하는 생명의 사람이 성도입니다. 요한계시록 12장 11절 말씀입니다.

또 우리 형제들이 어린양의 피와 자기들이 증언하는 말씀으로써 그를 이겼으니 그들은 죽기까지 자기들의 생명을 아끼지 아니하였도다.

그러므로 우리 성도란 세상의 소리에 귀 기울이기보다 하나님의 약속에 삶을 기대고, 귀를 기울이는 사람입니다. 사망의 그림자가 덮쳐올 때 '나는 피 아래 있다'고 고백할 수 있는 믿음의 사람입니다.

오늘 하나님은 우리에게 단 한 가지를 물으십니다. "너는 누구 앞에 무릎을 꿇고 있느냐?" 우리는 말합니다. "주님만 섬기겠습니다. 나는 주님만 바라봅니다." 하지만 주님은 말씀하십니다. "너의 시간은 어디에 있었느냐? 너의 마음은 누구에게 있었느냐? 너의 마음은 무엇 앞에서, 누구 앞에서 무너졌느냐?" 우리는 하나님의 이름을 부르면서도 사람의 평판에 머리를 조아렸고, 재물과 안전을 신처럼 섬겼으며, 하나님의 진리를 작은 우상들로 채워 놓았습니다. 우리는 아합처럼 바알의 제단을 세우고, 예루살렘 성전에서 우상의 향을 피웠습니다. 우리는 웃으면서 말합니다. "나는 교회에 다니고 있고, 예배를 드리고 있습니다." 그러나 주님은 또다시 물으십니다. "그러면 왜 나보다 그 많은 세상의 것들 앞에서 두려워 떠느냐?"

이제 우리가 마땅히 무릎을 꿇어야 할 그분 앞에 다시 무릎을 꿇읍시다. 우리가 엎드려야 할 대상은 세상이 아니라 오직 예수 그리스도 한 분뿐입니다. 우리는 그분 앞에서만 살 것이고, 그분 앞에서만 울 것입니다.

이 땅의 우상을 부수십시오. 이름 없는 신들, 말하지 못하는 신들, 우리를 지키지 못하는 신들, 그 앞에 절하는 부끄러운 행동을 멈추시기 바랍니다. 이제는 참된 회개가 필요합니다. 단지 눈물을 흘리는 회개가 아니라 삶의 방향을 바꾸는 회개, 삶의 자리를 옮기는 진정한 회개가 필요합니다.

하나님은 우리를 다시 부르고 계십니다. "돌아오라. 내게로 돌아오라. 너희가 우상을 섬길 때도 나는 너희를 버리지 않았고, 너희가 거짓 앞에 무릎을 꿇을 때도 나는 너희를 위해 내 아들의 피를 준비했다"라고 말씀하십니다.

오늘이 바로 그날입니다. 더 늦기 전에 예수 그리스도 그분 앞에 무릎을 꿇으시기 바랍니다. 영광의 보좌 앞에, 은혜의 십자가 앞에 우리의 죄악을 벗어던지고 엎드립시다. 그때 하나님은 다시 우리를 일으켜 세우실 것입니다. 심판이 지나가고 피 아래 있는 자에게 주시는 생명의 아침이 밝아올 것입니다.

우리는 지금 누구를 붙잡고 살아가고 있습니까? 세상의 권세입니까, 돈입니까, 자녀입니까?, 아니면 십자가에서 피 흘리신 어린양 예수이십니까? 우리의 문설주에는 어떤 피가 발라져 있습니까? 우리가 의지하는 것처럼 우리의 거룩함, 의로움, 신앙 행위, 헌신, 봉사, 찬양, 예배, 이렇게 믿음 생활 잘하고 있다는 그 자부심이 우리의 문설주에 칠해져 있지는 않습니까? 정말 하나님의 전적인 은혜와 예수 그리스도의 피가 발라져 있습니까?

심판의 밤이 올 때 우리는 어디에 있어야 하겠습니까? 피 안에 거한 자처럼 구원의 집 안에서 기다려야겠습니까, 아니면 세상 밖에서 거짓 신들과 함께 두려움에 떨며 그렇게 서 있어야겠습니까?

예수 그리스도를 선택하십시오. 예수님만 믿으십시오. 예수님만이 우리의 소망입니다. 세상의 그 어떤 것도 우리의 소망이 될 수 없습니다. 그리스도의 보혈 아래로 나아갑시다. 심판을 넘어 생명으로, 죄를 넘어 은혜로, 세상을 넘어 천국을 향하여 나아갑시다. 그리고 이렇게 고백합시다.

"오직 예수님만이 나의 구원이십니다. 나는 그 피 아래 거하겠습니다. 나는 끝까지 주님을 따르겠습니다." 이 고백 위에 하나님의 나라가 임할 것입니다. 그리고 마침내 그날, 그분의 얼굴을 보는 영광의 자리에 우리 모두 우뚝 서게 될 것입니다.

이제 하나님 외에 그 어떤 것도 섬기지 않는 순결한 마음이 우리 안에 회복되기를 바랍니다. 우리의 삶이 다시는 우상을 따라 흔들리지 않고 오직 여호와만을 섬기는 거룩한 예배가 되기를 바랍니다. 그리하여 모든 심판을 넘어 생명으로, 모든 어둠을 넘어 빛으로 인도받는 복된 인생이 되기를 간절히 소망합니다.

하나님 외에 다른 신은 없습니다. 그분만이 우리 하나님이십니다. 다른 어떤 것도 주로 삼지 않고 오직 하나님만을 따르기를 바랍니다. 그리하여 이 땅에서 참 하나님만을 섬기는 자로 살아가며, 마침내 천국의 영광에 이르기까지 예수님의 손에 붙들려 견고히 인도함을 받는 은혜가 우리와 우리가 사랑하는 이들의 하루하루 위에 햇살처럼, 물결처럼 조용히 흐르고 충만히 머물기를 간절히 소망합니다.

이제 우리 주 예수 그리스도의 이름으로 축복하며 선포합니다. 하늘의 평강이 우리를 감싸고, 어린양의 피가 우리의 문설주에 선명히 새겨지며, 주의 인도하심이 매 순간 우리의 발걸음을 인도하실 줄 믿습니다. 이 모든 복이 우리의 모든 삶에 은혜로 넘치시기를 우리 주 예수 그리스도의 이름으로 간절히 축원합니다! 축원합니다! 축원합니다!

기도

우리를 애굽에서 건지신 여호와 하나님이시여, 하나님의 말씀 앞에 우리의 마음을 낮추고, 무너져야 할 모든 우상을 이제는 우리 스스로 밀어내게 해주시옵소서. 나일강을 피로 물들였던 그날처럼 모든 거짓 우상들, 우리가 세워놓은 거짓 신들이 이제는 다 사라지게 해주시옵소서. 우리의 참된 구원자이시며 하나님이신 예수님만이 우리 모두의 소망이 될 수 있도록 주님께서 함께해주시옵소서. 우리를 죄악에서 구원해 주신 우리 주 예수 그리스도의 이름으로 간절히 기도드리옵나이다. 아멘.

Chapter

03

우상을 만들어 그것들을 섬기지 말라

하나님의 참 형상이신 예수 그리스도

(제2계명과 두 번째 재앙)

출애굽기 8장 3-4절, 20장 4-5절

8:3-4 개구리가 나일강에서 무수히 생기고 올라와서 네 궁과
네 침실과 네 침상 위와 네 신하의 집과 네 백성과 네 화덕과
네 떡 반죽 그릇에 들어갈 것이며 4개구리가 너와 네 백성과
네 모든 신하에게 기어오르리라 하셨다 하라

20:4-5 너를 위하여 새긴 우상을 만들지 말고 또 위로 하늘에
있는 것이나 아래로 땅에 있는 것이나 땅 아래 물 속에 있는 것
의 어떤 형상도 만들지 말며 5그것들에게 절하지 말며 그것들
을 섬기지 말라 나 네 하나님 여호와는 질투하는 하나님인즉
나를 미워하는 자의 죄를 갚되 아버지로부터 아들에게로 삼사
대까지 이르게 하거니와

우리 인간은 자신의 실체를 전혀 알지 못한 채 살아갑니다. 우리는 투명함을 감당치 못하는 존재입니다. 거울을 들여다보면, 우리는 우리 자신을 보고 있다고 철석같이 믿고 있습니다. 그리고 '나는 나를 잘 안다'고 생각합니다. 그러나 그 안에 비친 모습은 단지 빛의 반사일 뿐 우리의 마음과 영혼, 두려움과 욕망은 그 어디에도 비치지 않으며 보이지 않습니다.

그래서 인간은 거울 너머의 보이지 않는 그 어떤 형상을 만들기 시작합니다. 눈에 보이고 손에 잡히며 위로와 의미를 줄 것 같은 형상들 말입니다. 하지만 그 시작은 단순한 창조가 아닙니다. 그것은 인간 내면 깊은 곳에 자리한 존재론적 불안, 영적 갈망의 허구, 자기 통제의 욕망이 결합된 산물입니다. 즉, 인간의 두려움을 물질화하여 형상화한 것뿐입니다.

우리는 영원을 그리워하면서도 그 영원을 절대 감당하지 못합니다. 무한을 향한 갈망 속에 살지만, 그 무한을 규정하고 통제하려 하며 눈에 보이는 틀 안에 가두려 합니다. 그래서 우리는 형상을 만들고 그 앞에 절하고 거기에 삶의 중심을 두며, 그것이 나의 신인 양 철석같이 믿으며 참으로 어리석게 살아갑니다. 얼핏 그것은 신앙처럼 보이지만 실은 두려움이 변장한 가짜입니다. 믿음의 언어를 사용하지만 그 깊은 뿌리는 자기 확신의 욕망입니다. 그렇게 만들어진 형상은 더 이상 단순한 물체가 아닙니다. 그것은 인간의 불안을 감추려는 가면이며, 우리가 만든 신입니다. 동시에 그것은 우리를 지배하는 보이지 않는 주인이 되어 갑니다. 형상은 인간이 만든 것이지만, 그 형상을 통해 인간은 또 자기를 만들고, 결국 자기가 만든 그것에 의해 자기 자신을 잃어버리게 된다는 것입니다.

그래서 우리는 스스로에게 묻지 않을 수 없습니다. "나는 지금 어떤 형상을 만들어 믿고 따르고 있는가? 그것은 나를 더 인간답게 만들고 있는가, 아니면 점점 더 무너뜨리고 있는가? 이 형상이 나를 지켜줄 수 있는가?"

한번 그 형상에게 물어보십시오. 나를 지켜줄 수 있는지. 분명 대답이 없을 것입니다. 그 형상은 살아 있지 않기 때문입니다.

태초의 인간은 형상을 만들지 않았습니다. 그 자신이 하나님의 형상으로 창조되었기 때문에 어떤 형상도 필요없습니다. 하나님의 숨결이 코에 불어넣어졌고, 그 존재 자체가 하나님의 살아 있는 형상이었다는 것입니다. 이 얼마나 놀라운 사실입니까? 태초의 인간에게는 그 어떤 형상도 필요하지 않았습니다. 그는 하나님과 얼굴을 마주하며 걷고 하나님의 음성을 들으며, 있는 그대로의 존재 자체로서 안식과 충만함을 누리며 살아갔습니다.

그러나 그 고요한 질서가 어느 한순간에 완전히 무너져 버립니다. '너도 하나님처럼 될 수 있다'는 뱀의 유혹에 인간은 자신의 마음을 다 마귀에게 빼앗기고 말았습니다. 하나님을 닮고자 했고, 하나님만을 섬기며 하나님께 영광을 올리려 했던 본래의 그 거룩한 소망은, 하나님을 떠나 스스로를 중심에 세우고자 하는 아주 더러운 욕망으로 변질되어 버렸습니다. 그날 이후로 인간은 더 이상 하나님을 바라보지 못하고 자기가 만든 형상을 바라보는 존재가 되었습니다.

선악과를 따먹은 순간부터 인간은 하나님과의 관계가 단절되었고, 그 끊어진 자리를 메우기 위해 자기 손으로 만든 것들을 붙잡기 시작하고, 자기 손으로 만들고 이름 지어 준 그것들 앞에 비굴하게 머리를 조아리기 시작했습니다. 돌을 깎고 나무를 다듬고 금을 녹여 만든 형상, 그것은 진짜 하나님이 아니라 인간 자신의 욕망이 투영된 한낱 물질에 불과한 아무 의미 없는 존재였습니다. 그것은 두려움 속에서 만들어졌고, 스스로 통제하고자 한 욕망에서 시작되었으며, 결국 하나님을 섬기려 했던 인간이 자기 자신을 숭배하는 자리에 이르게 된 것입니다.

이때부터 형상은 인간의 피난처가 아니라 인간을 지배하고 파괴하는 도구가 되어 갑니다. 하나님을 대신해 만든 그 어떤 형상도 결코 하나님이 될 수 없습니다. 하지만 그 형상은 인간의 삶 구석구석까지 침투합니다. 침상 위에, 떡 반죽 그릇 안에 스며들며 우리의 영혼을 완전히 침식하며 우리를 다스리기 시작했습니다. 형상을 만든 인간이 결국 그 형상에 사로잡힌 존재가 되고 만 것입니다. 그리고 마침내 하나님의 형상으로 지음 받은 우리 인간은 자신이 만든 형상 안에서 무너지고 파괴된 길에서 지금껏 살아가고 있습니다.

오늘 본문은 두 개의 장면을 보여 줍니다. 하나는 애굽에 임한 두 번째 재앙으로, 온 땅에 들끓는 개구리의 재앙입니다. 그리고 또 하나는 하나님께서 이스라엘 백성에게 주신 두 번째 계명, "너를 위하여 새긴 우상을 만들지 말라", "그 어떤 형상도 만들지 말라"는 명령입니다. 이 두 본문은 전혀 다른 시기와 상황에서 주어진 말씀처럼 보입니다. 하나는 애굽에 대한 심판이고, 하나는 광야에서 주신 율법입니다. 하지만 이 둘은 정확하게 맞물린 하나님의 거룩한 메시지입니다. 하나님은 같은 죄에 대해 경고하시고, 같은 본질을 다루고 계시기 때문입니다. 출애굽기 8장에서 하나님은 두 번째 재앙으로 개구리 떼를 애굽 전역에 퍼트리십니다. 이 개구리들은 단순히 거슬리는 동물 수준이 아닙니다.

본문 출애굽기 8장 3절을 다시 한번 보겠습니다.

> 개구리가 나일강에서 무수히 생기고 올라와서 네 궁과 네 침실과 네 침상 위와 네 신하의 집과 네 백성과 네 화덕과 네 떡 반죽 그릇에 들어갈 것이며,

왜 하나님께서는 하필 개구리를 사용하여 이렇게 지저분하고 불쾌한 방식으로 애굽을 심판하셨을까요? 이 재앙은 단순한 불편함이나 공포를 넘어 삶의 가장 사적인 공간까지 침투하는 형상의 역습입니다. 이것은 단순한 형벌이 아닙니다. 그 이유는 분명합니다. 애굽 사람들이 섬기던 '헤켓'(Heqet)이라는 개구리 여신 때문입니다. 그들은 생명과 다산(多産)을 관장한다고 믿으며 개구리 형상 앞에 절하며 빌고 또 빌었습니다. 그런데 하나님은 바로 그 형상 자체를 무질서와 파괴의 도구가 되게 하신 것입니다. 이는 개구리라는 우상이 더는 복이 아니라 재앙으로 드러나게 하신 하나님의 섭리입니다. 동시에 출애굽기 20장의 시내산에서 주어진 제2계명은 이렇게 말합니다. 출애굽기 20장 4-5절입니다.

너를 위하여 새긴 우상을 만들지 말고 또 위로 하늘에 있는 것이나 아래로 땅에 있는 것이나 땅 아래 물 속에 있는 것의 어떤 형상도 만들지 말며 그것들에게 절하지 말며 그것들을 섬기지 말라 나 네 하나님 여호와는 질투하는 하나님인즉 나를 미워하는 자의 죄를 갚되 아버지로부터 아들에게로 삼사 대까지 이르게 하거니와.

하나님께서는 왜 이 계명을 두 번째로, 그리고 이처럼 강력한 경고와 함께 주셨을까요? 그 이유는 분명합니다. 이 계명은 단순한 종교적 금지 명령이 아닙니다. 인간의 본성을 정확히 아신 하나님께서 가장 먼저 꺾으시려는 우리 내면의 아주 깊은 죄를 정확히 겨냥하신 것입니다. 인간은 늘 눈에 보이는 형상을 만들고 그 앞에 무릎 꿇으며 안정을 얻으려고 합니다. 그러나 하나님은 말씀하십니다. 그렇게 만들어진 형상은 우리를 지켜주지 못할 뿐 아니라 우리를 삼키게 될 것이라고 말입니다. 하나님께서 두 번째 재앙으로 애굽의 우상 숭배를 폭로하셨다면, 두 번째 계명을 통해 우상 숭배의 본성과 그 결과를 명확히 경고하신 것입니다. 이 두 장면은 하나의 강력한 하나님의 메시지를 품고 있습니다. 재앙은 우상에 대한 하나님의 직접적인 심판이었고, 계명은 우상으로부터 인간을 지키기 위한 하나님의 경고였습니다. 하나는 폭로였고, 하나는 우리를 보호하심이었습니다.

그렇다면 우리는 왜 끊임없이 형상을 만들고 그 형상을 의지하며 살아가는 것일까요? 그 이유는 인간이 본래 스스로 설 수 없는 존재, 곧 무엇인가에 의존하도록 지음 받은 존재이기 때문입니다. 우리는 처음부터 하나님을 바라보고 하나님 안에서만 온전함을 누리도록 설계되었습니다. 하지만 인간이 죄로 타락한 이후 하나님은 우리에게서 얼굴을 숨기셨고, 우리는 보이지 않는 하나님을 대신할 무언가를 만들기 시작했습니다. 그렇게 우리 손으로 만든 형상이 이제는 우리 마음의 안식처요 두려움의 피난처가 되어 버렸습니다. 그러나 실상 그것은 아무 생명도 없는 거짓 형상, 우리를 구원할 수 없는 가짜 의존물에 불과합니다.

우리가 자꾸 거짓 형상을 만드는 가장 근본적인 이유는 바로 하나님이 보이지 않기 때문입니다. 그것은 보이지 않는 하나님 대신 눈에 보이고 만질 수 있는 형상을 만들어 그 앞에 무릎을 꿇으며 그것을 통해 위안을 얻으려고 하는, 믿음 없는 우리 인간의 모습일 뿐입니다. 인간은 스스로 만든 형상에 절하고, 결국 그 형상에 의해 지배당하며 무너지는 존재입니다. 우리는 하나님을 대신할 형상을 만들었고, 그 형상은 더 이상 우리를 도와주지 못하는 침묵하는 거짓 우상이 되어 버렸습니다. 그렇게 하나님의 형상을 잃어버리고 스스로 만든 형상을 섬기며 살아가던 우리에게 하나님은 놀랍게도 뜻밖의 방식으로 응답해 주셨습니다.

하나님께서 친히 이 땅에 오신 것입니다. 그것은 인간이 만든 거짓된 형상이 아니라, 하나님께서 보내신 살아 있는 참 형상이었습니다. 그분이 누구입니까? 바로 예수 그리스도입니다. 성경은 이렇게 선포합니다. 골로새서 1장 15절입니다.

그는 보이지 아니하는 하나님의 형상이시요 모든 피조물보다 먼저 나신 이시니.

우리는 돌을 깎고 나무를 다듬고 금을 녹여 하나님의 형상을 대신할 무언가를 만들어 절해 왔지만 그 어떤 형상도 하나님의 영광을 담을 수 없었습니다. 그래서 하나님은 그분 자신을 예수 그리스도 안에서 드러내 주셨습니다. 그분은 보이지 않는 하나님을 보이게 하신 형상, 죽은 형상이 아니라 살아 계신 하나님의 현현(顯現)이었습니다. 예수님은 단지 하나님의 대표자가 아니라 보이지 않는 하나님의 형상으로 오신 하나님 그 자체이십니다. 사람의 손으로 만든 것이 아니라 하나님의 뜻으로 이 땅에 오신 살아 있는 형상, 하나님과 우리 사이를 연결하시는 임마누엘의 형상, 곧 예수 그리스도이십니다.

그러므로 이제 우리는 더 이상 우리 손으로 만든 형상에 절할 필요가 없습니다. 예수 그리스도 그분만이 우리가 바라봐야 할 유일한 형상이시며, 그분만이 하나님을 보여 주시는 참된 구원자이십니다. 그러나 우리는 살아 계신 하나님 대신 죽은 형상 앞에 무릎 꿇었고, 우리 손으로 만든 우상을 붙들며 영광 대신 수치, 생명 대신 죽음을 선택했습니다. 이 죄는 결코 가볍지 않습니다. 그러나 하나님은 영원히 죽을 수밖에 없는 우리의 죄를 사랑하는 아들 독생자 예수 그리스도에게 다 전가(轉嫁)하셨습니다. 이사야 53장 6절입니다.

우리는 다 양 같아서 그릇 행하여 각기 제 길로 갔거늘 여호와께서는 우리 모두의 죄악을 그에게 담당시키셨도다.

하나님의 형상이신 예수님이 우상 숭배의 죄, 곧 하나님을 저버리고 스스로 만든 우상에 절했던 우리의 모든 죄를 십자가에서 친히 대신 다 짊어지셨습니다. 우리는 형상을 만들었고, 그분은 그 손에 못이 박혔습니다. 우리는 거짓 신에게 절했고, 그분은 진짜 참 하나님이심에도 침묵 가운데 죽임을 당하셨습니다. 왜 그렇게 하셨을까요? 우상의 침묵을 뚫고 우리를 살리기 위함이었습니다. 아무 말도 하지 못하는 형상 앞에 절하던 우리를 위해 하나님의 말씀이 육신이 되어 그 침묵을 찢고 우리 곁에 오신 것입니다. 그분은 우리를 거짓된 형상의 권세에서 해방시키시고 우리에게 죄로 말미암아 잃어버린 하나님의 형상이 회복되는 길을 열어 주셨습니다. 그러므로 우리는 더 이상 금이나 돌, 나무로 만든 형상 앞에 무릎을 꿇을 필요가 없습니다.

이제 우리는 살아 계신 하나님의 형상, 곧 예수 그리스도 앞에 나아가 진정한 예배자요, 참된 인간이요, 하나님의 형상이 회복된 자로 살아갈 수 있게 되었습니다. 하나님의 형상이신 예수님은 단지 죄를 사하신 분이 아니십니다. 그분은 우리가 닮아가야 할 참된 형상이십니다. 그분 안에서 우리는 하나님의 형상을 다시 보게 되었고, 그분을 따를 때 우리는 잃어버린 우리 본래의 존재를 회복하게 됩니다. 그래서 사도 바울은 "나의 자녀들아 너희 속에 그리스도의 형상을 이루기까지 다시 너희를 위하여 해산하는 수고를 하노니"(갈 4:19)라고 했습니다.

히브리서 1장 3절은 이렇게 선포합니다.

> 이는 하나님의 영광의 광채시요 그 본체의 형상이시라 그의 능력의 말씀으로 만물을 붙드시며 죄를 정결하게 하는 일을 하시고 높은 곳에 계신 지극히 크신 이의 우편에 앉으셨느니라.

그렇습니다. 예수님은 하나님의 영광의 빛이며 그 본체 형상, 곧 하나님 그 자체이십니다. 그분은 말씀으로 만물을 붙드시며, 우리의 죄를 깨끗게 하시고, 지금도 하나님 우편에서 우리를 위해 중보하고 계시는 살아 있는 형상입니다.

그러므로 이제 죽은 형상이 아닌 살아 계신 예수 그리스도만 바라보십시오. 그분 안에 하나님의 형상이 있고, 그분을 닮아갈 때 우리는 마침내 진정한 하나님의 백성, 회복된 형상으로 살아가게 될 것입니다. 우리는 이제 거짓 형상을 만들던 존재에서 하나님의 형상이신 예수님을 닮아가는 존재로 부름 받았습니다. 이제 말 못하는 우상이 아닌 살아 역사하시는 주님 앞에 무릎 꿇는 우리, 오직 주님만을 소망하며 주님만을 바라보는 우리 모두가 되기를 간절히 원합니다. 우리의 참된 형상이시고, 우리를 회복하시며 영원으로 이끄시는 유일한 구원자 예수 그리스도만을 믿으며 나아가는 복된 우리 모두가 되기를 간절히 바랍니다.

구원이란, 하나님 아닌 다른 형상들에게 마음을 빼앗기고 결국 피조물의 종노릇하며 살아가는 우리에게 하나님께서 친히 찾아오셔서 다시 하나님의 형상으로 회복시키는 은혜입니다. 바로 예수 그리스도께서 하나님의 참된 형상이 되어 이 땅에 오심으로 우리는 더 이상 헛된 형상을 바라볼 필요가 없게 되었습니다. 십자가에 달리신 예수, 죽으시고 부활하신 예수, 그 예수를 믿는 자마다 우상에서 돌이켜 하나님께로 향하게 하시는 복음의 능력이 임하게 될 것입니다. 그러므로 구원이란 인간이 만든 가짜 형상에서 돌이켜 하나님께서 보내신 참된 형상이신 예수 그리스도를 바라봄으로 우상에서 자유케 되고 하나님과 다시 연합되는 은혜의 사건입니다.

우리는 이제 더 이상 거짓된 형상 앞에 무릎 꿇지 않습니다. 더 이상 개구리처럼 썩어 없어질 피조물에 소망을 두지 않습니다. 우리는 십자가 앞에 엎드려 하나님의 형상이신 부활하신 예수님을 따라 새롭게 살아가는 존귀한 하나님의 자녀입니다. 구원이란 우상 앞에서 무너졌던 우리를 다시 하나님의 형상대로 회복시키는 하나님의 사랑이며, 예수 그리스도 안에서만 완전하게 주어지는 은혜입니다. 하나님 아버지의 마음은 단순히 율법을 우리에게 요구하고자 하신 것이 아닙니다. 그것은 자녀 된 우리가 헛된 형상을 따라 멸망하지 않고 참된 사랑이시고 참된 형상이신 예수 그리스도를 바라보며 생명에 이르게 하고자 하신 것입니다.

제2계명은 단순한 규율이 아닙니다. '내가 너를 위하여 유일한 생명의 길이 되겠다'는 하나님의 약속이자 간절한 호소입니다. 그리고 두 번째 개구리 재앙은 우상 숭배로 물든 애굽 한복판에서 하나님의 자녀 된 이스라엘이 더 이상 가짜 신들의 노예로 살지 않도록 흔드시는 아버지의 경고였습니다. 우상 앞에 무릎 꿇는 백성에게 하나님은 강권적으로 말씀하십니다. "그 헛된 것들은 너희를 구원할 수 없다." 오늘날 우리는 그때의 개구리 떼처럼 스스로 만들어낸 형상들, 곧 성공의 형상, 쾌락의 형상, 자아의 형상, 종교의 형상, 내 안에 있는 거짓된 형상, 다른 사람들을 비난하는 형상 앞에 무릎을 꿇고 있습니다. 이 얼마나 어처구니없는 일입니까?

이제 예수 그리스도를 믿는 믿음의 사람들로서 그 거짓된 모든 형상을 깨뜨려 버리기를 바랍니다. 그리고 하나님을 흉내 낸 왜곡된 이미지들에 둘러싸여 살아가는 것을 멈추시기 바랍니다. 그것은 겉으로는 평안을 주는 듯하지만, 겉으로는 우리 마음을 후련하게 하는 것 같지만, 결국 우리 안에서 썩은 냄새를 풍기고 부패를 남기며 우리들의 모든 인생과 영과 생명을 다 앗아가 버립니다. 그러므로 그 거짓된 형상을 버리십시오. 하나님의 마음은 분명합니다. 그분은 죄를 정죄하기 위해 채찍을 드시는 분이 아니라, 사랑하는 자녀를 돌이키도록 하기 위해 안타까운 마음 중에 채찍을 드시는 아버지입니다. "내가 이 재앙을 멈추는 유일한 경우는 너희가 나를 알 때뿐이다"라고 말씀하시는 그분은, 우리를 정죄하시기보다 우리가 돌이키기를 기다리시는 하나님이십니다.

그래서 결국 그 형상에 빠져 멸망해 가던 우리를 살리시기 위해 하나님께서 친히 자기의 형상을 이 땅에 보내신 것입니다. 예수님은 단지 하나님의 형상을 보여 주신 분만이 아니라, 태초에 하나님의 형상대로 지음 받았지만 우리의 죄로 인하여 깨어진 우리 안에 하나님의 형상을 회복하시는 구원의 길이 되어 주셨습니다. 이것이 바로 계명의 명령 너머에 흐르고 있는 재앙의 경고 속에서도 끝내 꺼지지 않는, 우리를 사랑하시는 하나님 아버지의 참된 마음입니다.

성도란 하나님을 눈에 보이는 형상에 가두는 것이 아니라, 보이지 않는 하나님의 임재를 믿음으로 따르는 사람입니다. 또 성도란 세상의 형상과 우상의 유혹 앞에서도 그 모든 가짜 위로를 거절하고 오직 예수 그리스도 안에서 하나님의 참된 형상을 따라가는 진정한 믿음의 사람입니다.

본문에서 애굽은 개구리라는 형상에 담긴 거짓 신을 숭배했고 그 결과는 부패와 악취, 생명의 파괴였습니다. 그러나 하나님은 그 재앙을 통해 이스라엘에게 말씀하십니다. “너희는 나의 백성이다. 나를 너희 마음속에 새기고 다른 형상을 따르지 말라.” 그러므로 성도란 헛된 형상 속에 무너졌던 인생이 예수 그리스도 안에서 하나님의 형상으로 회복되어, 이제는 자신의 삶 전체로 하나님을 예배하며 살아가는 존재인 것입니다.

우리는 우리 자신이 누구를 섬기고 있는지 가만히 돌아봐야 합니다. 혹 하나님을 예배한다고 말하면서 실상은 우리 마음에 새긴 형상을 섬기고 있지는 않습니까? 하나님은 분명히 말씀하셨습니다. “너를 위해 새긴 우상을 만들지 말라. 그것들에게 절하지 말며 섬기지 말라.” 그러나 우리는 우리의 욕망을 따라 하나님을 마음대로 디자인하고, 마음대로 가짜 형상을 만들지 않았습니까? 성공이라는 형상, 자녀라는 형상, 돈과 안정이라는 형상, 심지어 내 자아를 높이게 한 종교의 형상까지 그 모든 것 앞에 우리는 얼마나 쉽게 무릎을 꿇어 왔습니까?

출애굽기 8장의 개구리 재앙은 단지 자연의 이상(異狀) 현상이 아닙니다. 하나님이 가짜 신들을 완벽하게 조롱하신 사건입니다. 그 형상들이 우리를 구할 수 없다고, 그 허망함이 우리를 죽인다고 하나님은 말씀하시는 것입니다. 그런데 오늘 우리는 애굽의 그 사람들과 무엇이 다릅니까? 여전히 눈에 보이는 형상에 끌리고, 하나님의 말씀보다 내 감정에 충실하고 진짜 예배보다 보이는 형식을 택하며 우리의 즐거움을 향하여 나아가고 있지는 않습니까?

이 죄가 제발 묻히지 않기를 바랍니다. 하나님은 오늘도 우리를 향해 말씀하십니다. "너는 나 외에 다른 신을 네게 두지 말라. 나를 네 형상으로 왜곡하지 말라. 다른 우상 앞에 절하지 말라. 내 이름을 너의 뜻에 맞추지 말라." 지금 회개하지 않으면 우리 안에 있는 그 더럽고 거짓된 형상은 무럭무럭 자라나 우리를 반드시 죽이게 되어 있습니다. 우리의 믿음을 삼키고, 우리의 영혼을 병들게 하며, 우리를 결국 하나님의 진노 아래 놓이게 하는 그 어둠의 형상들, 거짓된 형상들, 가짜 형상들을 이제는 버리시기 바랍니다.

그러므로 이제 우리의 마음을 찢어야 합니다. 겉옷이 아니라 마음을 찢고 여호와께로 돌아가야 합니다. 십자가 앞 무너진 그 자리에서 오직 예수 그분만이 우리의 참된 형상 되심을 다시 고백하고 선포하며 주님만을 바라보시기를 바랍니다. 지금은 회개의 때입니다. 지금은 눈을 들어 헛된 형상을 거절하고 예수 그리스도를 바라

볼 때입니다. 우리 안의 모든 거짓 형상을 허무는 성령의 바람이 우리 성도 모두의 가정과 인생 가운데 불어오기를 간절히 구합니다. 우리의 예배가 다시 거룩함을 회복하고, 우리의 심령이 다시 살아나기를 원합니다. 더 지체하지 마십시오. 지금 회개하십시오. 지금 주 앞으로 돌아오십시오. 그리고 절대 우상 앞에 절하지 말고 거짓된 형상, 우리의 생각의 형상과 타협하지 않기를 바랍니다.

하나님께서 우리에게 '너를 위하여 새긴 우상을 만들지 말고, 어떤 형상도 만들지 말며, 그것들에게 절하지 말고 섬기지도 말라는 제2계명을 주신 이유가 무엇입니까? 그 이유는 단 하나입니다. 하나님은 어떤 형상으로 그렇게 축소될 수 있는 분이 아니라는 것입니다. 하나님 외에 생명을 줄 수 있는 존재는 이 세상에 그 무엇도 없다는 것입니다. 우리는 오직 하나님에게서만 안식과 생명을 얻을 수 있는 존재입니다. 그러나 우리는 그 하나님을 눈에 보이는 형상으로 축소시키고, 우리 뜻에 맞게 조각하며, 결국 우리 자신을 위하여 헛된 신을 만들었습니다. 이를 회개하고 이제는 절대로 그런 우상 숭배의 자리에 앉아서는 안 됩니다.

우리는 우리 자신을 위하여 내 마음대로 가짜 신을 만들었습니다. 그렇게 인간은 하나님을 떠나 헛된 형상을 섬기는 우상 숭배자가 되었다고 성경은 똑똑히 말하고 있습니다. 로마서 1장 21-23절 말씀입니다.

하나님을 알되 하나님을 영화롭게도 아니하며 감사하지도 아니하고 오히려 그 생각이 허망하여지며 미련한 마음이 어두워졌나니 스스로 지혜 있다 하나 어리석게 되어 썩어지지 아니하는 하나님의 영광을 썩어질 사람과 새와 짐승과 기어다니는 동물 모양의 우상으로 바꾸었느니라.

인간이 얼마나 거짓된 형상과 우상을 섬기며 살아왔는지 성경은 분명히 말해주고 있습니다. 그 죄의 결과가 바로 죽음이요, 형벌이요, 하나님의 진노입니다. 그러므로 우상을 부숴 버리십시오. 형상을 깨뜨려 버리십시오. 그리고 보이지 않지만 살아 계신 하나님, 그분만을 섬기고 그분만을 믿으며 그분만을 예배하시기를 간절히 바랍니다. 그 이유는 죽음의 자리에서 우리 대신 형벌을 감당하신 예수 그리스도께서 바로 우리 안에 계시기 때문입니다.

예수님은 우리처럼 육신을 입고 이 땅에 오셔서 우상에 빠진 우리를 위하여 참된 하나님의 형상이 되어 주셨고, 우상 숭배의 결과인 죽음을 우리 대신 감당하셨습니다. 십자가에서 그분은 우상 숭배의 자리 곧 나의 자리를 대신하여 죽으셨고 부활하심으로 새로운 형상의 삶을 열어 주셨습니다. 이제 그 예수 그리스도를 믿는 자는 다시는 썩어질 형상을 좇지 않고 하나님의 형상을 따라 지으심을 받은 새로운 피조물로 살아갈 것입니다. 고린도후서 5장 17절 말씀입니다.

그런즉 누구든지 그리스도 안에 있으면 새로운 피조물이라 이전 것은 지나갔으니 보라 새것이 되었도다.

복음은 바로 이런 것입니다. 하나님을 떠나 헛된 형상을 따르던 죄인에게 하나님께서 자기 형상을 보내셔서 우리를 위해 죽게 하시고 우리를 다시 하나님의 형상으로 회복시킨 은혜의 기쁜 소식입니다. 그러므로 오늘 나의 자아의 형상을 버리고 예수 그리스도를 붙드십시오. 가짜 위로를 버리고 참된 구원을 구하십시오. 자기 마음대로 만든 신을 부수고 하나님이 주신 유일한 그 이름, 예수 그리스도의 이름 앞에 무릎 꿇기를 바랍니다. 사도행전 4장 12절 말씀입니다.

> 다른 이로써는 구원을 받을 수 없나니 천하 사람 중에 구원을 받을 만한 다른 이름을 우리에게 주신 일이 없음이라 하였더라.

오직 예수 그리스도만이 하나님의 형상이시고, 우리의 구원이시며, 우리의 영원한 소망 되십니다. 그러므로 이제 눈에 보이는 것을 좇지 마십시오. 잠시 반짝이는 세상의 형상에 절대 마음을 빼앗기지 마십시오. 오직 예수님만 바라보십시오. 오직 예수님만 구하십시오. 그분만이 진리이시고, 그분만이 생명이시며, 그분만이 우리의 길이십니다. 주 예수 그리스도의 이름을 부르며 살아가는 자마다 헛된 형상에서 해방되고, 죽은 우상에서 돌이켜 살아 계신 하나님만을 섬기며 그 얼굴을 닮아가는 그런 복된 자가 될 줄로 믿습니다. 주님을 믿는 자는 결코 부끄러움을 당하지 않으며, 오직 주를 바라보는 자는 새 힘을 얻고 독수리처럼 반드시 날아오를 것입니다.

그러므로 오늘도 내일도 영원히 예수님만 구하며 예수님만 믿는 하나님의 존귀한 자녀들이 되기를 바랍니다. 그분만 따르십시오. 그분만 높이십시오. 그리할 때 우리는 이 세상의 우상에 물들지 않는 거룩한 백성이 되고, 어떤 재앙 가운데서도 무너지지 않는 영원한 하늘나라의 시민이 될 것입니다.

하루하루 예수 그리스도 안에서 복되게 살아가십시오. 예수님으로 충만하십시오. 예수님을 따라 날마다 산 제사로 자신을 하나님께 드리는 참된 예배자가 되십시오. 주 예수 그리스도의 은혜와 하나님의 끝없는 사랑과 성령의 새롭게 하심이 오늘도 오직 예수님만을 소망으로 삼는 모든 성도 위에 임하시기를 우리 주 예수 그리스도의 이름으로 축원합니다! 축원합니다! 축원합니다!

기도

하나님, 지금까지 거짓된 형상을 세워 놓고 내가 바로 그 거짓된 형상의 신이 되어 세상을 난도질하고 하나님을 배반하고 욕되게 하며 살아왔습니다. 주님, 이러한 큰 죄악을 어찌하면 좋겠습니까! 아무런 죄의식 없이 그 형상 앞에 무릎 꿇고 하나님을 저버린 죄악을 이 시간에 알게 해주시옵소서.

주님, 아직도 이 말씀 앞에 아무런 응답이 없는 자들이 있다면 결코 버리지 마시고 예수 그리스도의 사랑과 은혜로 품어 주시옵소서. 이제는 거짓된 형상이 아닌 예수님만을 바라보고 예수님만을 구하며 살아가는 우리 모두가 될 수 있도록 은혜를 베풀어 주시옵소서. 우리를 죄악에서 구원해 주신 우리 주 예수 그리스도의 이름으로 간절히 기도드리옵나이다. 아멘.

Chapter

04

하나님의 이름을 망령되게 부르지 말라

예수 그리스도의 이름을 부르십시오

(제3계명과 세 번째 재앙)

출애굽기 8장 16-17절, 20장 7절

8:16-17 여호와께서 모세에게 이르시되 아론에게 명령하기를
네 지팡이를 들어 땅의 티끌을 치라 하라 그것이 애굽 온 땅에
서 이가 되리라 17그들이 그대로 행할새 아론이 지팡이를 잡고
손을 들어 땅의 티끌을 치매 애굽 온 땅의 티끌이 다 이가 되
어 사람과 가축에게 오르니

20:7 너는 네 하나님 여호와의 이름을 망령되게 부르지 말라
여호와는 그의 이름을 망령되게 부르는 자를 죄 없다 하지 아
니하리라

대부분의 성도는 이 세상을 경건하게 살기를 원합니다. 우리는 고요한 기도, 성실한 예배, 선한 말과 정직한 삶을 꿈꾸며 하나님 앞에서 정직하고 의로운 길을 걸어가고 싶어 합니다. 그러나 문제는 진짜 경건보다 '경건해 보이는 것'을 쉽게 택하려는 것이 우리의 마음이라는 것입니다. 사람들 앞에서 경건하게 보이기를 원하면서 정작 하나님 앞에서는 마음을 감추고 삶의 본질을 숨기려 합니다. 기도의 말에는 익숙해졌지만 기도의 심장은 잃어버렸고, 예배의 자리에 앉아 있지만 예배의 주인이 누구인지는 알지 못합니다.

예배의 주인을 바라보지 않고 자신만 바라보는 우리의 모습들, 이것이 '거짓된 경건'입니다 거짓된 경건은 몰라서 그러는 것이 아닙니다. 단순한 실수가 아닙니다. 그것은 하나님의 이름을 망령되게 일컫는 우리의 잘못된 신앙관이며 행위입니다. 하나님의 거룩하신 성품을 우리의 위선의 옷으로 더럽히는 아주 무서운 죄입니다. 겉모양의 경건은 사람의 눈은 속일 수 있을지 모르지만, 불꽃 같은 하나님의 눈은 속일 수 없습니다. 그 내면이 비어 있다면 그 삶은 결국 스스로의 무게를 감당하지 못하고 무너질 수밖에 없습니다. 진실 없는 경건은 무늬만 아름다운 조각처럼 한순간의 바람에도 사정없이 깨어져 버리게 되어 있습니다.

우리는 지금 어떤 경건을 가지고 있습니까? 거짓된 경건은 우리의 가정과 공동체를 병들게 하고 죽음으로 몰아갑니다. 외식이 일상이 되면 진실은 조롱당하고, 신앙은 공연처럼 그저 거짓되게 흘러갑니다. 경건이 하나님 앞에서의 삶이 아니라 사람 앞에서의 연극이 될 때 우리는 말없이 하나님의 이름을 망령되게 하며 살아가게 된다는 것입니다. 결국 거짓된 경건은 하나님을 속이는 것이 아니라 자기 자신을 속이는 일입니다. 하나님은 우리의 중심을 보시는 분이시기에 절대 속일 수 없습니다. 그것은 오히려 우리 자신을 속이는 것이며 신앙을 무너뜨리는 가장 교묘하고 위선적인 행위입니다.

그러므로 우리는 이 질문 앞에 바로 서야 합니다. "나는 이제껏 어떤 모습으로 신앙생활을 했으며, 나는 진짜 경건을 추구하고 있는가? 혹 경건하게 보이기 위해 거짓된 껍데기만을 붙들고 교회 나오며 예배드리지 않았는가?" 정말 이런 물음들이 오늘 우리의 영혼 가운데 울려 퍼져야 되지 않겠습니까? 하나님의 이름을 붙들되, 그 이름을 빌려서 세상의 복을 추구하는 그 거짓된 모습을 아직도 버리지 않으셨다면 이제는 버려야 합니다.

그렇다면 경건해 보이려는 우리의 마음은 어디에서부터 시작되었을까요? 인간은 처음부터 하나님과 친밀한 존재로 지음을 받았습니다. 우리는 하나님과 동행하고 숨김없이 교제하며 있는 그대로의 모습으로 존귀함을 잃지 않은 아름다운 존재였습니다. '벌거벗었으나 부끄러워하지 않았다'라고 창세기 2장 25절은 말씀하고 있습니다. 이는 겉모습만이 아니라 내면적으로도 완전한 신뢰와 진실 위에 있었음을 보여 줍니다. 경건이란 그처럼 단순하면서도 깊은 것이었습니다. 하나님의 눈을 피하지 않고, 스스로를 포장하지 않으며, 그분 앞에 있는 그대로 존재하는 아름다운 삶이었습니다.

그러나 타락은 이 아름다운 질서를 한순간에 무너뜨렸습니다. 하나님처럼 되고 싶다는 욕망이 하나님의 말씀보다 우선되었을 때 인간은 참된 경건에서 완전히 벗어나 버렸습니다. 그 첫 반응이 무엇이었습니까? 하나님으로부터 숨는 것이었습니다. 죄는 두려움을 낳았고, 두려움은 감춤을 불렀으며, 그 감춤은 곧 드러나는 존재라는 새로운 가면을 우리에게 씌웠습니다. 그때부터 인간은 진실하게 존재하기보다 그럴 듯하게 보이려는 욕망 앞에 우리의 모든 양심, 우리의 생각을 다 빼앗겨 버렸습니다. 이제 하나님 앞에서의 정직함보다 사람 앞에서의 인정을 추구하게 되었습니다. 이로써 삶의 실체가 아니라 연출된 도구로써 사람들에게 보여 주기 위한 가짜 경건이 우리에게서 시작된 것입니다. 이것이 거짓된 경건의 기원입니다.

우리의 말은 신앙적이지만 우리의 삶은 하나님을 의식하지 않습니다. 기도문은 잘 외우지만 마음의 중심은 하나님을 바라보지 못합니다. 이 타락한 인간의 성향이 시간이 흐르면서 종교의 형식 안으로 깊이 빠져들어 그저 가면을 쓴 종교인으로 전락해 버린 모습이 곧 우리의 모습입니다.

하나님의 이름은 이제 진리를 드러내는 통로가 아니라, 위선과 자기 연출의 장식물이 되어 버렸습니다. 우리는 언제부터인가 하나님의 이름을 망령되게 일컫는 거짓 경건으로 살아왔습니다. 진짜보다 진짜처럼 보이는 것이 더 중요해진 시대, 경건의 모양은 있지만 그 능력은 사라진 시대, 바로 우리가 지금 서 있는 이 자리가 그런 모습입니다. 이 위선은 개인의 타락에 그치지 않고 공동체를 병들게 하며, 결국 하나님의 이름까지 조롱거리로 만듭니다. 우리는 지금 이러한 자신의 모습을 바라보지 못하고 열심히 신앙생활하고 있다고 착각하고 있지는 않습니까?

그러므로 우리는 이 거짓된 경건의 뿌리를 올바로 직면해야 합니다. 거짓된 경건은 타락 이후 인간 본성 깊숙이 자리 잡은 오래된 유산이며, 그것이 오늘 우리를 여전히 유혹하고 있음을 잊어서는 안 됩니다.

본문 출애굽기 8장 16절을 보면 하나님께서 모세에게 이렇게 말씀하십니다. “아론에게 명령하기를 네 지팡이를 들어 땅의 티끌을 치라 하라 그것이 애굽 온 땅에서 이가 되리라”고 하십니다. 티끌이 온 땅에서 이가 되리라고 주님은 말씀하십니다. 그리고 17절에서 아론이 그대로 행하자 실제로 그 티끌이 애굽 전역에 이(虱, 슬보)가 되어 퍼졌습니다 이 ‘티끌’은 히브리어로 ‘아파르’(עפר) 즉 ‘먼지’, ‘흙’, ‘가루’, ‘생명 없는 부스러짐’을 의미합니다. 반면 창세기 2장에서 하나님께서 사람을 지으실 때 사용하신 ‘흙’은 히브리어로 ‘아다마’(אדמה)인데, 이는 ‘붉음’에서 유래한 ‘땅’, ‘생명을 품은 흙’이라는 의미이며, 하나님의 숨결을 담는 창조의 재료였습니다. 즉, ‘아다마’(아담)는 생명의 시작이고 ‘아파르’는 죽음 이후의 흔적입니다.

그렇다면 하나님은 왜 그 티끌에서 끔찍한 이가 나오게 하셨을까요? 그것은 곧 하나님의 권능 앞에서는 생명을 지닌 흙도 심판의 재료가 될 수 있다는 것입니다. 사람이 하나님을 떠나고 거짓된 경건으로 살아갈 때 그 삶은 더 이상 ‘창조의 흙’이 아니라 ‘심판의 티끌’로 전락한다는 의미입니다. 티끌에서 생명을 주시는 하나님께서 이제 그 티끌에서 심판을 일으키신다는 것입니다. 이것은 단순한 벌레(이)의 재앙이 아니라, 하나님이 권능으로 우리의 위선을 깨뜨리는 심판입니다. 이것이 출애굽기의 여러 재앙 중 세 번째 재앙입니다.

앞선 두 재앙 즉 나일강이 피로 변하고, 개구리가 올라오는 재앙과 달리 이번에는 애굽의 마술사들이 흉내 내지 못하고 "이는 하나님의 권능이다"라고 고백합니다.

이 말은 단순한 항복 선언이 아닙니다. 하나님의 권능, 다시 말해 하나님의 직접적인 개입과 창조의 권능 앞에 인간의 흉내는 무력함을 인정하는 것입니다. 아무리 잘 포장된 종교적 능력이라 해도 하나님의 참된 임재 앞에서는 그 거짓이 한 순간에 드러나는 것입니다. 경건해 보이려는 노력은 우리 모두 다 할 수 있습니다. 하지만 경건 자체를 흉내 낼 수는 없습니다. 진짜는 하나님의 권능이 나타날 때 드러나기 때문입니다.

이 세 번째 재앙과 함께 살펴볼 말씀은 십계명의 세 번째 계명입니다. 출애굽기 20장 7절 말씀입니다.

> 너는 네 하나님 여호와의 이름을 망령되게 부르지 말라 여호와는 그의 이름을 망령되게 부르는 자를 죄 없다 하지 아니하리라.

이 말씀은 단지 말조심하라는 정도의 권면이 아닙니다. 히브리어로 '망령되이'(שוא, 샤브)라는 말은 '교활하게' '헛되이' '무의미하게' '목적 없이'라는 뜻을 담고 있으며, 상징적으로 '우상 숭배'라는 뜻이 있습니다. 즉, 하나님의 이름을 자기 욕심을 위하여 사용하거나 의미 없이 반복하거나, 삶이 분리된 채 습관처럼 그저 하나님의 이름을 소비하는 이 모든 것이 그분의 이름을 망령되게 부르는 죄입니다.

그런데 이는 우상 숭배와 다름이 없다는 것입니다.

그렇다면 본문 출애굽기 8장의 세 번째 재앙인 '티끌이 이가 되는 사건'과 '십계명의 제3계명'은 표현은 다르지만 본질적으로 같은 죄, 즉 하나님의 이름과 권위를 가볍게 여기는 죄를 다루고 있는 것입니다. 애굽의 마술사들은 하나님의 창조 행위를 흉내 내며 그 권능을 따라잡을 수 있다고 여겼지만, 하나님은 그들의 능력의 끝이 어디인지, 어디까지가 한계인지 적나라하게 드러내 보여 주셨습니다. 가장 작은 창조물인 보잘것없는 티끌에서 이가 일어나는 것을 보게 하심으로 생명을 다루는 권세는 오직 하나님께 속해 있음을 선언하신 것입니다.

이처럼 하나님의 이름을 경외하지 않고 흉내 내거나 그분의 영광을 도구처럼 사용하려는 모든 시도는 곧 그 이름을 망령되게 부르는 죄입니다. 겉으로는 경건해 보이지만 그 중심에 하나님에 대한 진실한 두려움과 순종이 없는 자들에게 주님은 이렇게 말씀하십니다. 디모데후서 3장 2-3, 5절 말씀입니다.

> 사람들이 자기를 사랑하며 돈을 사랑하며 자랑하며 교만하며 비방하며 부모를 거역하며 감사하지 아니하며 거룩하지 아니하며 무정하며 원통함을 풀지 아니하며 모함하며 절제하지 못하며 사나우며 선한 것을 좋아하지 아니하며…경건의 모양은 있으나 경건의 능력은 부인하니 이 같은 자들에게서 네가 돌아서라.

겉으로는 경건해 보일지라도 그 중심에 하나님을 향한 두려움과 순종이 없다면, 그 삶은 결국 경건의 모양은 있으나 경건의 능력은 부인하는 자로 드러나게 됩니다. 그리고 하나님은 우리에게 분명히 말씀하십니다. "이 같은 자들에게서 돌아서라."

중요한 것은 제3계명은 단지 말로 하나님의 이름을 부르지 말라는 명령이 아니라, 그 거룩한 이름을 우리의 삶 전체로 존귀하게 하라는 부르심이라는 것입니다. 오늘 우리 모두는 하나님의 이름을 말하는 자답게 그의 이름의 무게를 살아내는 참된 경건의 길로 돌아가야 합니다.

예수님께서 이 땅에 오셔서 가장 날카롭게 꾸짖은 대상은 도덕적으로 무너진 죄 많은 자들이 아니었습니다. 경건한 척했지만 중심은 하나님을 외면한 자들이었습니다. 하나님의 이름을 입으로는 부르되, 삶으로는 철저히 배반한 자들이었습니다. 예수님은 그들을 향해 이렇게 말씀하셨습니다. 마태복음 15장 8-9절 말씀입니다.

> 이 백성이 입술로는 나를 공경하되 마음은 내게서 멀도다 사람의 계명으로 교훈을 삼아 가르치니 나를 헛되이 경배하는도다 하였느니라 하시고.

주님의 이러한 말씀처럼, 우리 역시 입으로는 "주여, 주여" 하면서 예수님을 찾지만 실제 삶에서는 하나님의 말씀과 동떨어진 미움과 시기와 질투와 욕심으로 살아가고 있지는 않습니까? "나를 헛되이 경배하는도다." 우리는 우리가 얼마나 하나님을 헛되이 경배하며 살아왔는지 깨달아야 합니다.

이 구절은 본문 출애굽기 20장 7절의 "너는 여호와의 이름을 망령되게 부르지 말라"라는 말씀을 가장 정면으로 풀어내는 예수님의 해석입니다. 하나님의 이름을 입술로만 부르며 삶으로는 그 이름을 모독하며 살아온 우리에게 하시는 말씀입니다. 예수님은 이와 같이 완고한 불신의 모습으로 살아가는 당대 종교 지도자들의 모습을 보시고 이렇게 또 말씀하셨습니다. 요한복음 5장 39-40절입니다.

> 너희가 성경에서 영생을 얻는 줄 생각하고 성경을 연구하거니와 이 성경이 곧 내게 대하여 증언하는 것이니라 그러나 너희가 영생을 얻기 위하여 내게 오기를 원하지 아니하는도다.

우리는 성경에서 영생을 얻는 줄 생각하고 성경을 열심히 연구하며, 성경의 크고 비밀한 것을 내 것으로 만들기 위하여 받아 적기도 하고 암기하기도 합니다. 그뿐 아니라 그것으로 아는 체하고 잘난 체합니다. 그러나 예수님께 가까이 다가가지 않을 뿐 아니라, 예수님의 그 사랑과 가르침을 전혀 인정하지 않고 내 맘대로 살아갑니다. 혹 우리는 지금 하나님의 이름을 말하면서도 정작 하나님의 아들이신 예수님 앞에서 자신의 믿음을 드러내지도 못하고, 예수님이 말씀하신 대로 살아가지도 않으면서 너무나 완악하게 신앙생활을 하고 있지는 않습니까?

예수님의 눈으로 본문을 다시 보면 똑같은 거울에 우리의 모습이 그대로 투영됩니다. 우리는 하나님의 기적을 보며 감탄하지만 그 기적을 주신 분 앞에 엎드리지 않습니다. 그 이름을 말하면서도 삶으로는 그 이름을 가볍게 다루어 버리는 우리의 모습들, 이것이 바로 하나님의 이름을 망령되게 부르는 것입니다. 예수님의 사랑을 말하면서도 정작 목장 안에서조차 목장장이나 목원들을 사랑하지 못하고 내 마음대로 살아가는 모습. 그러면서도 자기가 무슨 죄를 지었는지, 또 자기가 하나님의 이름을 망령되게 하는지도 모르며 뻔뻔하게 살아가는 모습. 하나님의 이름을 기도에 사용하면서 그 기도가 끝나면 세상의 이름을 더 두려워하는 거짓된 모습. 하나님의 이름으로 예배를 드리면서도 예배가 끝나면 자신의 이름을 더 높이고자 하는 우리의 더러운 모습. 우리는 이제 예수님의 시선으로 이러한 우리의 믿음 없음과 위선을 정직하게 직시해야 합니다.

예수님은 이런 우리를 보시며 슬퍼하시고 탄식하셨습니다. 누가복음 13장 34절 말씀입니다.

> 예루살렘아 예루살렘아 선지자들을 죽이고 네게 파송된 자들을 돌로 치는 자여 암탉이 제 새끼를 날개 아래에 모음같이 내가 너희의 자녀를 모으려 한 일이 몇 번이냐 그러나 너희가 원하지 아니하였도다.

예수님의 눈물은 단지 하나님의 이름을 높이는 수준을 넘어, 그 이름을 거역하는 이들까지 끌어안는 거룩한 탄식이었습니다. 그분은 죄를 정죄하기 위해서가 아니라 망령된 입술을 회개로 이끌기 위하여 이 땅에 오셨습니다.

본문 출애굽기 8장의 재앙과 출애굽기 20장의 계명은 예수님의 생애와 가르침을 통해 우리의 마음을 꿰뚫는 말씀으로 다시 살아나야 합니다. 하나님의 이름을 말하는 우리의 입술, 그리고 그 이름을 증명해야 하는 우리의 삶, 예수님은 그 간극을 누구보다 정확하게 보셨고, 십자가로 그 간극을 메워 주셨습니다.

예수님의 삶을 따라가다 보면, 그분은 단 한순간도 하나님의 이름을 자기 욕망을 이루기 위한 수단으로 사용한 적이 없음을 깨닫게 됩니다. 사실 우리는 하나님의 이름을 나의 욕망을 위해 부르며 경건한 척 그렇게 기도하며 살아오지 않았습니까? 그러나 예수님은 한순간도 하나님의 이름을 자기 욕망을 위한 수단으로 사용하지 않았다는 것에 주목하시길 바랍니다.

예수님은 하나님을 말로만 높이지 않으셨습니다. 그분은 그 이름을 말과 행동, 침묵과 고난, 삶 전체로 거룩하게 지켜내셨습니다. 그분의 경건함은 거짓이 없었습니다. 그분 안에는 위선이 전혀 없었고, 항상 사람이 아니라 하나님 앞에서 정직하고 올바르게 살아가셨습니다. 그분의 삶을 통해 우리는 참된 경건이 무엇인지, 그리고 하나님의 이름이 얼마나 무겁고도 아름다운 것인지를 배워야 합니다. 예수님의 경건은 무엇보다 하나님의 뜻에 철저히 순복하신 경건이었습니다. 요한복음 5장 30절입니다.

> 내가 아무것도 스스로 할 수 없노라 듣는 대로 심판하노니 나는 나의 뜻대로 하려 하지 않고 나를 보내신 이의 뜻대로 하려 하므로 내 심판은 의로우니라.

예수님은 자신의 뜻이 아니라 하나님의 뜻을 따르기를 기뻐하셨습니다. 바로 이것이 경건입니다. 하나님의 이름을 높이는 삶은, 그 이름을 내가 원하는 일을 이루기 위한 도구로 사용하는 것이 아니라, 그 이름 앞에 내 뜻을 내려놓고 하나님의 뜻에 복종하는 것입니다. 오늘날 우리는 하나님의 이름을 기도에 담고 설교에 담고, 찬양에 담습니다. 하지만 그 이름이 정말 우리 삶의 중심이 되고 있습니까? 그 이름 앞에서 우리의 뜻을 내려놓고 있습니까? 그 이름 앞에서 우리의 욕망과 욕심을 버리고 있습니까? 혹 그 이름조차도 우리가 원하는 것을 정당화하기 위한 언어로 마음껏 사용하고 있지는 않습니까?

예수님은 하나님의 이름을 절대 이용하지 않으셨습니다. 그분은 오히려 그 이름을 위해 자기 뜻을 철저하게 내려놓으셨습니다. 자기의 영광이 아니라 하나님의 뜻을 이루기 위하여 이 땅에 오셔서 그렇게 사셨다는 것입니다. 마태복음 6장 1절 말씀입니다.

> 사람에게 보이려고 그들 앞에서 너희 의를 행하지 않도록 주의하라 그리하지 아니하면 하늘에 계신 너희 아버지께 상을 받지 못하느니라.

우리는 혹 사람에게 보이려고 그들 앞에서 의로운 척, 경건한 척, 하나님 잘 믿는 척 유난을 떨지는 않았습니까? 사실 우리는 그렇게 살 수밖에 없는 타락한 존재입니다. 그러나 예수님은 사람에게 보이기 위한 외적인 경건을 경계하셨고, 그분 자신도 기도, 금식, 구제의 모든 신앙 행위를 사람이 아닌 하나님 앞에서 행하셨습니다. 이것이

제3계명의 참된 실천입니다.

하나님의 이름을 사람 앞에 보이기 위해 소비하지 않으신 예수님의 믿음의 모습과 경건에는 절대 위선이 없었습니다. 그분의 기도에는 형식이 없었고, 그분의 복종에는 조건이 없었습니다. 그분은 철저히 하나님 앞에서만 하나님의 이름이 높아지기를 바라며 살아가셨습니다.

겟세마네 동산의 예수님의 기도를 기억하십니까? 누가복음 22장 42절 말씀입니다.

> 이르시되 아버지여 만일 아버지의 뜻이거든 이 잔을 내게서 옮기시옵소서 그러나 내 원대로 마시옵고 아버지의 원대로 되기를 원하나이다.

우리는 하나님의 이름을 부르며 기도할 때 하나님의 뜻이 이루어지기를 원합니까, 내 뜻이 이루어지기를 원합니까? 혹 목표를 설정하고, 세상의 소망과 복을 간절히 원하는 그 뜻이 이루어지도록 가면을 쓰고 하나님의 이름을 망령되게 부르며 기도하지는 않았습니까?

예수님의 기도는 '심장의 기도'였습니다. 피가 땀이 되어 흐를 만큼 고통스러웠던 그 밤에도 예수님은 하나님의 이름을 경외하며 자신의 뜻보다 아버지의 뜻을 택하셨습니다. 그분은 하나님의 이름을 자신의 능력을 드러내는 도구로 사용하지 않으셨습니다. 도리어 자기를 비우고 종의 모습으로 죽기까지 복종하신 예수님의 삶, 이것이 바로 참된 경건의 본질입니다.

예수님은 하나님의 이름을 단 한순간도 가볍게 여기지 않으셨습니다. 그 이름을 욕되게 하지 않으셨을 뿐 아니라, 삶 전체로 하나님의 이름을 가장 아름답고 온전하게 영화롭게 하신 분이 바로 예수님이셨습니다. 그리고 바로 그분께서, 하나님의 이름을 말하면서도 그 이름을 짓밟아 온 우리의 위선과 가식, 연약함과 두려움을 짊어지시고 우리 대신 십자가에 달려 죽으신 것입니다.

그분이 하나님의 이름을 온전히 지키셨기에 이제 우리는 그 이름으로 다시 살아나는 존재가 되었습니다. 우리는 원래 그 이름을 감당할 수 없는 자들이었습니다. 그 이름을 알면서도 외면하고, 그 이름을 부르면서도 진실하지 않게 살아온 것이 우리의 모습입니다. 그러나 이제 그 이름이 우리에게 은혜로 주어졌습니다.

그러므로 우리는 더 이상 그 이름을 피해 숨는 자가 아닙니다. 이제 우리는 감사와 담대함으로 예수 그리스도의 이름을 붙드는 자가 되어야 합니다.

그 이름으로 일어서십시오. 그 이름으로 기도하십시오. 그리고 그 이름으로 살아가십시오. 자기를 버리시고 하나님의 이름을 높이기 위해 낮아지신 예수님을 바라보며, 우리도 그 이름에 합당한 삶을 살아가야 합니다. 이제 그 이름을 말하기 전에 마음 깊이 예수 그리스도의 은혜를 품으십시오. 그 이름을 외치기 전에 그 이름에 합당한 결단으로 살아가십시오. 그것이 바로 제3계명을 복음 안에서 완성해 가는 자들의 길이며, 예수님을 따르는 성도의 참된 경건입니다.

구원이란 하나님의 거룩하신 이름 앞에서 내가 그 이름을 부를 수 없는 자임을 깨닫는 데서부터 시작됩니다. 죄로 인해 그 이름을 욕되게 하고 경건을 흉내 냈던 나의 위선과 거짓됨을 정직하게 마주하는 것입니다. 그리고 구원이란 그 이름을 온전히 지키신 예수 그리스도의 삶과 죽음 안에서 나 또한 그 이름으로 다시 살아나는 은혜를 입는 것입니다. 결국 내가 아니라 예수 그리스도의 이름으로 살아가겠다는 고백이 나의 입술과 삶에서 함께 울려 퍼지는 것입니다. 이것이 하나님의 은혜와 사랑입니다.

오늘 말씀을 통해 우리는 하나님 아버지의 마음을 엿볼 수 있습니다. 하나님은 그분의 백성이 하나님의 이름을 입에 담을 때 그 이름이 가볍게 말해지거나 위선으로 소비되는 것을 참으실 수 없습니다. 그 이름은 곧 하나님 자신이기 때문입니다. 그 이름을 망령되게 부르는 것은 하나님의 존재를 왜곡하고 가볍게 여기는 행위입니다. 그러나 하나님은 단지 진노하시는 분이 아니라 그 이름을 부르며 돌아오는 자를 기다리시는 아버지입니다.

출애굽기 8장의 세 번째 재앙조차도 바로가 돌이키기를 바라는 하나님의 인내와 자비의 손길 속에서 이루어졌습니다. 하나님은 거룩하신 분입니다. 그 이름은 장난이나 형식으로 다룰 수 없습니다. 그러나 동시에 그 이름은 죄인을 다시 부를 수 있도록 내어 주신 은혜의 이름이기도 합니다. 그래서 하나님은 그 이름을 말로만이 아니라 삶으로 높이는 자, 진실로 그 이름을 경외하며 살아내는 자를 찾으십니다. 그분은 오늘도 우리에게 이렇게 말씀하십니다. 역대하

7장 14절 말씀입니다.

> 내 이름으로 일컫는 내 백성이 그들의 악한 길에서 떠나 스스로 낮추고 기도하여 내 얼굴을 찾으면 내가 하늘에서 듣고 그들의 죄를 사하고 그들의 땅을 고칠지라.

그분의 이름은 두렵지만, 그 이름 안에 우리가 돌아갈 수 있는 길이 열려 있습니다. 그것은 바로 오늘 우리에게 부어지는 하나님 아버지의 한량없는 은혜와 사랑입니다. 성도란 하나님의 이름을 쉽게 부르지 않는 사람입니다. 오히려 그 이름을 두려움과 사랑으로 입술에 담고 그 이름에 합당한 삶을 살아내기 위해 날마다 자신을 돌아보는 사람입니다. 즉, 성도는 입술로만 하나님을 높이는 것이 아니라 자신의 말과 태도, 관계와 행동 속에서 하나님의 이름이 거룩히 여김을 받기를 갈망하는 사람입니다. 그리고 무엇보다 예수 그리스도의 이름으로 하나님의 거룩하신 이름을 세상 가운데 높이고자 몸부림치는 사람입니다. 그 이름을 입술에 담기 전에 먼저 마음에 새기고, 그 이름을 말하기보다 그 이름의 영광을 삶으로 증언하는 사람, 바로 그런 성도가 되시기를 축원합니다.

오늘 말씀 앞에서 우리는 그동안 감추고 있던 우리의 마음을 마주하게 됩니다. 우리는 하나님의 이름을 수없이 불러왔습니다. 기도 속에서, 예배와 찬양 속에서도 우리는 "주여!"라고 외쳤고, "하나님!"이라 불렀습니다. 그러나 그 이름을 부를 때 우리는 그 이름을 얼마나 경외하였습니까? 혹 그 이름이 내 마음의 갈등을 감추는 가면은 아니었습니까? 내 경건함을 연출하기 위한 거짓 무대장치는 아니었습니까? 예수님은 그 이름을 조용히, 그러나 거룩하게 지키셨습니다. 그것을 자기를 위해 사용하지 않으시고 끝까지 아버지 뜻에 순종하셨습니다.

혹 우리의 입술은 경건했지만 마음은 하나님으로부터 멀리 있지는 않은지, 우리의 기도는 뜨거웠지만 우리의 삶은 여전히 나 중심적이지는 않은지, 그 이름을 부르면서도 하나님을 두려워하지 않고 돌이키지 않으며 변화되지 않은 채 내 마음대로 살아가고 있지는 않은지 우리는 한번 자신을 돌아보아야 합니다. 그 이름에 기대어 살아오면서도 오직 하나님만을 찾으며 살아오지 못했다면 우리는 오늘 회개해야 합니다.

"주님, 저는 하나님의 이름을 말하면서도 그 이름의 무게를 잊고 살았습니다. 저는 주님을 믿는다고 하면서도 사람의 시선을 더 두려워했고, 제가 만든 경건의 틀 안에 안주하며 살아왔습니다. 이제는 진실로 주님의 이름을 거룩히 여기며 그 이름에 합당한 삶을 살게 해주시옵소서."

우리는 예수님의 십자가 앞에 우리의 마음을 내려놓고 간절히 간구해야 합니다. 경건해 보이려는 삶이 아니라 경건해지기를 갈망하는, 예수 그리스도의 이름을 믿는 믿음으로 살아가야 합니다. 하나님은 그런 자를 받으십니다. 겉모습이 아니라 진실한 마음을 찾으십니다. 이제 그 거룩한 이름 앞에 마음을 쏟아 놓으시길 바랍니다.

겸손히 엎드리시기를 바랍니다. 말이 아니라 회개의 침묵으로 주님 앞에 나아가기를 원합니다.

복음은 우리를 엎드린 채 머물게 하지 않습니다. 하나님의 이름은 죄인을 짓밟는 이름이 아니라 일으키시는 이름이기 때문입니다. 이제 그 이름으로 다시 일어설 자는 바로 우리입니다. 주의 이름을 부르는 자는 구원을 얻으며, 그의 이름을 믿는 자들에게는 하나님의 자녀가 되는 권세를 주셨다고 성경은 분명하게 말씀하고 있습니다. 우리는 이제 하나님의 이름을 부를 자격이 없는 자가 아니라, 그 이름 안에 거하는 자입니다. 그 이름 안에 생명이 있고, 그 이름 안에 회복이 있으며, 그 이름 안에 우리의 정체성과 사명이 있습니다.

그러므로 이제 경건해 보이기 위한 삶을 멈추고 진실로 경건한 길을 걷는 믿음의 사람이 되기를 간절히 축원합니다. 그 예수의 이름을 통해 가정에서, 일터에서, 교회에서, 세상 한복판에서 하나님의 사람답게 예수 그리스도의 향기를 발하길 바랍니다. 우리는 여전히 넘어질 수 있습니다. 흔들릴 수 있습니다. 또다시 죄를 지을 수 있습니다. 그러나 기억하십시오. '예수'라는 이름은 죄 많은 우리를 다시 일으키시기 위해 하나님께서 우리에게 주신 이름입니다. 오늘 그 예수의 이름으로 다시 일어서십시오.

그 이름의 권세로, 그 이름의 은혜로, 그 이름의 사랑으로 이제는 걸으십시오. 말씀을 따라, 진실을 따라, 예수 그리스도의 발자취를 따라. 그 길 위에 하늘의 평강과 기쁨이 함께하시기를 원합니다.

하나님은 거짓된 경건해 보이는 삶이 아니라 진실로 경건한 삶을 원하십니다. 우리는 단지 하나님의 이름을 말하는 것이 아니라 그 이름을 삶으로 증언하는 존재가 되도록 부름 받았습니다. 우리는 자격 없는 자들이지만 예수 그리스도의 보혈로 인해 그 이름을 부를 수 있게 되었고, 이제는 그 이름으로 살아가야 할 사람이 되었습니다. 그러므로 이제 우리는 결단해야 합니다.

"나는 더 이상 하나님의 이름을 가볍게 여기지 않겠습니다. 나는 말이 아니라 삶으로 그 이름을 거룩하게 하겠습니다. 나는 나의 모든 말과 행동 속에서 예수 그리스도의 향기를 드러내는 자로 살겠습니다."

이 고백이, 이 다짐이 우리의 삶 속에 피어나기를 원합니다. 그리하여 주 예수의 이름으로 시작된 하루가 주 예수의 이름의 영광으로 마감되고, 그 이름 안에서 받은 은혜가 그 이름에 합당한 열매를 맺게 되는 복이 우리 모두에게 충만히 임하기를 우리 주 예수 그리스도의 이름으로 축원합니다! 축원합니다! 축원합니다!

기도

하나님, 하나님의 이름을 망령되게, 거침없이 거짓된 경건으로 불렀던 우리의 죄악을 오늘 보게 해주셨사오니, 이제는 진정 하나님의 이름을 나의 욕망을 채우는 수단으로 사용하지 않게 해주시옵소서.

주여, 우리의 마음과 영혼 가운데 찾아와 주셔서 오직 예수 그리스도에 대한 소망 외에는 어떠한 소망도 갖지 않도록 우리를 변화시켜 주시옵소서. 하나님의 이름을 수없이 불러왔지만 그 이름에 합당한 삶을 살지 못했음을 용서해주시옵소서. 기도 속에서, 찬송 속에서, 대화 속에서 수없이 하나님의 이름을 부르며 거짓된 모습으로 살아온 죄인을 죽이지 아니하시고 불러 주신 하나님의 사랑을 오늘도 바라보기 원합니다.

이제 우리의 위선을 버리게 해주시고, 진정으로 예수 그리스도의 이름으로 다시 태어나는 귀한 인생이 될 수 있도록 우리에게 은혜를 베풀어 주시옵소서. 우리를 죄악에서 구원해 주신 우리 주 예수 그리스도의 이름으로 간절히 기도드리옵나이다. 아멘!

Chapter

05

안식일을 거룩하게 지키라

우리의 영원한 안식 되시는 예수님

(제4계명과 네 번째 재앙)

출애굽기 8장 21절, 20장 8–11절

8:21 네가 만일 내 백성을 보내지 아니하면 내가 너와 네 신
하와 네 백성과 네 집들에 파리 떼를 보내리니 애굽 사람의
집집에 파리 떼가 가득할 것이며 그들이 사는 땅에도 그러하
리라

20:8–11 안식일을 기억하여 거룩하게 지키라 9 엿새 동안은
힘써 네 모든 일을 행할 것이나 10 일곱째 날은 네 하나님 여호
와의 안식일인즉 너나 네 아들이나 네 딸이나 네 남종이나 네
여종이나 네 가축이나 네 문안에 머무는 객이라도 아무 일도
하지 말라 11 이는 엿새 동안에 나 여호와가 하늘과 땅과 바다
와 그 가운데 모든 것을 만들고 일곱째 날에 쉬었음이라 그러
므로 나 여호와가 안식일을 복되게 하여 그날을 거룩하게 하
였느니라

인생에서 쉼이란 어떤 의미일까요? 단지 피곤함을 잠시 달래 줄 수 있는 안식을 말하는 것일까요, 아니면 무언가를 놓아 버리는 '포기'의 다른 말일까요? 어쩌면 진짜 쉼은 몸이 멈추는 것이 아니라 존재가 제자리를 찾는 순간일지도 모릅니다. 사람은 쉬지 않고 오래 달릴 수 있는 존재가 아닙니다. 어쩌면 우리는 앞서 달리는 법보다 멈추는 법을 먼저 배워야 했는지도 모릅니다. 속도에 익숙해질수록 우리는 도착이 아니라 탈진에 가까워집니다.

매일같이 무언가를 성취하지만, 점점 나는 사라지고 일, 역할, 책임만 남아 있는 우리의 삶. 살아가는 것이 아니라 그저 기계처럼 존재하는 우리의 모습들. 그것이 우리가 살아가고 있는 일상의 현실입니다.

하지만 인간은 본래 그렇게 설계되지 않았습니다. 우리는 일을 위해 만들어진 존재가 절대 아니라는 것입니다. 우리는 어떠한 관계를 위하여 빚어진 존재입니다. 누군가의 음성을 듣고, 누군가의 눈길을 마주하며, 존재 그 자체로 의미 있는 삶을 살아가도록 섬세하게 설계되고 만들어진 존재라는 것입니다. 그래서 아무리 바쁘게 살아도 어느 순간 우리는 내면 깊은 곳에서 설명할 수 없는 어떤 간절한 목마름을 느끼게 되어 있습니다. 그 목마름의 해결은 물이 아니라 시간의 질서에서 오고, 그 갈증은 쉼이 아니라 존재의 회복을 향해 있는데, 우리는 그것이 무엇인지 전혀 알지를 못합니다.

우리가 살아가다가 멈추는 것은 약함이 아닙니다. 잠시 서 있는 것은 패배가 아닙니다. 오히려 멈춤은 지나간 시간에서 자기 자신을 회수하는 일이며, 세상의 흐름 속에서 스스로를 지켜내는 가장 고유하고 위대한 선택입니다. 그래서 한 주의 시간 속에 하루쯤은 자신을 잃지 않기 위해 멈추는 날이 꼭 필요합니다. 그 하루는 무엇을 더 이루려고 노력하는 날이 아니라, '나'라는 존재가 여전히 살아 있음을 기억하는 날입니다. 아무 말도 하지 않아도 괜찮고, 아무 일도 하지 않아도 괜찮으며, 누군가가 나를 지켜주고 보호하는 날, 그런 하루가 우리를 다시 인간답게 한다는 것입니다.

안식일을 지키지 못한 죄는 태초의 인간의 삶으로 돌아가면 알 수 있습니다. 하나님께서 사람을 창조하신 여섯째 날, 인간은 첫 호흡을 내쉰 후 즉시 일곱째 날을 맞이하였습니다. 그것은 곧 인간의 첫 번째 하루가 하나님의 안식으로 시작되었다는 뜻입니다. 안식은 인간이 일한 후에 얻는 보상이 아니라, 하나님과의 관계 안에서 누리는 은혜의 시간이었습니다.

그러나 인간은 이 안식을 전혀 지키지 못했습니다. 단지 하루를 지키지 못한 것이 아닙니다. 자신이 누구인지, 누구로부터 생명을 받았는지를 잊어버리는 아주 중대한 죄를 범했습니다. 하나님께서 먹지 말라 한 선악과를 따먹은 행위는 하나님의 말씀보다 자신의 판단을 의지하기로 결정한 행위인 것입니다. 그 순간, 인간은 하나님과의 안식과 이별하게 되었습니다. 이제 자신의 힘으로 살아가야 하는 존재가 되었고, 이는 하나님 안에 머무는 쉼을 스스로 끊어낸 것입니다. 그 결과 인간은 하나님의 시간 안이 아니라 밖에 있게 되어 지금껏 이렇게 힘들게 우리만의 시간 속에 갇혀 살아가고 있는 것입니다. 쉼 없이 일해야만 살아남을 수 있는 존재가 되고, 결국 시간은 하나님의 선물이 아니라 짐이 되어 버린 우리의 일상, 이것이 안식일을 지키지 못한 죄가 낳은 결과입니다.

오늘 본문을 보면 출애굽기 8장 21절에서 하나님은 모세를 통해 바로에게 이렇게 경고하십니다.

> 네가 만일 내 백성을 보내지 아니하면 내가 너와 네 신하와 네 백성과 네 집들에 파리 떼를 보내리니 애굽 사람의 집집에 파리 떼가 가득할 것이며 그들이 사는 땅에도 그러하리라.

이 말씀은 우리가 잘 아는 출애굽기의 네 번째 재앙, 곧 애굽 전역에 파리 떼가 들끓는 심판을 예고하는 장면입니다. 표면적으로는 단순한 위생적 재앙이나 환경적 재난처럼 보일 수 있지만, 이 사건의 핵심은 단순한 고통이 아니라 하나님의 주권에 대한 위대한 선언입니다. 히브리어 원문에서 '파리 떼'는 '아로브'(ערב)라고 하는데, 이는 일반적인 집파리가 아니라 맹렬하게 날아다니며 사람의 삶을 침범하는 각종 해충 무리를 뜻합니다. 무차별적인 침입, 통제할 수 없는 혼란, 즉 하나님의 질서를 떠난 세상이 얼마나 급속하게 부패와 무질서에 빠질 수 있는지를 보여 주는 표적입니다.

하나님께서 태초에 혼돈과 공허와 흑암의 깊음 위에 질서를 세우신 창조주이심을 기억한다면, 이 재앙은 그 질서가 무너졌을 때 인간이 얼마나 쉽게 파괴되는지를 보여 주는 반창조적인 심판입니다. 즉, 제4재앙은 단순히 애굽을 괴롭히려는 것이 아니라, 하나님 없는 사회가 얼마나 빠르게 혼돈과 불결함으로 무너질 수 있는지를 경고하는 대사건입니다. 그런데 놀라운 반전이 있습니다. 하나님은 이어지는 출애굽기 8장 22절에서 이렇게 말씀하십니다.

> 그날에 나는 내 백성이 거주하는 고센 땅을 구별하여 그곳에는 파리가 없게 하리니 이로 말미암아 이 땅에서 내가 여호와인 줄을 네가 알게 될 것이라.

우리는 이 말씀 한 구절로도 이 세상의 창조주가 주권자 하나님이심을 똑바로 알 수 있습니다. 하나님은 이 재앙이 우연한 자연 현상이 아님을 분명히 말씀하고 계십니다. 어디에 파리 떼가 임할 것인지, 어디는 보호받을 것인지, 그 주권은 전적으로 여호와 하나님께 있다고 지금 말씀하고 계십니다. 파리 떼가 출몰하는 지역과 범위를 하나님께서 직접 구분하신다는 사실은, 이 재앙이 철저히 하나님의 계획 안에서 움직이고 있음을 보여 줍니다. 그뿐 아니라 이것은 애굽의 거짓 신들, 특히 곤충을 숭배하던 우상 종교에 대한 하나님의 직접적인 도전이자 심판이기도 합니다.

애굽 사람들은 파리나 풍뎅이 형상의 신을 섬겼는데, 예를 들어 '스카라브'(Scarab)라는 풍뎅이 신과 '케프리'(Kepri)라는 곤충 머리를 한 태양신을 숭배했습니다. 그러나 지금 하나님은 그들이 숭배한 우상들의 영역에 침투하셔서 철저히 무너뜨리고 계십니다.

그런데 그 중심에는 '구별'이라는 신학적 핵심이 자리합니다. 출애굽기 8장 23절에서 하나님은 이렇게 말씀하십니다. "내가 내 백성과 네 백성 사이를 구별하리니." 이것이 바로 제4재앙의 본질적 메시지입니다. 하나님은 그분의 백성과 세상의 백성을 명확히 구분하시고 구별하시며 나누신다는 것입니다. 여기서 '구별하다'(set apart)를 뜻하는 원어 '팔라'(פלה)는 '(다른 것과) 차이를 두다' '분리하다' '나누다'라는 히브리 의미입니다. 더 나아가 '절연하다'라는 적극적인 의미가 있고, '놀라게 하다', '경이롭게 하다'라는 신적 권위의 의미가 있습니다.

그렇습니다. 하나님은 자기 백성과 이방의 백성을 엄격히 구별하십니다. 빛과 어둠을 분명히 나누시고, 택한 백성을 죄로부터 절연하게 하십니다. 죄와 사망을 지배하는 사탄은 이러한 하나님의 주권 앞에 두려워 떨며 놀라게 되는 것입니다. 우리를 죄에서 건지시고 구원받은 자녀로 구별하시기 위해 예수님이 오셨습니다. 그러므로 십자가 보혈로 대속의 은혜를 누린 우리는 죄와 절연해야 합니다. 어둠을 떠나 빛으로 들어가야 합니다. 이것이 네 번째 재앙에서 우리가 발견하는 신학적인 주제입니다. 그러므로 '구별'은 구원의 시작이자 끝입니다.

이 본문은 단지 파리 떼가 덜 출몰한 지역이 있다는 뜻이 아니라, 하나님의 은혜가 임하는 자와 심판이 임하는 자의 경계선이 분명하다는 의미입니다. 하나님은 시간에서도 구별을 명하십니다. 거룩한 백성은 거룩한 시간을 살아야 하며, 그 안식일은 단지 쉬는 날이 아니라 하나님의 백성이 누구인지가 드러나는 구별된 거룩한 날이라는 것입니다. 그러므로 파리 떼 재앙은 단지 하나의 끔찍한 사건이 아니라, 하나님의 질서 아래 있는 자와 밖에 있는 자를 구별하시는 거룩한 선언입니다. 하나님의 백성이 살아가는 시간과 존재 자체가 얼마나 특별히 구별된 것인지를 보여 주는 은총의 사건입니다. 이는 장차 오실 예수 그리스도 안에서 완전히 회복될 거룩한 구별과 참된 안식의 약속을 미리 보여 주는 예표적 심판이자 선포였습니다.

흥미롭게도 앞서 몇몇 재앙에서는 애굽의 술사들이 흉내를 내거나 대항하려 했지만 이 재앙에서는 어떠한 대응도 기록되어 있지 않습니다. 하나님의 말씀대로 파리 떼가 이르렀고, 하나님의 말씀대로 파리 떼가 떠나갔습니다. 이것은 하나님 외에 이 땅의 질서와 시간, 생명과 심판을 다스릴 이가 없음을 주권적으로 선포하는 장면입니다. 그리고 제4계명 출애굽기 20장 8-11절에서 하나님은 우리에게 이렇게 명령하십니다.

> 안식일을 기억하여 거룩하게 지키라 엿새 동안은 힘써 네 모든 일을 행할 것이나 일곱째 날은 네 하나님 여호와의 안식일인즉 너나 네 아들이나 네 딸이나 네 남종이나 네 여종이나 네 가축이나 네 문안에 머무는 객이라도 아무 일도 하지 말라 이는 엿새 동안에 나 여호와가 하늘과 땅과 바다와 그 가운데 모든 것을 만들고 일곱째 날에 쉬었음이라 그러므로 나 여호와가 안식일을 복되게 하여 그날을 거룩하게 하였느니라.

"안식일을 기억하여 거룩하게 지키라." 이것이 무슨 뜻입니까? 단순히 그날 하루는 쉬라는 것입니까? 안식일을 기억하라는 말은 단지 하루를 쉬라는 것이 아니라, 삶 전체의 질서를 다시 회복하도록 우리를 예배의 자리로 부르시는 말씀입니다.

첫 번째, '기억하라'는 말의 의미는 단순히 떠올리는 정도의 개념

이 아닙니다. '기억하라'의 히브리어 '자카르'(זכר)는 '행동이 따르는 기억'입니다. 마음에 새기고 품는 것이며, 이를 실천하는 것입니다. 다시 말해, 하나님의 창조와 통치를 내 삶 속에서 살아내라는 뜻입니다. 하나님은 창세기 2장에서 엿새 동안의 창조를 마치시고 일곱째 날에 안식하셨습니다. 그날을 복되게 하고 거룩하게 구별하셨습니다. 하나님은 이 리듬을 사람에게도 허락하신 것입니다. 그래서 안식일은 단순한 휴일이 아닙니다. 하나님의 창조 질서를 따라 살아가는 거룩한 시간이라는 것입니다.

두 번째, '거룩히 지키라'는 말씀입니다. '거룩하다'는 히브리어로 '카도쉬'(קדש), 즉 '구별되다' '성별(聖別)되다' '(하나님께) 봉헌되다'라는 뜻입니다. 안식일은 세상의 시간과 구별된 시간입니다. 그날은 우리 자신이 절대 주인이 아닙니다. 그날은 하나님께 드려지는 시간입니다. 이날을 지키는 것은 곧 내 인생의 주인이 하나님이심을 고백하는 예배의 행위입니다.

세 번째, '모두가 쉬라'는 말씀은 하나님의 자비의 질서를 말합니다. 안식일 계명을 자세히 들여다보면 놀라운 사실 하나를 발견하게 됩니다. 하나님은 단지 "너만 쉬라"고 하지 않으셨다는 것입니다. "네 아들과 딸, 남종과 여종, 가축과 문안에 머무는 나그네까지 모두 함께 쉬라"고 명령하셨습니다. 이는 안식일이 단지 나의 영적 회복만을 위한 날이 아니라 공동체 전체가 쉼의 은혜 안에 들어가는 날임을 의미합니다.

네 번째, 안식일은 출애굽의 기억, 구속의 상징입니다. 신명기 5장 15절을 보면 하나님은 안식일을 출애굽 사건과 연결하십니다.

너는 기억하라 네가 애굽 땅에서 종이 되었더니 네 하나님 여호와가 강한 손과 편 팔로 거기서 너를 인도하여 내었나니 그러므로 네 하나님 여호와가 네게 명령하여 안식일을 지키라 하느니라.

이 말은 안식일이 단지 창조의 리듬을 따를 뿐 아니라 구원의 은혜를 기억하는 날임을 뜻합니다. 하나님은 그들을 노예의 노동에서 구원하셨고, 이제 그들에게 쉼을 누릴 권리를 반드시 지켜야 할 명령으로 주셨습니다. 그래서 안식일은 단지 일하지 말라는 날이 아니라, 자신의 정체성을 다시 선포하는 날입니다. 곧 "나는 더 이상 바로의 종이 아니다. 나는 하나님의 자녀다. 나의 시간은 더 이상 세상의 것이 아니라 나를 구원하신 하나님의 시간 속에 있다"라는 것입니다.

그러므로 하나님 없는 세상은 파리 떼와 같은 혼돈과 부패 속에 무너져 가지만, 하나님께 속한 백성은 구별된 힘과 질서, 거룩한 시간 안에 살아갑니다. 네 번째 재앙이 무너진 세상의 질서를 심판하신 사건이라면, 제4계명은 회복된 백성에게 주신 창조의 리듬이자 은혜로의 초대입니다. 즉, 하나님은 두 사건을 통해 "나는 이 땅을 다스리는 주권자요, 너희 삶의 시간과 힘을 주관하는 창조주다"라고 동일하게 말씀하고 계시는 것입니다.

이처럼 네 번째 재앙과 제4계명은 따로 떨어진 사건이 아닙니다. 하나님께서 일관되게 말씀하시는 계시입니다. 네 번째 재앙과 제4계명은 모두 하나님의 주권 아래 거하는 삶과 거룩한 쉼의 회복을 명하신 말씀입니다. 하지만 우리는 이 명령을 온전히 지켜낼 수 있는 존재가 되지 못합니다. 육신은 쉼을 구하되 마음은 여전히 불안하고, 하루를 쉬어도 우리는 죄의 짐을 내려놓지를 못합니다.

바로 이러한 우리를 위하여 하나님께서는 참된 안식 자체이신 예수 그리스도를 우리에게 보내 주셨습니다. 예수님께서 이 땅에 오셨을 때, 유대인들은 안식일을 규칙의 날, 금지의 날로 여기고 있었습니다. 무엇을 하면 안 되는지에만 집중했고 안식의 본래 목적은 흐릿해져 있었습니다. 이런 상황을 아신 예수님께서 이렇게 말씀하십니다. 마가복음 2장 27-28절 말씀입니다.

또 이르시되 안식일이 사람을 위하여 있는 것이요 사람이 안식일을 위하여 있는 것이 아니니 이러므로 인자는 안식일에도 주인이니라.

이 말씀은 단순한 안식일에 대한 규례 해석이 아닙니다. 예수님은 지금 안식일 자체가 예수님 자신을 가리킨다고 선언하신 것입니다. 즉, 안식일은 예수 그리스도 그분 자신입니다. 율법 아래에서 사람들은 안식일을 지키며 쉼을 얻으려 했지만, 쉰다고 해서 죄의 짐이 가벼워지거나 일을 멈춘다고 해서 마음에 평안이 찾아오지는 않습니다. 진짜 안식은 시간 속에 있는 것이 아니라 예수 그리스도 안에 있기 때문입니다. 그래서 예수님께서 직접 말씀하십니다. 마태복음 11장 28절 말씀입니다.

수고하고 무거운 짐 진 자들아 다 내게로 오라 내가 너희를 쉬게 하리라.

안식은 시간 속에 있는 것이 아니라 예수님 안에 있다는 것입니다. 그래서 예수님께서 "수고하고 무거운 짐 진 자들아 다 내게로 오라 내가 너희를 쉬게 하리라"라고 하신 것입니다. 그렇다면 이 말씀은 무슨 뜻입니까? 단지 지친 이들을 위한 위로의 말씀입니까? 아닙니다. 이것은 하나님으로부터 단절된 인류 전체를 향한 '복음으로의 초대'입니다.

여기서 예수님이 말씀하시는 '수고하고 무거운 짐'은 단순히 세상의 피곤함이나 삶의 스트레스를 뜻하지 않습니다. '수고'란 하나님 없이 스스로 의로워지려는 헛된 몸부림입니다. 율법을 지켜야만 하나님 앞에 의롭다 여김을 받을 수 있다고 믿었던 당시 유대인들은 그 무게 아래 신음하고 있었습니다. 하나님을 사랑한다고 말하면서도 율법의 완전함 앞에서 자신은 결코 그분께 나아갈 수 없다고 느끼며, 영혼 깊은 곳에서 끊임없는 불안과 무가치함에 시달리고 있었던 것입니다. 예수님은 바로 그러한 인생들에게 말씀하신 것입니다. 그들의 수고는 결국 자유가 아닌 종속의 종교, 관계가 아닌 행위 중심의 의로움 추구로 사람들을 몰아넣으며 하나님으로부터 멀어지게 만들었습니다.

그리고 '무거운 짐'이란 단순한 인생의 어려움이 아니라 죄책감과 자기 자신에 대한 절망입니다. 율법의 저울 위에 선 인간은 그 누구도 가벼운 존재일 수 없습니다. 하나님의 완전한 기준 앞에 서면 누구도 흠 없다 할 수 없기에 사람들은 죄의 짐, 두려움의 짐, 과거의 짐을 자신의 어깨 위에 짊어진 채 무너진 양심과 보이지 않는 미래를 안고 절망 가운데 살아갑니다.

바로 그런 인생들을 향해 예수님은 말씀하십니다. "그 짐을 너희가 지고 가지 말고 나에게로 오라." 예수님은 단지 우리의 짐을 들어주시는 분이 아니라, 그 짐을 대신 지시기 위해 이 땅에 오신 분이십니다. 그분은 우리에게 새로운 규칙이나 율법을 더하러 오신 것이 아니라, 자신과의 인격적인 관계로 우리를 부르시기 위해 오셨습니다. "내게로 오라"는 부르심은 율법을 지키려 애쓰는 공허한 신앙의 껍데기를 과감히 벗어 던지고 예수 그리스도 안으로 피신하라는 구원으로의 초대입니다.

그리고 그분은 말씀하십니다. "내가 너희를 쉬게 하리라." 여기서 말하는 쉼은 단순한 일상의 휴식이 아닙니다. 헬라어로 '쉬게 하리라'에 해당하는 단어 '아나파우오'(ἀναπαύω)는 '회복시키다' '다시 살리다' '원기를 돋우다' '~ 안에 머물게 하다'라는 뜻입니다. 즉, 예수님 안에서 주어지는 쉼은 지친 몸을 잠시 쉬게 하는 정도가 아니라, 잃어버린 생명을 회복시키고 다시 살려 무너진 존재를 다시 세우시는 전인적인 영원한 쉼입니다.

이 쉼은 창세기에서 아담과 하와가 처음으로 누렸던 하나님과 함께하는 안식의 회복입니다. 이것은 출애굽기에서 이스라엘 백성이 해방된 후 안식일을 지키며 정체성을 회복했던 쉼과 맞닿아 있습니다. 그리고 지금 이 안식은 십자가를 통해 완성되어 예수님 안에 거하는 모든 자에게 주어지는 은혜의 선물이 되었습니다. 예수님 안에 머무는 자는 그 누구든지 그분 안에서 참된 쉼을 누릴 것입니다. 이 은혜가 얼마나 위대한 것입니까? 이것이 바로 복음입니다. 우리 주님이 오늘도 우리를 부르시는 이유입니다.

구약의 안식일은 단지 휴식의 날이 아니었습니다. 그것은 창조와 구속을 기억하는 모형이었습니다. 그날 하루의 쉼을 통해 하나님께 속한 백성이라는 우리의 정체성을 되새기고, 우리의 시간과 존재가 하나님의 질서 안에 있음을 고백하는 고귀한 날이었습니다. 이제 우리는 그 모형의 실체를 만났습니다. 그것이 무엇입니까? 히브리서 4장 10-11절 말씀은 이렇게 선포합니다.

이미 그의 안식에 들어간 자는 하나님이 자기의 일을 쉬심과 같이 그도 자기의 일을 쉬느니라 그러므로 우리가 저 안식에 들어가기를 힘쓸지니 이는 누구든지 저 순종하지 아니하는 본에 빠지지 않게 하려 함이라.

무슨 말씀입니까? 이 말씀은 곧 예수 그리스도 안에 거하는 자는 더 이상 자기 의로 구원을 이루기 위해 노력하지 않는다는 것입니다. 하나님의 완전한 은혜 안에서 참된 쉼을 누릴 수 있는 자라는 것입니다. 예수님께서 직접 말씀하셨습니다. 마태복음 12장 8절입니다.

인자는 안식일의 주인이니라.

이 말씀은 안식일을 폐하시거나 새롭게 정의하신 것이 아닙니다. 오히려 안식일의 본질, 곧 하나님 안에서 누리는 쉼의 의미를 완전히 드러내신 것입니다. 진정한 안식은 단순히 일을 멈추는 날이 아니라 하나님과의 화목 속에서 모든 것이 회복되는 은혜의 시간입니다. 그분 안에서 내 존재가 안정을 되찾고 그분의 사랑 안에서 나 자신을 되찾는 깊은 평안, 그것이 바로 참된 안식의 완성입니다.

네 번째 재앙은 하나님 없는 세상의 무너짐을 경고했고, 제4계명은 하나님 안에 거하는 자의 질서를 명령했습니다. 그리고 예수님은 그 무너진 질서를 친히 짊어지시고 십자가에서 모든 혼돈과 죄의 짐을 끌어안고 죽으심으로 우리를 참된 안식으로 인도하는 유일한 길이 되어 주셨습니다. 그러므로 이제 우리의 안식일은 하루의 쉼이 아닙니다. 우리의 안식일은 예수 그리스도 그분 자신이십니다. 그분 안에서 우리는 참된 쉼을 얻습니다. 그 안에서만 우리는 영원히 다시 살아날 수 있다는 것입니다. 그러므로 안식일을 기억하여 거룩히 지키라는 이 말씀은 '예수를 기억하라. 그분 안에서 참된 안식을 누리라'는 이 깊은 의미를 깨달으라는 것입니다.

구원이란, 죄와 율법의 무거운 짐을 지고 자기 힘으로 의를 이루려 애쓰는 인생에게 "내게로 오라 내가 너희를 쉬게 하리라"고 말씀하시는 예수 그리스도의 부르심에 응답하는 것입니다. 또 구원이란, 단지 지옥에서 벗어나는 것이 아니라 이 땅에서도 하나님의 시간 안에서 거룩한 쉼을 누리며 사는 삶의 회복입니다. 그러므로 구원이란, 예수 그리스도 안에서 참된 안식으로 다시 들어가는 것입니다. 그분이 우리의 안식이시며, 그분 안에 머무는 것이 곧 구원이라는 것입니다.

오늘 말씀을 통해 드러난 하나님 아버지의 마음은 단순한 명령이나 심판의 경고를 하는 데 있지 않습니다. 그분의 마음은 언제나 혼돈 가운데 있는 자녀를 구원하여 다시 안식으로 이끄시려는 사랑의 마음입니다. 하나님은 애굽 땅에 파리 떼를 보내셨지만, 그 심판조차도 자기 백성을 구별하시고 구속하시려는 거룩한 사랑의 표현이었습니다. 질서 없는 세상의 무너짐 속에서 하나님의 질서와 주권을 회복하라는 그 부르심 앞에 이제 우리는 응답해야 합니다.

하나님 아버지의 마음은 쉼 없이 달리는 이 세상 속에 갇힌 우리를 끊임없이 안식으로 부르시는 아버지의 사랑입니다. 우리가 제4계명을 지킬 수 있는 이유는, 우리가 율법을 지킬 수 있는 자이기 때문이 아니라 예수 그리스도 안에 거하는 하나님의 자녀가 되었기 때문입니다.

오늘 하나님은 말씀하십니다. "사랑하는 내 아들아, 내 딸아, 너는 내 백성이며, 쉼 없이 살아야 할 죄의 종이 아니다. 이제 나의 품으로 돌아오너라. 나는 너를 정죄하지 않으며 너를 자유케 할 것이다." 이것이 오늘 우리에게 주시는 하나님 아버지의 따뜻하고 거룩한 음성입니다.

성도란 하나님 없는 세상의 혼돈 속에서 무너진 질서와 쉼을 따라 사는 사람이 아니라, 하나님의 질서 안에서 거룩한 시간과 안식을 회복하는 사람입니다. 히브리서 4장 9-10절 말씀입니다.

> 그런즉 안식할 때가 하나님의 백성에게 남아 있도다 이미 그의 안식에 들어간 자는 하나님이 자기의 일을 쉬심과 같이 그도 자기의 일을 쉬느니라.

성도란 하나님이 허락하신 안식에 들어가며, 자기 행위가 아닌 하나님 은혜 위에 삶을 세우는 사람입니다. 그는 쉼 없는 세상 속에서도 하나님의 안식 안에 거하기로 결단한 자요, 하나님의 평안을 오늘 이 자리에서부터 살아내는 자입니다.

우리는 하나님께서 거룩하게 구별하신 안식의 그 시간을 때로는 무시하고, 때로는 잊은 채 살아왔습니다. 쉼 없이 일하며 하나님보다 바쁜 스케줄을 더 중요하게 여겼습니다. 그 이유는 오직 돈 때문입니다. 하나님께 드려야 할 시간을 나를 위해 소비하며 살아온 것이 우리의 모습이었습니다.

우리는 안식일의 본질이 뭔지 알지 못했고 지키지 못했습니다. 시간은 있었지만 예배는 없었습니다. 멈춤은 있었지만 하나님을 향한 진정한 고백은 전혀 없었습니다. 주일이 되면 피곤하다는 이유로 마음을 늦추고 쉼의 이름으로 하나님 없는 휴식을 즐기며, 결국 우리의 삶에서 하나님이 주인 되심을 잃어버린 채 살아온 날들이 너무나 많았음을 이 시간 하나님 앞에 고백해야 합니다.

우리는 말씀을 듣고도 삶으로 기억하지 않았습니다. 하나님께 드려야 할 예배를 미루고, 하나님의 음성을 외면하고, 자기 생각과 자기 계획을 따라 살아왔습니다. 이제는 다시 주님의 품으로 돌아가 주님의 시간 안에 거하며 회개해야 할 때입니다. 주님의 음성 안에 살기를 원하는 회개의 고백이 우리 각 사람의 심령 깊은 곳에서 진실하게 터져 나오기를 간절히 소망합니다.

우리가 지금 짊어진 무거운 짐은 무엇입니까? 율법의 짐입니까? 죄의 짐입니까? 돈의 짐입니까? 하나님 없이 살아가려는 무의식적 교만입니까? 예수님은 우리를 정죄하지 않으십니다. 그분은 우리의 짐을 대신 지고 십자가에 오르셨고, 이제 우리를 하나님의 안식으로 초대하고 계십니다. 오늘 우리는 말씀을 통해 하나님 없는 세상은 파리 떼가 가득한 것처럼 혼란하며, 쉼 없는 삶은 결국 우리의 영혼을 무너뜨린다는 사실을 똑똑히 보았습니다. 그리고 하나님은 우리를 그 혼란과 무거운 짐 속에서 안식의 질서가 있는 구별된 삶으로 부르고 계십니다.

이제 우리는 이렇게 간구하며 결단해야 합니다. "주님, 나의 삶의 시간도, 힘도, 믿음도 다 주님께 드리겠습니다. 이제는 세상이 정한 속도와 기준이 아니라 하나님이 주신 거룩한 질서 안에서 살게 하여 주시옵소서. 예수 그리스도 안에서 완성된 참된 안식을 날마다 누리게 하시고, 내 삶 전체가 오로지 하나님의 시간 속에 머물며 오직 예수님만을 믿으며 단지 주일 하루만이 아니라 매일의 삶을 거룩하게 구별하여 드리는 예배자가 되게 하여 주시옵소서."

이렇게 간절히 하나님께 기도해야 합니다. 하나님의 거룩한 안식이 삶의 모든 순간마다 우리 모두에게 충만히 임하시기를 축복합니다.

우리는 진정한 안식을 누려야 합니다. 하나님을 떠나서 하나님을 잊고 그저 내 마음대로 내 뜻대로 우리 육신의 평안함, 안식만을 누리며 살아가려는 그 모든 죄악에서 벗어나 참된 안식을 예수님 안에서 누리며 살아갈 수 있는 믿음의 복이 우리 모두에게 임하기를 축원합니다.

혼란한 세상의 바람 속에서도 하나님의 질서가 우리 삶을 조용히 채워 주시고, 쉼 없는 마음 위에 예수님의 평안이 이슬처럼 내려 지친 영혼을 부드럽게 감싸 안아 주시기를 축원합니다. 분주한 시간 속에서도 하나님의 시간, 하나님의 숨결, 하나님의 손길이 우리의 걸음을 따뜻하게 인도하시기를 간절히 축원합니다. 우리가 멈추는 자리마다 하늘의 쉼이 머물고, 우리가 걸어가는 길마다 주의 임재가 함께하시며, 우리의 하루하루가 하나님 안에서 거룩한 시간으로 물들어 가는 은혜가 우리 모두에게 임하시기를 우리 주 예수 그리스도의 이름으로 축원합니다! 축원합니다! 축원합니다!

기도

하나님, 우리의 참된 안식이 되어 주신 예수님께서 오늘도 우리 영혼 가운데 함께 해주시옵소서. 각자의 영혼 속에서 역사하시는 성령님의 인도하심으로 우리의 참된 안식의 주인이 되어 주신 예수 그리스도를 바라보게 하셔서, 그분 안에서 참된 안식을 누리는 거룩한 하나님의 자녀가 되게 해주시옵소서.

아직도 예배 시간에 딴 생각을 하거나 잡다한 귀신에게 마음을 빼앗기는 자가 있다면 우리의 참된 안식의 주인 되시는 주님께서 그들의 영혼 가운데 찾아가 주시옵소서. 예수 그리스도가 누구이신지 모르며, 참된 안식이 되어 주신 예수님을 바라보지 못하고, 그 안에 거하지 못하며, 그분의 이름을 믿지 않으면 우리의 삶이 어떻게 되는지 알게 해주시옵소서.

참된 안식이 되어 주시는 예수님만 바라보고, 예수님만 사랑하며, 예수님만을 위하여 살아갈 수 있는 저희 모두가 되게 해주시옵소서. 우리를 죄악에서 구원해 주신 우리 주 예수 그리스도의 이름으로 기도드리옵나이다. 아멘.

Chapter

06

네 부모를 공경하라

하나님을 공경하신 예수님처럼
(제5계명과 다섯 번째 재앙)

출애굽기 9장 2-4절, 20장 12절

9:2-4 네가 만일 보내기를 거절하고 억지로 잡아두면 3여호
와의 손이 들에 있는 네 가축 곧 말과 나귀와 낙타와 소와 양
에게 더하리니 심한 돌림병이 있을 것이며 4여호와가 이스라
엘의 가축과 애굽의 가축을 구별하리니 이스라엘 자손에게 속
한 것은 하나도 죽지 아니하리라 하셨다 하라 하시고

20:12 네 부모를 공경하라 그리하면 네 하나님 여호와가 네게
준 땅에서 네 생명이 길리라

우리가 역사의 깊은 이면을 들여다보면 가정이 무너질 때, 한 나라가 몰락할 때, 한 문명이 사라질 때 가장 먼저 붕괴되는 것이 무엇입니까? 건물입니까? 법치와 제도입니까? 아닙니다. 가장 먼저 무너지는 것은 바로 '권위'입니다. 사람들이 더 이상 지도자의 말을 듣지 않고 질서를 인정하지 않으며, 가르치는 자의 지식 자체가 비웃음거리가 될 때, 그 사회는 이미 속에서부터 썩어 들어가고 있는 것입니다. 그렇게 되면 생명은 혼란과 위험에 노출되고, 보호받던 것들은 서서히 무너지고 사라지게 되어 있습니다.

사람이 태어나 처음 배우는 권위는 바로 부모입니다. 아직 세상을 알지 못하는 어린 생명이 말을 배우기도 전에 권위를 느끼는 유일한 대상이 바로 부모인데, 그 부모가 부모의 권위가 무너지고 부모의 자격이 상실되는 행동을 한다면 이것처럼 그 자녀에게 비극은 없습니다. 부모의 음성은 자녀의 방향이고, 부모의 손길은 울타리이며, 부모의 눈빛은 삶의 첫 거울입니다. 그렇기에 그 권위를 가볍게 여기기 시작할 때 자녀의 존재는 흔들리기 시작합니다. 그런데 어처구니없게도 그 권위를 가볍게 여기는 자가 자녀가 아니라 부모라는 것입니다.

무게를 잃은 관계는 힘을 잃고, 힘을 잃은 가정과 부모는 완전히 방향을 잃어버리게 되어 있습니다. 그렇게 아이는 서서히 자라 부모의 권위를 가볍게 여기도록 가르침 받은 그대로 행합니다. 그런데도 부모는 전혀 선과 악의 진리를 모르기 때문에 권위를 세울 수가 없다는 것입니다. 이처럼 공경이 사라진 시대는 생명의 울타리를 잃어버린 시대입니다. 사람들이 더는 듣지 않고 배움이 거슬리고 질서가 구속처럼 여겨지는 순간, 그 가정과 사회와 국가는 생명력을 잃어버린 채 서서히 무너져 가는 조직체가 됩니다. 권위를 인정하지 않는 세상은 결국 생명의 기반을 잃고 무너질 수밖에 없습니다.

하나님은 그러한 세상에서 "내가 너희에게 준 질서의 무게를 다시 느껴보라, 내가 너희에게 준 권위의 질서를 다시 한번 느껴보라"고 오늘도 경고하십니다. 하나님은 처음 인간을 창조하실 때 권위 아래 놓인 존재로 지으셨습니다. 아담과 하와는 피조물이었고, 그들의 생명은 하나님으로부터 주어졌으며, 그 삶은 하나님의 말씀 아래 있을 때만 유지될 수 있었습니다. 그들에게는 분명한 울타리가 주어졌습니다. 먹지 말라는 선악과, 그것은 단순한 과일이 아니라 하나님의 권위가 선포된 자리였습니다. 그러나 인간은 그 경계를 넘었습니다. 하나님의 말씀을 가볍게 여기고, 하나님의 명령을 무슨 '제안'쯤으로 여기며, 자신도 하나님처럼 되기를 원하는 욕심에 빠졌습니다.

그때 공경은 무너졌고, 질서는 파괴되었으며, 생명은 깨어졌습니다. 공경은 단지 우리 삶의 윤리의 문제가 아니라는 것입니다. 공경이란 하나님께서 주신 질서에 무게를 두는 행위이며, 그분의 말씀을 내 생명의 기준으로 받아들이는 올바른 태도입니다. 그러므로 공경이 사라졌다는 것은 인간이 하나님 없이 살 수 있다고 여기며 타락했다는 것입니다. 아담과 하와가 하나님의 권위를 무시했을 때 그들의 눈은 밝아졌으나 마음은 어두워졌고, 자유는 얻었으나 생명을 잃었으며, 나무를 알게 되었지만 그 열매는 저주가 되었습니다.

그런데 그 결과는 가정에서부터 나타났습니다. 그들의 자녀인 가인이 자기 동생 아벨을 죽였습니다. 부모를 공경하지 않는 마음이 형제를 향한 미움으로 발전한 것입니다. 하나님 아버지의 권위를 가볍게 여긴 죄는 부모의 권위도 무너뜨렸고, 형제의 생명도 빼앗아가 버렸습니다.

지금 우리는 가정의 권위, 사회의 권위, 교회의 권위를 잘 지키고 있습니까? 더 나아가 하나님의 권위를 바로 세우고 있는지 오늘 말씀을 통하여 우리는 자신을 뒤돌아봐야 합니다.

이렇게 인간의 첫 타락은 하나님의 권위를 무시한 것이었습니다. 공경이 사라진 자리는 죽음과 분열, 방황이 찾아왔고, 그날 이후로 인간은 여전히 하나님의 말씀을 가볍게 여기며 질서를 멸시하고 스스로 왕이 되려는 죄의 길을 걷고 있는 것입니다. 하나님의 마음은 이 지점에서 찢어집니다. 공경은 억압이 아니라 사랑을 보호하는 울타리였는데 인간은 그것을 족쇄로 오해하고 스스로 그 울타리를 걷어차 버린 것입니다.

오늘날 시대도 마찬가지입니다. 부모의 말이 무시되고, 스승의 권위가 가벼워지며, 목사의 권위가 짓밟히는 모습들. 하나님의 말씀이 더 이상 '절대'가 아닌 '선택'으로 전락한 이 시대. 그때처럼 우리도 생명의 울타리를 잃어버린 채 오늘을 살아가고 있습니다. 이제는 내 자신을 겸허히 하나님 앞에 내려놓고 주님 앞에 바로 서야 할 때입니다.

본문은 단순한 고대 애굽의 재앙 이야기가 아닙니다. 이 말씀은 권위에 대한 거부가 어떻게 생명의 붕괴로 이어지는지를 보여 주는 하나님의 메시지입니다.

당시 애굽 땅은 절대 권력을 가진 왕 바로의 통치 아래 놓여 있었습니다. 그는 스스로를 신이라 여겼고, 어떤 권세도 자기 위에 있다고 인정하지 않았습니다. 하나님께서 모세를 보내시어 "내 백성을 보내라"고 명령하셨지만 바로는 거듭 그 명령을 거부했습니다. 이는 단순한 정치적 반항이 아니었습니다. 하나님 아버지의 권위에 대한 정면 도전이었습니다. 그 도전에 대해 하나님은 침묵하지 않으시고 바로와 애굽을 향한 열 가지 재앙을 통해 자신이 누구이신지를 애굽의 모든 백성과 왕에게 알리셨습니다.

그중 다섯 번째 재앙이 오늘 본문 말씀에 나오는 매우 상징적인 심판입니다. 하나님께서는 애굽의 모든 가축을 죽이셨습니다. 즉, 생계의 기반인 생명체들을 치신 것입니다. 여기서 '가축'은 히브리어로 '미크네'(מקנה)인데, 가축이 가진 일반적인 뜻과 함께 '재산', '소유', '물질' 등 생계의 기반이 되는 생명체라는 뜻이 있습니다. 그러므로 고대 애굽에서 가축은 단순히 집에서 기르는 동물이 아니라 한 가정의 재산과 마찬가지였습니다. 우리나라도 예로부터 집에서 기르는 소는 중요한 재산이었지요. 즉, 하나님께서 애굽의 가정에서 모든 가축을 죽이신 재앙은 집마다 재산을 치신 심판의 의미가 있습니다.

고대 애굽에서는 가축을 신성한 존재로 숭배하기도 했는데, '프타'(Ptah)나 '오시리스'(Osiris) 신은 황소를 상징하는 우상이었으며, '하토르'(Hathor) 신은 암소를 상징하는 우상이었습니다. 그러므로 하나님께서 애굽 전역의 가축을 죽이셨다는 것은 그들의 우상을 치셨다는 상징적인 의미가 있습니다.

출애굽기 9장 6절을 보면 이렇게 기록되어 있습니다.

이튿날에 여호와께서 이 일을 행하시니 애굽의 모든 가축은 죽었으나 이스라엘 자손의 가축은 하나도 죽지 아니한지라.

우리는 여기서 하나님의 질서와 권위에 대한 거역이 곧 생명의 붕괴로 이어지는 영적 원리를 보게 됩니다. 하나님의 권위를 무시한 자는 생명을 잃고, 그 질서를 받아들인 자는 보호를 받는다는 것입니다. 이것은 바로 십계명 중 제5계명 "네 부모를 공경하라"는 명령과 깊이 맞닿아 있습니다. 출애굽기 20장 12절 말씀입니다.

네 부모를 공경하라 그리하면 네 하나님 여호와가 네게 준 땅에서 네 생명이 길리라.

"네 부모를 공경하라. 그리하면 네 생명이 길리라." 부모 공경은 단순한 가정의 윤리 규범이 아니며, 부모와 자녀의 관계는 단지 인간 사회의 질서가 아닙니다. 부모와 자녀의 관계는 창조 질서 속에 세워진 첫 번째 인간관계이며, 하나님의 권위를 이 땅에서 가장 먼저 경험하게 되는 거룩한 통로입니다. 다시 말해, 부모와 자녀의 관계는 하나님과 우리의 관계를 경험할 수 있는 거룩한 통로라는 것입니다.

이는 하나님께서 친히 세우신 하늘의 제도를 이 땅에 구현하신 것으로, 인간의 가정 안에서 하나님 나라의 권위와 사랑이 구체적으로 드러나도록 하신 것입니다. 따라서 부모를 공경하는 삶은 단순히 효(孝)의 덕목을 실천하는 것이 아니라, 하나님 아버지를 경외하고 그분께 순종하는 마음이 삶 속에서 실질적으로 드러나는, 바로 믿음의 행위라는 것입니다.

십계명 가운데 제5계명인 "네 부모를 공경하라"는 말씀은, 가정이라는 울타리 안에서 시작된 질서가 곧 하나님 나라의 질서를 가르치고 있다는 사실을 분명하게 보여 주는 것입니다. 하나님은 가정을 통해 하늘의 권위, 사랑, 돌봄, 순종, 회복의 질서가 눈에 보이는 삶의 자리에서 실현되도록 하셨다는 것입니다.

그러므로 우리가 부모를 공경하고 자녀로서 질서를 배우며 또 부모로서 사랑과 권위로 자녀를 양육하는 것은 단지 인간적인 책임이 아니라, 하나님의 나라를 이 땅에 구현하라는 영적 명령이자 사명인 것입니다. 그렇다면 어떻게 부모와 자녀와의 관계 속에서 부모가 함부로 자녀에게 명령하고, 자녀는 함부로 부모를 무시할 수가 있겠습니까? 이 세상의 부모와 자녀의 관계 속에는 하나님 아버지와 그의 자녀 된 우리의 관계가 고스란히 담겨 있는데 말입니다. 주님은 그 관계가 회복될 때 가정은 천국의 예표가 되고, 사회는 하나님의 질서 아래 다시 살아나는 생명의 터전이 된다는 것을 십계명 중 제5계명을 통하여 우리에게 말씀하고 계시는 것입니다. 부모를 공경한다는 것은 하나님의 질서를 받아들인다는 뜻이고, 그 질서를 무시한다는 것은 하늘 아버지의 권위까지도 부정하는 출발점이 됩니다.

그런데 출애굽기의 바로는 마치 아버지를 공경하지 않는 불효한 아들처럼 하나님의 명령을 무시하였습니다. 그 결과로 생명의 기반인 가축이 죽어 나가는 심판을 받았습니다. 반면 하나님의 말씀에 구별된 이스라엘 백성은 그 땅의 가축마저도 보호받았습니다. 이것은 제5계명이 말하는 생명의 약속, 즉 "그리하면 네 생명이 길리라"라는 하나님의 말씀의 상징적인 실현이 이 땅에서 이루어지고 있음을 보여 주는 것입니다.

이제 우리는 이 말씀 앞에서 우리 자신을 돌아봐야 합니다. '나는 하나님의 질서를 존중하며 살아가고 있는가? 나는 내 부모의 권위를 통해 하나님의 뜻을 배우고 있는가? 혹 바로처럼 고집스러운 마음으로 하나님의 음성을 거절하며 부모의 음성을 무시하며 살아가고 있지는 않는가?'

하나님의 질서를 공경하는 자는 생명을 얻는다고 성경은 말하고 있습니다. 그러나 하나님의 질서를 거부한 자는 모든 생명의 기반을 잃게 되어 있습니다. 이것이 다섯 번째 재앙의 영적 원리이며, 제5계명의 영원한 진리입니다.

인류의 첫 타락은 하나님 아버지의 권위를 가볍게 여긴 데서부터 시작되었습니다. 아담과 하와는 하나님의 말씀을 거절했고, 그 결과로 질서가 무너지고 공경은 사라졌으며, 생명은 보호받지 못한 채 불안과 죽음의 지배 아래 놓이게 되어 버렸습니다.

그러나 하나님은 그 무너진 그 질서를 그대로 두지 않으셨습니다. 우리 대신 하나님의 권위를 온전히 회복하실 참된 아들 곧 예수 그리스도를 우리에게 보내 주셨습니다. 그분은 단지 율법을 지키는 자로 오신 것이 아니라, 하나님의 권위를 가장 깊이 이해하고 끝까지 순종하신 아들로 이 땅에 오셨습니다. 예수 그리스도는 하늘의 권위를 완벽하게 공경한 아들로 이 땅에 오셨다는 것입니다. 그는 스스로는 아무것도 하지 않으시고 늘 아버지의 뜻만을 구하셨습니다. 심지어 죽음 앞에서도 이렇게 기도하셨습니다. "아버지여, 내 뜻대로 마시고 아버지의 뜻대로 하시옵소서."

그분은 하나님의 권위를 끝까지 붙드셨습니다. 그리고 우리가 무너뜨린 질서, 우리가 거절했던 공경의 무게를 십자가에서 그분 자신의 몸으로 짊어지셨습니다. 예수 그리스도께서 아버지께 순종하심으로 우리가 거절했던 질서가 회복되고, 그분의 죽으심으로 하나님과 우리의 깨어진 관계의 질서가 회복되었습니다. 그리하여 이제 우리는 예수 그리스도 안에서 하나님을 다시 '아버지'라 부를 수 있게 되었습니다.

여기에서 우리가 한 가지 생각할 것은, 하나님과 그 자녀인 우리의 관계가 예수 그리스도의 이름으로 이어질 수 있었던 것처럼, 이 땅의 부모와 자녀의 깨어진 관계도 예수 그리스도 외에는 이어질 방법이 전혀 없다는 것입니다. 그런데도 우리는 혹 돈으로, 다른 세상의 것으로 부모와 자녀의 관계를 이으려고 하고 있지는 않습니까?

이제 우리는 하나님을 예수 그리스도로 인하여 다시 아버지라 부를 수 있게 되었습니다. 그분 안에서 부모를 공경하는 마음이 살아나고, 권위에 대한 거룩한 경외가 회복되었으며, 흔들리던 삶에 다시 질서와 생명의 울타리가 둘러지게 되었습니다. 예수님은 질서가 무너진 시대 속에 오셔서 권위를 회복하셨을 뿐 아니라, 공경이 사라진 세대에게 다시 생명을 여는 문이 되어 주셨습니다.

그러므로 이제 우리도 그분을 따라 하나님 아버지의 말씀에 무게를 두고, 그분의 질서를 다시 우리 삶의 중심에 두어야 합니다. 십자가에서 공경의 무게를 감당하신 예수 그리스도 그분 안에서 우리 가정은 다시 회복될 수 있습니다. 우리 사회는 다시 생명을 얻을 수 있습니다. 우리는 다시 하나님의 진정한 아들과 딸로 살아갈 수 있습니다. 예수 그리스도는 아버지의 뜻을 자신의 생명보다 더 무겁게 여기셨습니다. 그분의 순종은 외면적인 행위에 그치지 않았습니다. 그분은 아버지의 마음을 알고, 그 마음을 품고, 그 뜻을 자신의 존재의 중심으로 삼으셨습니다. 예수님께서는 이렇게 말씀하셨습니다. 요한복음 6장 38절 말씀입니다.

> 내가 하늘에서 내려온 것은 내 뜻을 행하려 함이 아니요 나를 보내신 이의 뜻을 행하려 함이니라.

예수님께서는 이 땅에 오신 이유를 분명하게 말씀하셨습니다. 그것은 예수님 자신의 뜻이 아니라 아버지의 뜻을 이루기 위해 이 땅에 오셨다는 것입니다. 이 말씀은 단지 예수님이 하나님의 명령을 따랐다는 의미를 넘어, 예수님의 존재 자체가 아버지 뜻에 근거하고 있다는 것을 보여 주고 있습니다. 그분은 스스로 말하거나 행하지 않으시고, 항상 아버지께서 원하시는 것을 분별하며 따라가셨습니다. 이러한 순종은 억지로가 아니라 사랑에서 비롯된 것이며, 바로 그 사랑의 순종이 십자가에서 완성되었습니다.

예수님께서는 이 땅에 오셔서 십계명 중 제5계명, "네 부모를 공경하라"는 이 말씀을 단지 외면적으로 지킨 것이 아니라, 그 말씀의 본질과 깊이를 자신의 삶 전체로 완성해 주셨습니다. 예수님은 어릴 적부터 육신의 부모인 마리아와 요셉을 공경하셨고(눅 2:51), 30년 가까이 무명의 삶 속에서 부모를 섬기며 인내하셨습니다. 하나님의 아들이셨지만 목수의 아들로 자신을 낮추고 가정 안에서 자녀의 자리를 감당하셨습니다.

그러나 예수님의 공경은 단지 가정 안에 머무르지 않았습니다. 그분의 삶은 처음부터 끝까지 하늘 아버지를 향한 완전한 순종의 여정이었습니다. 하나님 아버지의 뜻을 자신의 중심에 두고 자신의 말과 행위, 심지어 생각마저도 아버지의 뜻에 일치시키는 삶을 사셨습니다. 예수님은 자신의 뜻과 감정을 아버지의 뜻 아래 복종시키셨습니다. 그분이 받으신 고난은 단지 인간의 죄로 인한 형벌이 아니라, 아버지 뜻에 끝까지 순종하심으로 받은 형벌이었습니다. 히브리서 5장 8-9절 말씀은 이렇게 증언합니다.

> 그가 아들이시면서도 받으신 고난으로 순종함을 배워서 온전하게 되셨은즉 자기에게 순종하는 모든 자에게 영원한 구원의 근원이 되시고,

예수님께서는 이 땅에서 공경이란 단순한 도덕이 아니라 하나님과의 관계를 바로 세우는 거룩한 통로임을 보여 주셨습니다. 공경은 하나님 나라의 질서이며, 그 질서가 바로 설 때 가정과 사회 그리고 인간 존재의 본질이 회복됩니다. 그분은 십자가라는 극한 고통 속에서도 부모 공경의 길을 끝까지 걸으셨습니다. 육신의 고통과 영혼의 절규 속에서도 어머니 마리아를 향한 공경을 놓치지 않

으시고 그분을 사랑하는 제자 요한에게 맡기셨습니다. 요한복음 19장 27절 말씀입니다.

> 또 그 제자에게 이르시되 보라 네 어머니라 하신대 그때부터 그 제자가 자기 집에 모시니라.

이 말씀은 단지 한 아들의 어머니에 대한 효심을 보여 주는 것을 넘어, 하나님 나라 안에서의 새로운 가족, 새로운 질서를 선포하신 것입니다. 예수님 안에서 공경은 육적인 혈연을 넘어, 믿음 안의 연합과 돌봄으로 확장됩니다. 예수님은 철저히 아버지의 뜻에 순종하심으로 우리가 무너뜨린 공경의 질서를 다시 세우셨고, 우리로 하여금 다시 하나님의 자녀로 회복되게 하셨습니다. 그 결과 우리는 하나님을 '아빠 아버지'라 부를 수 있게 되었습니다. 로마서 8장 15절 말씀입니다.

> 너희는 다시 무서워하는 종의 영을 받지 아니하고 양자의 영을 받았으므로 우리가 아빠 아버지라고 부르짖느니라.

참 기쁘고 복된 말씀입니다. 이 말씀은 곧 예수님의 순종과 공경을 통해서 죄 많은 우리가 하나님과의 깨어졌던 관계에서 벗어나 다시 하나님의 자녀로 입양되어 하나님을 '아빠 아버지'라고 부를 수 있게 되었다는 것입니다. 그러므로 우리는 더 이상 두려움에 사로잡힌 종이 아니라, 하나님의 자녀로서 그분을 아빠 아버지라 부를 수 있는 고귀한 존재인 것을 잊지 마십시오. '아빠'라는 친밀한 호칭은 하나님과의 관계가 다시 회복되었을 뿐 아니라 그 관계가 사랑과 신뢰 위에 바로 세워졌음을 의미합니다. 즉, 예수님의 공경과 순종이 우리에게 아버지의 품을 다시 열어 주신 것입니다.

예수님 안에서 회복된 질서, 예수님 안에서 회복된 공경, 예수님 안에서 보호받는 생명, 이 모든 은혜는 그분의 십자가에서 흘러나온 순종의 열매로 우리가 누리는 것입니다. 그러므로 이제 우리도 그분을 따라 공경의 길을 걷기를 원합니다. 하나님 말씀을 다시 삶의 중심에 두고 그분의 뜻을 가장 무겁게 여기며, 그 질서 속에서 진정한 아들과 딸로 살아가는 자들이 되기를 간절히 소망합니다.

하나님은 혼돈과 무질서를 절대 기뻐하지 않으십니다. 그분은 인간이 살길을 알지 못한 채 방황하도록 내버려두시는 분이 아니라, 창세전부터 생명의 길과 죽음의 길, 복과 저주의 길을 분명히 구별하여 제시해 주신 분이십니다. 하나님의 명령은 단지 규칙이 아니라 그분의 생명과 사랑을 담은 거룩한 질서입니다. 그 질서를 따르는 자에게는 참된 자유와 보호 그리고 생명의 길이 열려 있음을 믿습니까? 이제 하나님은 우리에게 이렇게 말씀하십니다. 신명기 30장 19-20절 말씀입니다.

> 내가 오늘 하늘과 땅을 불러 너희에게 증거를 삼노라 내가 생명과 사망과 복과 저주를 네 앞에 두었은즉 너와 네 자손이 살기 위하여 생명을 택하고 네 하나님 여호와를 사랑하고 그의 말씀을 청종하며 또

그를 의지하라 그는 네 생명이시요 네 장수이시니 여호와께서 네 조상 아브라함과 이삭과 야곱에게 주리라고 맹세하신 땅에 네가 거주하리라.

예수님께서는 바로 이 생명의 길을 몸소 걸으신 분이십니다. 하나님의 말씀에 철저히 순종하시고 그 뜻을 자신의 중심에 두심으로 인류가 거절한 질서를 회복하시고, 우리가 다시 그 생명의 길을 걸을 수 있도록 문을 여신 구속자이십니다. 그러므로 이제 우리 앞에도 생명과 사망, 복과 저주가 놓여 있습니다. 하나님은 다시 묻고 계십니다. "너희는 어떤 길을 택하겠느냐?" 우리는 어떤 길을 택해야겠습니까?

예수 그리스도 안에서 우리는 다시 생명을 택할 수 있게 되었습니다. 그 생명은 단지 육신의 연장이 아니라, 하나님의 뜻 안에서 사는 진리와 사랑의 삶, 영원한 생명인 것입니다. 그러므로 하나님의 말씀을 가볍게 여기지 말고 그분이 주신 질서를 다시 받아들이십시오. 그 안에 생명이 있고, 그 안에 하나님의 사랑이 있습니다.

구원이란, 인간이 무너뜨린 하나님의 권위를 예수 그리스도께서 친히 순종함으로 다시 세우신 은혜입니다. 공경을 잃고 질서를 거절한 인류를 대신하여 예수님께서 아버지의 뜻에 끝까지 순종하심으로 우리가 다시 하나님의 자녀로 불리게 된 회복의 사건입니다.

또 구원이란, 하나님을 멀리한 불효한 세대 속에 참된 아들의 모습으로 오신 예수 그리스도를 통해 무너진 관계가 다시 이어지고 흔들리던 생명이 다시 보호받게 된 하늘 아버지의 사랑의 질서로 우리가 다시 돌아가는 길입니다.

오늘 말씀을 통해 드러나는 하나님 아버지의 마음은 질서를 잃은 자녀를 끝까지 포기하지 않으시는 사랑의 마음입니다. 하나님은 처음부터 우리에게 억압이 아닌 사랑의 질서를 주셨습니다. 그 질서의 시작은 부모 공경이었고, 그 목적은 생명을 지키기 위함이었습니다. 그러나 인간은 그 질서를 가볍게 여기고 하나님의 권위마저 거부하고 거절했습니다. 마치 아버지의 말씀을 무시하는 불효한 자식처럼 말입니다. 그럴 때 아버지 하나님의 마음은 찢어졌습니다. 그러나 그 아버지는 우리에게서 등을 돌리지 않으셨습니다. 도리어 참된 아들 예수 그리스도를 우리에게 보내 주셨습니다. 그 아들에게 자기 백성을 대신하여 공경의 길을 끝까지 걷게 하시고, 순종을 통해 무너진 질서를 다시 세우게 하심으로 우리를 다시 살리신 하나님의 마음을 아십니까?

하나님 아버지의 마음은 단호하면서도 깊은 사랑의 마음입니다. 불순종한 자를 징계하시되, 그 징계 안에서도 자녀를 회복시키고자 하시는 '긍휼'(矜恤, mercy)이 흐르고 있습니다. 그래서 다섯 번째 재앙 속에서도 이스라엘의 가축을 보호하시고 말씀을 따르는 자들에게는 생명의 울타리를 허락하신 것입니다.

오늘도 하나님 아버지는 공경을 잃어버린 세대 속에서, 무게 없는 말을 쏟아내는 세상 가운데서 우리에게 말씀하십니다. "내가 너희에게 준 질서를 다시 받아라. 그 안에 생명이 있고, 그 안에 나의 사랑이 있다." 하나님 아버지의 마음은 그 자녀가 돌아오기를 기다리는 마음입니다. 회복된 질서 안에서 우리와 함께 다시 걷기를 바라시는 것이 아버지의 심정입니다.

성도란, 흔들리는 세상 속에서 하나님의 말씀에 다시 무게를 두는 사람입니다. 사람들이 권위를 조롱하고 공경이 낡은 개념처럼 여겨지는 이 시대에 그 속삭임에 흔들리지 않고 하나님의 질서를 가슴에 품고 사는 사람, 그가 바로 성도입니다.

성도는 단지 종교적 행위를 따르는 사람이 아닙니다. 그는 예수 그리스도의 삶을 통하여 참된 순종이 무엇인지를 배우는 사람입니다. "나의 원대로 하지 마시고 아버지의 뜻대로 하옵소서"라는 그 한마디의 기도로 공경의 진심을 드러낸 그 예수 그리스도를 따르는 자가 바로 성도입니다. 성도는 공경을 통해 삶의 울타리를 회복하고, 질서를 통해 생명을 지키며, 순종을 통해 하나님의 기쁨이 되고자 몸을 낮추는 자입니다. 성도는 이 세상이 가볍게 여기는 것을 하나님의 시선으로 다시 존귀하게 여기는 자이며, 그 존귀함 속에서 묵묵히 순종하며 생명을 세워가는 하나님의 아들딸입니다.

오늘 우리는 한 문명이 붕괴될 때 가장 먼저 무너지는 것이 무엇인지를 똑똑히 보았습니다. 그 시작은 언제나 권위를 가볍게 여기는 우리의 잘못된 마음에서부터 비롯됩니다. "부모를 공경하라"는 하나님의 명령을 부담으로 여기고 하나님의 말씀을 내 판단 아래 두는 순간, 우리는 이미 그 생명의 울타리 밖에서 처절하게 신음하며 죽음을 기다리는 자와 똑같습니다. 오늘 우리는 이 말씀 앞에 회개하지 않을 수 없습니다. 우리는 얼마나 많은 시간을 하나님의 질서를 무시하며 살아왔습니까? 얼마나 쉽게 부모의 권위를 무시하고 조롱했습니까? 공경을 낡은 전통처럼 여겨온 것을 이제 우리 마음 깊은 곳에서부터 정직하게 회개해야 합니다. 우리가 행했던 죄악을 바라봐야 합니다. 주님은 오늘도 이사야 66장 2절을 통해서 말씀하십니다.

> 나 여호와가 말하노라…무릇 마음이 가난하고 심령에 통회하며 내 말을 듣고 떠는 자 그 사람은 내가 돌보려니와.

하나님께서 돌보시는 자가 완악한 자입니까? 내 뜻대로 살아가는 자입니까? 교만한 자입니까? 그런 자를 하나님께서 보호하신다고 생각하기에 우리가 이렇게 오만하게 살고 있는 것입니까?

하나님께서 돌보시는 사람은 능력 있는 자도, 완벽한 자도 아닙니다. 말씀 앞에서 통회하며 떨 줄 아는 자입니다. 자신의 교만을 내려놓고 다시 말씀 아래로 들어가 스스로 죄인이라고 고백하는 자입니다. 자기가 가장 악독한 죄인이라며 하나님만을 붙드는 자를 하나님은 보호하시고 지켜 주신다는 것입니다. 그러므로 우리가 해야 할 일은 변명도, 계산도 아닙니다. 조용히 주님 앞에 무릎 꿇고 회개하는 길 외에 아무것도 없습니다.

"하나님, 내가 아버지 되신 주의 음성을 가볍게 여겼습니다. 내가 하나님께서 세워 주신 권위를 무시했고, 공경을 외면했으며, 하나님의 질서를 내 뜻보다 아래에 두었습니다. 이러한 나의 죄악을 용서해

주시옵소서. 이제 주님 앞에 돌아가겠습니다. 아버지의 말씀을 다시 삶의 중심에 둘 수 있도록 나의 영혼을 다스려 주시옵소서."

이것이 진정한 회개이며, 죄책감에 머무르지 않고 삶의 질서를 다시 하나님께 맡기는 회개의 결단입니다. 그 길로 나아갈 때 주님은 반드시 우리를 회복시켜 주십니다. 그분은 무너진 자를 일으키시고 공경의 자리에 다시 앉히시는 우리의 거룩한 아버지 하나님이시기 때문입니다. 이제 하나님 앞에 바로 섭시다. 그 앞에서 낮아지는 자만이 참된 생명을 얻게 될 것입니다.

축복의 질서 안에 살아가도록 이제 우리가 구할 분은 오직 한 분 예수 그리스도이십니다. 세상의 돈이 아니라 오직 한 분 예수 그리스도뿐입니다. 우리를 대신하여 권위를 바로 세우시고 공경의 삶을 이루시며 십자가에서 끝까지 순종하신 참된 아들 그 예수님만을 오늘도 간절히 의지하며 나아갑시다. 그분 앞에서 우리는 더 이상 스스로의 의로 서 있지 않습니다. 우리가 쌓아온 어떤 자격도, 우리가 실패한 어떤 죄악된 과거도, 그분의 은혜 아래서 그저 부서질 뿐입니다.

그러므로 이제는 주님의 음성에 다시 귀를 기울이십시오. 질서를 무너뜨린 우리의 완악한 마음을 내려놓고 그분 말씀을 삶의 중심에 다시 모시기를 소망합니다. 그분의 말씀 위에 질서를 다시 세우시기를 간절히 소망합니다. 예수 그리스도께서 세우신 질서 안에 거하는 자에게 하나님은 생명의 보호막을 쳐주십니다. 흔들리는 세상 속에서도 공경이 회복되는 가정, 말씀에 순종하는 마음, 그리고 하늘의 복이 머무는 삶을 허락해 주신다는 것입니다.

이제 예수 그리스도의 이름으로 선포합시다. 우리의 마음에 말씀이 다시 무게를 갖게 될 것입니다. 우리의 가정에 공경이 다시 살아나게 될 것입니다. 우리의 삶이 하나님의 질서 안에서 보호받고 세워질 것입니다. 무엇보다 예수 그리스도의 은혜가 우리의 오늘과 영혼을 지배할 것입니다.

그러니 두려워하지 마십시오. 우리가 의지할 분은 언제나 아버지의 뜻을 먼저 구하셨고 그 뜻을 위해 목숨까지 내어 주신 예수님 한 분밖에 없습니다.

이제 하나님의 말씀 앞에 다시 무릎 꿇는 은혜가 우리 모두에게 임하시기를 축원합니다. 무너졌던 마음의 질서가 예수님의 손에서 다시 세워지고, 가볍게 여겼던 공경의 자리가 다시 존귀하게 되기를 간절히 소망합니다. 부모를 향한 존중의 시선이 다시 살아나고, 하늘 아버지의 음성에 마음이 다시 떨리기를 바랍니다. 그래서 우리 안에 생명을 보호하는 울타리가 다시 세워지기를 간절히 기도합니다.

공경이 회복되고, 질서가 세워지며, 그 안에서 생명의 복이 흘러넘치는 우리의 삶이 되기를 간절히 바랍니다. 이러한 복이 우리 모두의 삶 속에 충만히 임하시기를 우리 주 예수 그리스도의 이름으로 축원합니다! 축원합니다! 축원합니다!

기도

하나님, 공경이 무엇인지 예수 그리스도의 삶을 통하여 분명하게 우리에게 말씀해 주심에 감사드립니다. 우리는 그동안 공경이 무엇인지, 권위가 무엇인지를 몰랐습니다. 그러나 오늘 하나님의 말씀 앞에 바로 서게 하셨으니, 우리의 삶 자체가 하나님을 향한 공경이 되게 하여 주시옵소서.

우리 모두가 부모를 진정으로 공경하며 하나님의 질서를 바로 세우는 하나님의 자녀들이 되게 하여 주시옵소서. 세상으로 나아가는 우리의 모습이 우리 가정에서, 우리의 사회와 국가와 교회에서 다시 회복되기를 간절히 원합니다. 이제는 하나님께로 돌아가게 해주시옵고, 예수 그리스도의 이름을 구하는 우리 모두가 되게 해주시옵소서. 우리를 죄악에서 구원해 주신 우리 주 예수 그리스도의 이름으로 간절히 기도드리옵나이다. 아멘.

Chapter

07

살인하지 말라

우리가 예수님을 죽였습니다
(제6계명과 여섯 번째 재앙)

출애굽기 9장 8–9절, 20장 13절

9:8–9 여호와께서 모세와 아론에게 이르시되 너희는 화덕의
재 두 움큼을 가지고 모세가 바로의 목전에서 하늘을 향하여
날리라 [9]그 재가 애굽 온 땅의 티끌이 되어 애굽 온 땅의 사람
과 짐승에게 붙어서 악성 종기가 생기리라

20:13 살인하지 말라

오늘 우리는 너무나 익숙한 한 계명 앞에 우리의 모든 거짓된 모습들을 비춰 보려고 합니다. "살인하지 말라." 너무나 당연해서 너무 멀게만 느껴지는 말씀입니다. 그러나 혹 그 안에 담긴 하나님의 마음을 한 번이라도 헤아려 본 적이 있습니까? 우리는 흔히 사람을 죽이는 일을 뉴스에 나오는 범죄나 영화 속 이야기처럼 극단적인 경우에만 일어나는 비극쯤으로 알고 있습니다. 하지만 사람을 무너뜨리고 죽이는 일은 가장 조용한 방식으로 가장 일상적인 자리에서 우리 안에 있는 무관심, 냉소, 판단으로부터 수없이 시작되는 일이 아닐까요?

한 존재를 가볍게 여기는 말 한마디, 누군가의 고통을 향해 "그럴 수도 있지", "너는 그런 존재"라는 듯한 피상적인 눈빛, 끝내 그를 오해한 채 등을 돌리는 우리의 뒷모습을 생각해 보셨습니까? 그리고 기도하지 않는 침묵, 그리고 '나는 상관없다'는 무관심의 마음, 이 모든 것이 누군가의 삶을 조금씩 상처 내는 칼날이고, 누군가의 생명을 처참하게 죽이는 행위일지 모릅니다. 그러나 진짜 무서운 것은 우리가 죽이지 않았다고 안도하면서 단 한 번도 누구를 살리기 위해 애쓴 적이 없다는 것입니다.

예수님은 이렇게 말씀하셨습니다. "형제를 미워하는 자마다 다 살인하는 자니라." 이 말씀은 단지 도덕적인 경고의 말씀이 아닙니다. 그것은 우리가 하나님의 형상을 입은 사람을 어떻게 대하고 있는가에 대한 본질적인 질문입니다. 성경이 말하는 살인은 단지 칼을 빼 드는 행위가 아닙니다. 관계를 끊고 시선을 거절하며, 그 존재를 더 이상 책임질 생각이 없는 마음에서 시작됩니다.

가인은 들판에서 아벨을 죽였지만, 오늘 우리는 말로, 침묵으로, 무관심과 자기의 의(義)로 사람을 더 조용히, 치명적으로 죽일 수 있습니다. 심지어 우리는 누군가가 예수님 없이 방황하며 살아가고 있음에도 아무런 말도 없이 조용히 외면하고, 사랑의 권면조차 하지 않으며 다른 사람들에게 싫은 말을 할 수가 없다는 그런 비겁한 마음으로 생명을 무너뜨리는 침묵을 수없이 해온 살인자일지도 모릅니다.

진정한 생명 사랑은 죽어 가는 한 존재가 다시 살아나도록 끝까지 기다리고, 끝까지 권면하며 책임 있게 동행하는 일입니다. 성경이 말하는 살인은 단순한 행위가 아닙니다. 그것은 존재를 거절하는 태도, 곧 하나님께서 지으신 생명을 향한 무책임한 단절입니다.

하나님께서 처음 인간을 창조하셨을 때, 그분은 아담과 하와를 하나님의 형상대로 지으시고 서로를 향한 존재로 세우셨습니다. 그러나 선악과를 범함으로 인간은 하나님과의 관계만 끊어진 것이 아니라 서로를 향한 책임의 끈도 완전히 놓아 버렸습니다. 그리고 그 끊어진 관계의 비극은 곧 다음 세대의 입술을 통해 철저하고 분명하게 드러납니다. 동생 아벨을 죽인 가인은 하나님께 이렇게 말합니다. "내가 내 아우를 지키는 자니이까"(창 4:9). 이 말은 하나님께 대한 단순한 반항이 아니라 인간이 타락한 이후 처음으로 드러낸 관계의 포기이자, 존재를 향한 무관심의 죄악된 선언이었습니다. 그는 아벨을 죽이기 전에 이미 마음에서 그를 지킬 책임을 거절했습니다. 이 지점이 바로 우리 인간의 살인의 시작점입니다.

살인은 곧 구별을 망각하는 것입니다. 하나님은 인간을 동물과 구별되게 창조하셨고, 하나님의 형상대로 지음 받은 존재로서 서로를 존귀하게 여길 책무를 주셨습니다. 그러나 타락 이후 인간은 서로를 도구로, 경쟁자로, 위협으로 보기 시작했고, 하나님의 형상을 지닌 존재라는 근원적 구별을 망각한 채 서로를 미워하고 경멸하고 무시하며 살아가고 있습니다.

이것이 바로 성경이 말하는 살인의 본질이라는 것입니다. 존재를 구별하지 않고 생명을 책임지지 않는 죄, 단지 피를 흘리는 것이 아니라 하나님의 형상으로 지음 받은 자를 하찮게 여기는 모든 태도가 바로 살인의 시작인 것입니다. 살인은 단지 피를 흘리는 것이 아니라 존재의 책임을 외면한 자에게 주어지는 정죄이며, 복음은 그런 우리를 회복시키기 위해 예수님이 죽임 당하셨다는 은혜의 선언입니다.

그렇다면 하나님께서는 본문을 통해 이 무너진 책임의 자리에 선 우리에게 무엇을 말씀하고 계실까요? 오늘 본문 출애굽기 9장 8-9절, 그리고 출애굽기 20장 13절 말씀입니다.

> 여호와께서 모세와 아론에게 이르시되 너희는 화덕의 재 두 움큼을 가지고 모세가 바로의 목전에서 하늘을 향하여 날리라 그 재가 애굽 온 땅의 티끌이 되어 애굽 온 땅의 사람과 짐승에게 붙어서 악성 종기가 생기리라.

> 살인하지 말라.

두 본문은 시간상으로 분리되어 있지만, 하나님의 동일한 마음과 동일한 본질적 선언을 담고 있습니다. 먼저 출애굽기 9장은 이스라엘을 억압하던 애굽에 임한 여섯 번째 재앙, 곧 악성 종기의 재앙을 다룹니다. 이 재앙은 단순한 자연 재해가 아닙니다. 하나님의 진노가 하늘로부터 내려와 인간의 몸 위에 직접 새겨진 심판의 흔적이었습니다. 모세가 하늘을 향해 날린 화덕의 재는 바람을 타고 온 땅에 티끌이 되어 흩어졌고, 애굽 사람들의 피부 위에 악성 종기를 일으켰습니다. 이는 견딜 수 없는 고통이었고, 생명을 경시한 죄에 대해 하나님께서 응답한 사건입니다.

이 재앙은 이전의 재앙들과는 완전히 결이 다릅니다. 피, 개구리, 이, 파리, 가축의 죽음은 자연을 흔들었지만 이 여섯 번째 재앙은 인간의 몸을 직접 치심으로 하나님께서 생명 경시에 대해 직접 응답하고 계심을 보여 줍니다. 여기서 '악성 종기' 즉 '독종'(毒腫, festering boils)의 히브리어 '아바부아'(אבעבעה)는 '염증을 일으키는 농포(膿疱)', '악성 발진'을 말합니다. 요즘으로 말하면 무서운 피부 암 같은 것일 수 있습니다. 이처럼 생명을 경시하는 애굽인을 치명적인 독종으로 치신 것입니다.

왜일까요? 애굽은 오랫동안 하나님의 백성을 노예로 삼고 그들의 생명을 처참하게 짓밟아왔습니다. 신생아를 나일강에 던져 죽이고 한 사람의 귀한 생명을 하찮은 인력자원으로 취급했던 애굽에 대해 하나님은 침묵하지 않으셨습니다. "너희가 경멸한 생명을 나는 기억하고 있다"라는 것입니다. 이 재앙은 하나님의 형상을 짓밟은 자들에게 주어진 하나님의 심판이었습니다. 그리고 바로 그 이후, 심판 앞에 서 있던 이스라엘에게 하나님께서는 시내산에서 모세를 통해 십계명을 주십니다.

그 가운데 여섯 번째 계명은 아주 짧지만 그 의미는 아주 깊습니다. "살인하지 말라"(לא תרצח, 로 티르짜흐). 공교롭게도 한글 문장, 히브리어 문장 모두 단 여섯 글자로 된 이 짧은 문장은 단순히 흉기를 든 행위를 금지하는 윤리적 금령이 아닙니다. 그보다 훨씬 깊은 차원으로 그 안에는 생명을 향한 하나님의 깊고 애끓는 사랑과 거룩한 분노, 그리고 우리를 향한 거룩한 사명이 담겨 있습니다. 피 흘리지 말라는 단순한 경고를 넘어 생명을 지키고 책임지라는 하나님의 부르심입니다.

출애굽기 9장의 여섯 번째 재앙과 출애굽기 20장의 여섯 번째 계명은 서로를 비추는 거울과도 같습니다. 하나는 생명을 경멸한 자들에게 주어진 형벌이며, 다른 하나는 생명을 지켜야 할 자들에게 주어진 명령입니다. 하나님은 말씀하십니다. "너는 내 형상을 입은 자를 죽여서는 안 된다. 너는 그를 지키고 살려야 한다." 이 명령은 곧 "너는 네 아우를 지키는 자니라"라는 하나님의 선언입니다. 가인은 아벨을 들에서 쳐 죽인 후 하나님께 대꾸했습니다. "내가 내 아우를 지키는 자니이까?" 이 질문은 오늘 우리에게 다시 되돌아옵니다. '나는 내 형제를 지키고 있는가, 아니면 무관심과 냉소, 침묵으로 조금씩 무너뜨리고 있는가?'

성경이 말하는 살인은 칼로만 이루어지는 것이 아닙니다. 다른 사람의 존재를 무의미하게 만들고, 타인의 고통을 사소하게 여기며, 하나님의 형상을 경멸하는 마음에서 시작됩니다. 하나님을 떠나 사는 자들에게 단 한마디 말도 못 하는 것이 살인 죄에 해당되는 것입니다. 그런데 문제는 우리가 그 어디에도 완전히 서 있지 못한다는 사실입니다. 애굽처럼 누군가를 무시하고 해치는 자리에 서기도 하고, 이스라엘처럼 생명을 지켜야 할 사명을 잊고 살기도 합니다. 때로는 무관심으로, 때로는 자의적인 판단으로 하나님의 형상을 입은 누군가의 영혼에 조용히 칼날을 꽂는 것이 우리의 모습입니다.

그러나 이 계명을 온전히 이룰 수 있는 사람은 어디에도 없습니다. 오직 단 한 분 예수 그리스도를 제외하고 말입니다. 예수님은 이 땅에 오셔서 단 한 사람도 무시하지 않으셨습니다. 그분은 외모나 신분, 과거의 죄, 사회적 지위로 사람을 나누어 상대하지 않으셨습니다. 차별하지 않으셨다는 것입니다. 그분은 꺼져 가는 등불 같은 인생을 소중히 품으셨고, 가장 낮은 자들을 가장 먼저 부르셨습니다. 예수님은 나병 환자에게 먼저 손을 내밀었고, 세리의 집에 들어가셨으며, 간음하다 잡힌 여인을 정죄하지 않으셨습니다. 심지어는 곧 자신을 배반할 제자들의 발까지 씻어 주셨습니다.

예수님의 그 사랑은 십자가에서 완성됩니다. 그곳에서 예수님은 무고하고 처참하게 처형을 당하셨습니다. 정죄 받을 죄가 없으셨고 죽임 당할 이유도 없으셨지만, 그분은 인간의 폭력과 미움, 무관심과 종교적인 위선 속에 침묵하며 죽음의 십자가의 길로 나아가심으로 계명의 본뜻을 완전하게 이루셨습니다. 그분은 "아버지여, 저들을 사하여 주시옵소서. 자기들이 하는 것을 알지 못하나이다"라고 기도하심으로 죽임을 당하시는 그 자리에서조차 생명을 품으셨습니다. 심판이 아니라 용서로 살리는 길을 택하셨습니다. 애굽의 악성 종기는 하늘의 심판이었지만, 예수님의 십자가 상처는 우리의 구원이 되었습니다. 애굽은 타인의 몸에 고통을 남겼지만, 예수님은 자신의 몸에 우리의 고통을 새기셨습니다.

베드로전서 2장 24절과 이사야 53장 5절 말씀입니다.

> 친히 나무에 달려 그 몸으로 우리 죄를 담당하셨으니 이는 우리로 죄에 대하여 죽고 의에 대하여 살게 하려 하심이라.

> 그가 찔림은 우리의 허물 때문이요 그가 상함은 우리의 죄악 때문이라 그가 징계를 받으므로 우리는 평화를 누리고 그가 채찍에 맞으므로 우리는 나음을 받았도다.

이제 우리는 예수님의 피로 살아난 자로서 더 이상 다른 사람에 대해 무관심할 수 없습니다. 더 이상 침묵할 수 없습니다. 예수님이 우리 대신 찔림을 당하고 상함을 입으시고 채찍에 맞아 죽으심으로 우리는 이제 누군가의 생명이 되어 줄 수 있습니다. 예수님께서는 자신의 삶으로 우리에게 이렇게 말씀하십니다. "내가 너를 살리기 위해 죽었노라."

그분은 우리의 침묵, 외면, 자기 의(義)로 인해 친히 십자가에 달리셨고, 그 피로 우리를 죽이는 자가 아닌 살리는 자로 부르셨다는 것입니다. 이제 예수님은 우리에게 이렇게 말씀해 주십니다. "이제 너는 죽이는 자가 아니라 살리는 자다. 미워하는 자가 아니라 용서하는 자다. 등을 돌리는 자가 아니라 그를 위하여 기도하는 자다. 생명을 가볍게 여기는 자가 아니라 내 피로 산 그 생명을 존귀하게 여기는 자다."

우리는 그리스도 예수 안에서 더 이상 계명 아래 벌벌 떠는 자가 아닙니다. 우리는 계명을 멍에로 짊어진 자가 아니라, 계명을 온전히 이루신 그리스도 예수 안에 거하는 자들입니다. 사도 바울은 이렇게 선포합니다. 로마서 8장 4절 말씀입니다.

> 육신을 따르지 않고 그 영을 따라 행하는 우리에게 율법의 요구가 이루어지게 하려 하심이니라.

하나님께서는 우리를 율법의 무게 아래 두는 것이 아니라 성령 안에서 그 뜻을 살아내도록 우리를 부르셨습니다. 이제 우리는 "죽이지 말라"는 금령에 머무르는 존재가 아니라, "살려야 한다"는 복음의 부르심 앞에 선 자들임을 명심해야 합니다. 그 부르심의 중심에 우리의 생명을 끝까지 포기하지 않으신 예수 그리스도께서 계십니다.

예수님께서 이 땅에 오신 이유는 분명합니다. 그분은 단 한 문장으로 자신의 사명을 이렇게 선포하셨습니다. 누가복음 19장 10절 말씀입니다.

> 인자가 온 것은 잃어버린 자를 찾아 구원하려 함이니라.

예수님의 오심은 단순한 방문이 아닙니다. 그분은 하늘 보좌를 떠나 죽을 수밖에 없는 우리를 살리기 위해 이 땅에 오셨습니다. 그의 오심은 하나님께서 영원한 죽음의 길로 향하던 인간의 삶에 직접 개입하신 거룩한 구원의 역사였습니다. 우리는 살아 있는 것 같았지만 실상은 하나님과 단절된 존재들이었습니다. 육은 숨을 쉬고 있었지만, 우리의 영은 이미 죽은 상태였습니다. 성경은 말합니다. "그는 허물과 죄로 죽었던 너희를 살리셨도다"(엡 2:1).

예수님의 사역 전체는 이 한 문장으로 요약될 수 있습니다. "살리셨도다." 예수님은 죽은 자를 살리시고, 죽은 마음을 일으키시며, 죽은 영혼에 생명을 불어 넣어 주시는 우리의 구주 되시는 분이십니다. 예수님께서는 먼저 육체를 살리셨습니다. 회당장 야이로의 딸이 죽자 사람들은 절망했습니다. 그 소녀는 이미 숨이 멎었고 삶의 가능성은 전혀 없는 듯 보였습니다. 그러나 예수님께서 그 소녀의 손을 잡고 말씀하십니다. "달리다굼." "내가 네게 말하노니 소녀야 일어나라"(막 5:41).

죽은 자의 귀는 들리지 않아야 합니다. 그러나 생명의 주가 말씀하실 때, 죽음조차도 그분의 음성 앞에 굴복하는 것입니다.

나사로는 어떻습니까? 나사로는 무덤에 묻힌 지 나흘이 지났고 시체는 이미 썩은 냄새가 풀풀 나는 상태였습니다. 그러나 예수님은 무덤 앞에서 큰 소리로 외치셨습니다. "나사로야 나오라"(요 11:43). 그 음성 앞에 죽음의 권세는 무너졌고, 죽은 자가 살아서 무덤 밖으로 뚜벅뚜벅 걸어 나왔습니다. 혹 이것을 단순한 기적이라고 생각하십니까? 얼토당토않은 거짓말쯤으로 생각하십니까? 그러나 이는 예수님의 존재 자체가 생명을 일으키는 능력임을 선포하는 사건입니다.

예수님은 육체만이 아니라 심령도 살리시는 분이십니다.

간음하다 현장에서 붙잡힌 여인은 율법에 따르면 당장 돌에 맞아 죽어야 합니다. 사람들은 손에 돌을 들고 그 여인에게 눈빛으로 정죄를 퍼부었습니다. 그때 예수님이 말씀하십니다. "너희 중에 죄 없는 자가 먼저 돌로 치라." 돌을 들었던 손들이 하나둘씩 내려지고 사람들은 모두 조용히 그 자리를 떠났습니다. 그 후 예수님은 여인에게 이렇게 말씀하십니다. 요한복음 8장 10-11절 말씀입니다.

> 예수께서 일어나사 여자 외에 아무도 없는 것을 보시고 이르시되 여자여 너를 고발하던 그들이 어디 있느냐 너를 정죄한 자가 없느냐 대답하되 주여 없나이다 예수께서 이르시되 나도 너를 정죄하지 아니하노니 가서 다시는 죄를 범하지 말라 하시니라.

예수님은 죄인을 미워하지 않으셨습니다. 죄인 안에 있는 하나님의 형상을 따라 지음 받은 생명을 존귀하게 여겨 주셨습니다. 예수님께서 살리신 것은 단지 육체나 심령만이 아닙니다. 그분은 정죄로 죽어 가는 한 존재의 심령에 용서와 기회로 성령을 불어 넣으셔서 영혼을 살리시는 분이십니다. 혹 '나는 돈이 없다, 아무 능력이 없다, 주위에 아무도 없다'라고 생각하며 혼자 좌절하고 절망 가운데 빠지신 분이 있다면, 예수 그리스도의 능력이 그 영혼과 삶 가운데 들어가셔서 당당하고 존귀한 하나님의 자녀로 살아가시기를 축원합니다.

예수님께서 이 세상에 오신 목적이 도대체 무엇입니까? 그 목적이 그저 병을 고치는 데 있습니까? 그저 죽은 자를 다시 살리는 데 있습니까? 예수님께서 말씀하십니다. 요한복음 10장 10절 말씀입니다.

> 도둑이 오는 것은 도둑질하고 죽이고 멸망시키려는 것뿐이요 내가 온 것은 양으로 생명을 얻게 하고 더 풍성히 얻게 하려는 것이라.

마귀는 도둑처럼 우리 안에 들어와 우리를 사정없이 죽여 버립니다. 그 목적은 단 하나, 도둑질하고 죽이고 멸망시키려는 것입니다. 우리 영 안에 들어온 어두운 영 마귀는 겉으로는 감미롭게 다가오고 만족을 주는 것 같습니다. "이렇게 하면 잘살 수 있다, 이렇게 하면 행복할 수 있다, 너를 위하여 살아야 한다"라고 속삭입니다. 그러나 그 끝은 파괴요 죽음입니다.

그러나 예수님은 정반대이십니다. 그분은 우리를 살리기 위해 우리 안에 들어오십니다. 생명을 주시기 위해, 더 풍성한 생명을 누리게 하시기 위해 우리의 마음 문을 두드리십니다. 그 주님을 바라보시기 바랍니다. 예수님의 오심은 우리를 살리기 위한 하나님의 거룩한 방문이었고, 예수님의 십자가는 죄인을 향한 하나님의 분노가 아니라, 죄인을 살리기 위한 하나님의 사랑이었습니다. 세상 사람들은 십자가를 심판의 상징으로 여길지도 모릅니다. 그러나 그것은 정죄의 나무가 아니라 생명의 문이 열리는 자리였습니다. 그분은 우리의 죄를 대신 지고 죽으셨고 그 피로 우리를 살려내셨습니다.

지금 우리 안에는 무엇이 들어와 있습니까? 마귀입니까, 아니면 생명의 주님이십니까? 마귀는 조용히 다가와 다른 사람을 미워하고 욕하고 부정하게 만들고 불평하게 만듭니다. 그렇게 마귀는 조용히 다가와 유혹을 속삭이며 우리를 죽이고 있습니다. 그러나 예수님은 우리 안에 들어오셔서 생명의 말씀으로 우리를 살리십니다. 그분은 오늘도 우리 마음에 말씀하십니다. "내가 살아 있고 너희도 살아 있겠음이라"(요 14:19). 그리고 지금 이 순간에도 우리를 향해 물으십니다. "이것을 네가 믿느냐"(요 11:26).

예수님은 살리시는 분입니다. 죽은 육체를 살리시고, 상한 마음을 회복시키며, 죽은 영혼에 영생을 불어 넣어 주시는 유일한 주이십니다. 우리가 그분을 믿을 때 우리 안에 있는 죽음의 흔적은 생명으로 바뀌고, 손에 쥐고 있던 정죄의 돌은 내려놓게 됩니다. 낙심하고 주저앉은 영혼은 다시 일어서게 됩니다. 하나님께서 우리에게 분명히 말씀하셨습니다. 요한복음 3장 36절 말씀입니다.

> 아들을 믿는 자에게는 영생이 있고 아들에게 순종하지 아니하는 자는 영생을 보지 못하고 도리어 하나님의 진노가 그 위에 머물러 있느니라.

이 말씀을 믿어야 합니다. 예수님을 믿는 자에게는 죽음이 없습니다. 영생만이 있을 뿐입니다. 그러나 믿지 않는 자에게는 생명이 없습니다. 그 위에는 진노가 머물러 있을 뿐입니다. 오늘도 예수님은 죽은 것을 일으키시고, 무너진 것을 다시 세워 주십니다. 부서진 인생도, 병든 심령도, 죽은 영혼도 모두 그분 앞에 다시 살아날 수 있다는 것입니다. 오직 예수 그분만이 살리시는 우리의 주이십니다. 그분 안에 생명이 있고, 그분과 함께 우리도 다시 살아납니다.

구원이란, 죄로 인해 죽어 있던 우리가 예수 그리스도의 십자가로 말미암아 다시 살아나는 위대한 사건입니다. 단지 정죄에서 벗어나는 것이 아니라, 죽이는 자에서 살리는 자로 거듭나는 변화입니다. 하나님의 형상을 회복한 자로서 이제는 생명을 지키고 세우는 삶으로 부름 받은 은혜입니다. 구원은 '죽이지 말라'는 계명을 지켜내는 인간의 의가 아니라, '살리기 위해 죽으신 예수' 안에서 값없이 주어진 생명의 선물입니다. 우리를 위해 죽임당하신 주님께서 그 피로 우리를 정결하게 하시고 다시 생명 안으로 부르신 것, 그것이 바로 구원입니다.

오늘 말씀을 통하여 드러난 하나님 아버지의 마음은 한 생명도 가볍게 여기지 않으시는 거룩한 마음입니다. 하나님은 애굽의 죄를 심판하시되, 그들의 죄 가운데 가장 먼저 응답하신 것은 "생명을 멸시한 그 손을 심판한다"라는 의로운 분노였습니다. 억눌린 자의 신음이 하늘에 닿을 때 하나님은 침묵하지 않으셨습니다. 그러나 동시에 하나님은 이스라엘에게 "살인하지 말라"는 계명을 주시며 단지 죽이지 않는 것으로 만족하지 말고, 이제는 생명을 지키는 자로 살아가라고 말씀하셨습니다.

그 하나님의 마음은 예수 그리스도 안에서 가장 선명하게 드러났습니다. 하나님은 죄로 죽어 가는 인류를 외면하지 않으시고 자신의 아들을 이 땅에 보내시되 죄인을 대신해 죽임당하게 하셨습니다. 자신의 독생자를 내어 주신 하나님의 마음은 단순한 사랑 표현이 아니라 우리를 살리고자 하시는 하나님의 절절한 의지입니다. 죄로 말미암아 죽을 우리의 자리에 자신의 아들을 대신 세우신 아버지 하나님의 아픈 사랑입니다.

오늘 본문에서 우리는 하나님께서는 단 한 사람도 죽게 내버려두기를 원하지 않으시며, 단 한 존재도 무시당하거나 짓밟히는 것을 용납하지 않으심을 깨닫게 됩니다. 하나님 아버지의 마음은 한 사람의 생명을 끝까지 지키고 책임지며 결코 버리지 않으시는 사랑의 마음입니다. 이 사랑은 죽음보다 무서운 외면과 무관심 속에서도 다시금 살리기를 원하시는 끊임없는 하나님의 긍휼의 마음입니다. 그리고 오늘 하나님께서는 우리 한 명 한 명을 부르십니다.

성도는 그리스도께서 대신 죽으심으로 생명을 얻은 자로서, 이제는 죽이지 않기 위해 사는 자가 아니라, 누군가를 살리기 위해 살아가는 자입니다. 자신의 의로움을 자랑하는 자가 아니라, 계명을 이루신 주님 안에 거하며 생명을 책임지는 자리로 부르심 받은 자입니다. 악을 행하지 않는 것으로 만족하지 않고, 침묵을 끊고 무관심을 멈추고 기도와 눈물로 한 영혼을 살려내는 사람입니다. 하나님의 형상을 소중히 여기며 그리스도의 피로 사신 자를 결코 가볍게 보지 않는 삶, 그것이 성도의 정체성이요 사명입니다.

하나님은 여전히 우리 한 명 한 명에게 묻고 계십니다. "네 아우가 어디 있느냐?" 우리의 아우는 누구입니까? 이 물음은 단지 피를 흘린 가인에게만 주신 것입니까? 아닙니다. 여전히 눈빛으로, 말로,

생각으로 살인을 행하고, 또 다른 이의 파멸을 침묵으로 외면하는 오늘 우리 모두에게 주어지는 하나님의 음성입니다.

우리는 '나는 전혀 사람을 죽인 적이 없다'고 말합니다. 그러나 실은 날 선 말 한마디로 형제를 무너뜨리고 자신의 의로움에 도취된 채 연약한 이를 정죄하며 돌을 수없이 던진 정말 파렴치한 인간 아닙니까? 내가 직접 해치지 않았기에 죄가 아니라고 여겼지만, 하나님의 형상대로 지음 받은 자를 너무나 무시하고, 울부짖으며 살려달라고 하는 그 외침이 무엇인지도 모르고 외면하지 않았습니까? 절망 속에 있는 이를 외롭게 두고 믿음의 길을 떠난 자들에게 단 한마디 말도 못한 연약한 사람이 아닙니까? 그 침묵은 죄입니다. 그 무관심은 방관이 아닌 공모입니다. 그 냉소는 형제를 죽이는 또 다른 칼날입니다.

하나님은 지금도 그 피의 소리를 듣고 계십니다. 땅에서 울부짖는 아벨의 피처럼, 우리 시대의 무너진 생명들이 하늘을 향해 울부짖고 있습니다. 우리는 이제 응답해야 합니다. 하나님의 물음 앞에 책임을 회피했던 아담처럼, 도망치기 바빴던 가인처럼 그렇게 피하지 말기를 바랍니다.

"네 아우가 어디 있느냐?" 이 물음은 우리 안의 생명 감각을 깨우는 하나님의 경종이며, 잃어버린 사랑과 책임의 자리를 회복하라는 주님의 간절한 부르심입니다. 오늘 우리는 말씀을 통해 다시 하나님의 음성을 듣습니다. "살인하지 말라." 주님께서 말씀하신 살인은 단지 손에 피를 묻히는 행위에 국한되지 않습니다. 날카로운 말로 마음을 찌르고 냉소로 영혼을 얼게 하며 무관심으로 관계를 끊어낸 그 모든 순간들, 그 조용한 침묵이 하나님의 형상을 짓밟는 죄였음을 이제 우리는 바로 깨달아야 합니다. "나는 죽이지 않았다"라고 말하지만 어떻게 그렇게 부모를, 형제를, 자녀를, 이웃을 죽이며 살아갈 수 있습니까?

그리고 우리는 과연 누군가를 살리기 위해 울어본 적이 있습니까? 무너지는 이의 곁에 끝까지 남아 그가 욕을 하든지 나에게 돌을 던지든지 그의 생명을 품어본 적이 있습니까? 이제 주 앞에 나아와 회개할 때입니다. 피 흘리는 자의 길에서 돌이켜 생명을 살리고 회복시키는 주님의 길로 돌아가야 할 때입니다. 주님은 마음을 찢는 회개를 원하십니다. 요엘 2장 13절 말씀입니다.

> 너희는 옷을 찢지 말고 마음을 찢고 너희 하나님 여호와께로 돌아올지어다 그는 은혜로우시며 자비로우시며 노하기를 더디하시며 인애가 크시사 뜻을 돌이켜 재앙을 내리지 아니하시나니.

자신이 얼마나 악한 살인자였는지 돌아보며 마음을 찢는 회개가 우리에게 임하기를 원합니다. 겉으로 멀쩡해 보이는 거룩한 우리의 태도와 달리, 생명을 무너뜨린 내면의 교만과 냉소, 이웃을 미워하고 외면했던 그 침묵을 회개하기 원합니다. 그러므로 이제 주님께 이렇게 고백했으면 좋겠습니다.

"주여, 나는 누군가를 지켜야 하는 자가 맞습니다. 그러나 나는 책임지지 않았고, 사랑하지 않았고, 기도하지 않았습니다. 주님의 용서로 나를 다시 일으켜 세워 주시옵소서. 나를 살려주셨건만 나는 주님처럼 그렇게 하지 못했습니다. 이제는 무너진 생명을 붙드는 자로, 다시 누군가를 살리는 자로 나를 세워 주시옵소서."

진정한 회개는 죄를 깨닫는 데서 끝나지 않습니다. 그 죄를 십자가 앞에 내려놓고 생명을 살리시는 주님 앞에 다시 서는 것, 그것이 참된 회개이며 부르심입니다. 그리고 지금이 바로 그 시간입니다. 죽이는 자의 길에서 돌아서시길 바랍니다. 살리는 자로 부르시는 주님 앞에 마음을 찢는 회개로 바로 서시기를 바랍니다. 이제 우리는 더 이상 스스로의 의로 서 있지 않습니다. "나는 죽이지 않았다"라는 말로 변명하지 않습니다. 이제는 '나는 그를 살리기 위해 울고 있는가?'라는 질문을 스스로에게 던지며 하나님 앞에 바로 서야 할 때입니다.

십자가를 바라보시기 바랍니다. 그분은 단지 우리 대신 죽으신 것이 아니라 우리를 죽이는 자에서 살리는 자로 부르시기 위해 그 자신을 온전히 내어 주셨다는 것을 믿으시기 바랍니다.

그러므로 이제는 오직 예수님만 구하십시오. 그분이 흘리신 피에만 소망을 두고, 그분의 눈물에만 마음을 기울이며, 그분의 생명으로 다시 살아나는 자, 다시 서는 자가 되시기를 바랍니다. 더 이상 침묵 속에 머물지 말고 이제는 기도로 누군가를 일으키고, 용서로 상한 심령을 감싸고 말씀으로 죽어 가는 영혼을 살리는 자리로 나아가는 성도들이 되시기 바랍니다. 하나님은 그렇게 다시 세워진 자에게 조용히 이렇게 말씀하십니다. 이사야 43장 1-2절 말씀입니다.

너를 지으신 이가 말씀하시느니라 너는 두려워하지 말라 내가 너를 구속하였고 내가 너를 지명하여 불렀나니 너는 내 것이라 네가 물 가운데로 지날 때에 내가 너와 함께할 것이라 강을 건널 때에 물이 너를 침몰하지 못할 것이며 네가 불 가운데로 지날 때에 타지도 아니할 것이요 불꽃이 너를 사르지도 못하리니.

이 말씀을 따라 담대히 나아가시기를 바랍니다. 죄책감이 아닌 은혜 안에서, 두려움이 아닌 예수 그리스도의 사랑 안에서, 책임을 피하는 자가 아니라 생명을 책임지는 성도로, 사람을 살리는 제자로, 예수님의 사람으로 살아가기를 바랍니다. 우리의 모든 걸음에 예수 그리스도의 은혜가 덧입혀지기를 축원합니다. 우리의 모든 만남에 그리스도의 생명이 흘러가기를 우리 주 예수 그리스도의 이름으로 축원합니다.

오늘 우리는 다시 십자가 앞에 서 있습니다. 생명을 경멸하는 세상 속에서도 단 한 영혼을 죽기까지 사랑하신 예수 그리스도의 마음을 바라보고 있습니다. 이제는 "살인하지 말라"는 율법 아래 두려워 서는 자가 아니라, "내가 너를 살리기 위해 죽었다" 하시는 주님의 은혜 안에서 기쁨으로 서는 자가 되시기 바랍니다.

성도로서 사람들을 대하는 우리의 마음이 무관심 대신 사랑으로, 침묵 대신 기도로, 판단 대신 긍휼로 나타나길 소망합니다. 그리스도의 생명을 이 땅 가운데 드러내는 '살리는 자의 삶'을 감당하는 은혜가 우리 모두에게 넘치기를 소망합니다.

주님께서 우리의 걸음을 생명으로 인도하시고, 우리 눈물에 응답하시며, 우리의 침묵조차 기도로 받으시는 자비가 우리 모두에게 임하시기를 우리 주 예수 그리스도의 이름으로 축원합니다! 축원합니다! 축원합니다!

기도

하나님, 저는 살인자입니다. 죽어 마땅한 자임을 말씀을 통해서 깨닫게 해주셨사오니, 이제는 예수 그리스도의 이름으로 다시 서게 해주셔서 죽이는 자가 아니라 살리는 자가 되게 하여 주시옵소서. 주님, 나의 시선을 바꿔주시고 마음속에 있는 나의 의를 깨끗이 제거해 주시옵소서. 내가 주님 앞에 죄인임을 철저히 깨닫게 해주셔서 나 같은 죄인을 구원하러 이 땅에 오신 예수 그리스도를 바라보는 귀한 믿음을 주시옵소서.

우리의 삶과 영혼 가운데 참된 구원이 일어나게 하여 주셔서, 나 같은 죄인을 살리신 예수 그리스도를 따라 이제는 수많은 영혼들을 죄악 가운데서 구원하며 살리는 자로서의 사명을 예수 그리스도의 능력으로 감당하는 우리 모두가 되게 해주시옵소서. 감사드리며 우리를 죄악에서 구원해 주신 우리 주 예수 그리스도의 이름으로 간절히 기도드리옵나이다. 아멘.

Chapter 08

간음하지 말라

영적 간음을 하지 않은 자, 누구인가?
(제7계명과 일곱 번째 재앙)

출애굽기 9장 23-24절, 20장 14절

9:23-24 모세가 하늘을 향하여 지팡이를 들매 여호와께서 우
렛소리와 우박을 보내시고 불을 내려 땅에 달리게 하시니라 여
호와께서 우박을 애굽 땅에 내리시매 [24]우박이 내림과 불덩이
가 우박에 섞여 내림이 심히 맹렬하니 나라가 생긴 그때로부터
애굽 온 땅에는 그와 같은 일이 없었더라

20:14 간음하지 말라

인간은 사랑 없이는 절대 살아갈 수 없는 존재입니다. 그러나 그 사랑이 향하는 방향에 따라 우리의 영혼은 다시 살아나기도 하고 서서히 죽어 가기도 합니다.

사랑의 방향, 이것이 그렇게 중요합니다. 사랑은 생명을 일으킬 수도 있고, 마음 깊은 곳부터 완벽하게 무너뜨릴 수도 있습니다. 문제는 사랑 자체가 아니라 그 사랑이 누구를 향하고 있는가? 하는 것입니다. 어떤 사랑은 눈에 보이고 달콤하지만 어느새 한 영혼의 숨을 앗아가며 생명을 말라가게 만들어 버립니다. 반면 어떤 사랑은 어렵고 좁은 길처럼 느껴지지만 끝내 그 생명을 지켜냅니다.

그러므로 사랑은 단순한 감정이 아니라 영혼이 어디에 충성하고 있는지를 드러내는 선택입니다. 타락은 어느 날 갑자기 찾아오는 것이 아닙니다. 언제나 '이 정도쯤은 괜찮겠지'라는 작은 허용에서 비롯됩니다. 그 허용은 점점 익숙함으로 바뀌고, 익숙함은 우리의 경계를 완전히 흐트러뜨리고 맙니다. 그렇게 조용히 마음의 방향이 틀어지고, 충성은 어느새 다른 곳을 향하여 달려갑니다. 가장 두려운 배신은 외적인 행동이 아니라 내면의 질서가 무너질 때 일어납니다. 중심이 흔들리면 사람은 자기가 원하는 것을 위해 소중한 것을 포기할 준비를 하게 되는 것입니다. 감정이 진리를 밀어내고, 쾌락이 책임을 대신하며, 편안함이 우리가 지켜야 할 약속을 완벽하게 무너뜨립니다.

그러면서도 진리를 따르고 있다고 착각한 채 마음속으로 세상의 유혹을 간절히 붙잡고 살아간다면 그 사랑은 이미 기댈 곳이 어디에도 없는 배신의 사랑인 것입니다. 자신을 사랑한다고 믿지만 사실은 스스로를 무너뜨리는 길을 택하고 있는 우리의 모습들, 진실한 사랑이라 여겼지만 실상은 내 욕망을 채우기 위한 독에 불과했던 우리의 사랑을 한번쯤 뒤돌아봐야 합니다. 그런 사랑은 결국 마음을 깊은 허무에 빠뜨리고, 영혼은 방향을 잃은 채 방황하게 만듭니다.

지금 우리를 이끌고 있는 것은 무엇입니까? 우리가 진심으로 붙잡고 있는 대상은 누구입니까? 이 질문은 단지 도덕적 선택의 문제가 아니라 우리 존재의 중심이 어디에 있는지를 묻는 굉장히 중요한 문제입니다. 우리가 사랑이라는 이름 아래 무너질 것인지, 아니면 그 사랑 때문에 끝까지 이겨낼 것인지를 결정짓는 중요한 물음입니다.

태초에 인간은 사랑으로 지음 받았습니다. 하나님의 생명의 숨결로 창조된 인간은 창조주와의 온전한 관계 속에서 진정한 사랑을 배우며 자아를 깨닫고 타인을 바라보며 세상을 돌보는 존재로 부름을 받았습니다. 사랑은 인간 존재의 본질이었고, 동시에 살아가는 방향이었습니다. 하나님을 향한 사랑, 이웃을 향한 사랑, 그리고 그 모든 관계 안에서 거룩한 질서를 지키는 삶, 이것이 처음 우리가 지어진 창조 질서의 세계였습니다.

타락은 그 방향이 틀어지면서 시작되었습니다. 사랑은 여전히 우리 안에 있었지만, 이제 그 사랑은 창조주가 아닌 나 자신을 향했고, 세상의 것들과 욕망의 대상을 향해 기울기 시작했습니다. 더 이상 우리 사랑의 중심은 하나님이 아니었습니다. 인간은 스스로 보기에 좋은 것, 탐스럽고 지혜롭게 보이는 것을 향해 마음을 완벽하게 열었고, 그것은 단지 하나의 선택이 아니라 존재의 중심이 바뀌는 결정이었습니다.

그 순간부터 사랑은 왜곡되었습니다. 책임 없는 감정을 사랑이라고 부르고, 진리를 외면한 욕망이 자유와 사랑이라는 멋진 이름으로 둔갑하여 우리에게 다가옵니다. 우리의 마음은 창조주보다 피조물을 더 사랑하게 되었고, 진리보다 감정과 쾌락의 흐름에 더 휩쓸리게 되었습니다. 이것이 바로 인간 타락의 본질이며, 지금도 계속되는 우리 영혼의 붕괴입니다.

하나님 없이 사랑을 말할 수 있을까요? 우리는 절대 하나님 없이 사랑을 말할 수 없습니다. 그러나 미련한 인간은 이 진리를 믿으려고도 하지 않고 알려고 하지도 않습니다. 창조주와의 관계가 끊어진 그 자리에서 드러난 모습, 그것이 바로 '간음'이라는 것입니다. 구약의 선지자들이 하나님을 배반한 이스라엘 민족의 영적 행음에 대해 수없이 경고하고 있는 바와 같습니다. 이는 단지 육체의 타락이 아니라 하나님을 향해야 할 충성과 사랑이 다른 대상을 향해 드러나는 내면의 붕괴입니다. 그때 인간은 본질을 잃고 관계는 무너지며, 존재는 흔들리기 시작합니다.

하나님 없는 사랑, 그것을 믿을 수 있습니까? 진짜 문제는 사랑하지 않는 것이 아니라, 잘못 사랑한다는 것입니다. 인간은 처음부터 사랑 없이는 살 수 없도록 지어졌기에 사랑의 방향이 어그러지는 순간, 타락은 이미 시작된 것입니다. 그 잘못된 사랑은 결국 자기를 파괴하고 이웃을 상하게 하며 부부간의 관계, 하나님과의 관계를 단절시키는 것입니다. 이것이 에덴에서 시작된 인간의 붕괴이며, 지금도 우리의 일상 속에서 반복되고 있는 사랑의 비극임을 빨리 깨달아야 진정한 사랑을 할 수 있는 것입니다.

오늘 본문인 출애굽기 9장은 하나님께서 애굽에 내리신 열 가지 재앙 가운데 일곱 번째 재앙, 곧 '우박 재앙'에 대한 기록입니다. 이 재앙은 단순한 기상 이변이나 자연의 격렬한 반응이 아닙니다. 그것은 애굽의 신들을 무력화시키고 이스라엘 백성들을 구원하시려는 하나님의 주권적인 역사이며, 하나님의 공의와 거룩한 분노가 자연을 통해 드러난 결정적 사건이었습니다. 출애굽기 9장 23절입니다.

> 모세가 하늘을 향하여 지팡이를 들매 여호와께서 우렛소리와 우박을 보내시고 불을 내려 땅에 달리게 하시니라 여호와께서 우박을 애굽 땅에 내리시매.

모세가 하늘을 향해 지팡이를 들자 우박과 불이 쏟아져 내렸다는 것입니다. 이것은 단순한 기적의 묘사가 아닙니다. 모세가 하늘을 향해 지팡이를 든 행위는 하나님의 명령에 순종하여 그분의 권세와 통치를 선포하는 예언적 행동이었습니다. 그 손은 단지 모세의 손이 아니라 하나님의 공의를 대신 들어 올리는 중보자의 손이었습니다. 그리고 하나님은 응답하셨습니다. 그 응답은 애굽의 질서와 권위를 무너뜨리는 준엄한 심판이었습니다.

특히 "우박과 불이 함께 떨어졌다"는 표현은 자연의 법칙으로는 도저히 설명할 수 없는 초자연적 심판을 암시하고 있습니다. 불은 번개일 수 있지만 그것을 "땅에 달리게 하셨다"는 말씀은, 그것이 단순한 천둥 번개의 현상이 아니라 하나님의 거룩한 분노가 하늘에서 땅으로 쏟아졌다는 선언입니다. 그것은 무너진 질서에 대한 하나님의 응징이며 타락한 문명에 대한 하늘의 판결이었습니다. 출애굽기 9장 24절에서는 이렇게 말하고 있습니다.

> 우박이 내림과 불덩이가 우박에 섞여 내림이 심히 맹렬하니 나라가 생긴 그때로부터 애굽 온 땅에는 그와 같은 일이 없었더라.

이 맹렬함은 단순한 자연 현상의 격렬함이 아닙니다. 그것은 하나님의 인내가 한계에 다다랐을 때 임하는 거룩한 심판의 무게입니다. 애굽은 고대문명의 중심지였고 스스로를 지혜롭다 여겼던 강대국이었습니다. 그러나 하나님이 손을 드시는 순간, 그들의 지혜도, 그들의 힘도, 그들이 섬기던 신들도 모두 무력해졌습니다. 그날 하늘로부터 쏟아진 우박과 불은 인간 문명의 교만을 무너뜨리는 하나님의 심판이었습니다.

이처럼 출애굽기 9장의 일곱 번째 재앙은 하나님께서 우박과 불을 통해 인간의 타락과 불순종을 심판하신 사건이며, 하나님이 아닌 것을 섬긴 자들에게 임하는 거룩한 분노의 상징이었습니다.

그리고 또 다른 본문 출애굽기 20장 14절의 십계명의 일곱 번째 계명, 이것은 하나님의 거룩한 질서를 지켜내기 위한 언약의 울타리입니다. "간음하지 말라"는 계명은 단지 부부간의 정절만을 이야기하는 것이 아닙니다. 이것은 하나님과의 언약, 곧 창조 질서에 주어진 사랑의 관계를 무너뜨리지 말라는 하나님의 탄식이자 준엄한 명령입니다. 하나님은 사랑의 하나님이신(요일 4:8) 동시에 질서의 하나님이시며, 그분이 세우신 관계의 경계를 넘는 행위는 곧 하나님 자신을 배반하는 것입니다.

간음은 언약의 파기입니다. 그 시작은 언제나 감정의 불순종에서 비롯되고, 그 끝은 공동체 전체를 병들게 합니다. 출애굽기에서 우박과 불이 애굽을 삼킨 것처럼, 간음의 죄도 눈에 보이지 않는 마음의 불씨로 시작하여 결국 인생 전체를 불태우는 무서운 결과를 낳습니다.

그런데 우리는 여기서 심각한 한 가지 질문을 마주하게 됩니다. 오늘날 우리는 여전히 스스로를 신앙인이라 부르며 살아가지만 과연 우리의 사랑은 누구를 향해 가고 있습니까? 우리의 사랑이 하나님을 향해 가고 있습니까? 혹 감정을 진리보다 앞세우고 있지는 않은지 뒤돌아보십시오. 관계를 욕망의 수단으로 전락시키고 하나님이 지으신 질서를 외면한 채 나 자신만을 위하여 살아가고 있지는 않은지 한번 뒤돌아보시기 바랍니다. 겉으로는 경건을 말하지만 마음 깊은 곳에는 이미 다른 사랑을 품고 있지는 않습니까? 우리는 우리 자신보다 하나님을 더 사랑한다고 자신 있게 말할 수 있습니까? 우리의 자녀보다, 우리가 원하는 돈보다, 우리가 원하는 세상의 명예와 모든 소망보다 하나님을 더 사랑한다고 말할 수 있습니까? 겉으로는 경건을 말하고 예수 그리스도를 사랑한다고 말하면서도 마음 깊은 곳에서는 이미 다른 사랑을 품고 있다면, 그것이야말로 하나님 앞에 드러나는 가장 심각한 배신이며 영적 간음이라는 것입니다.

그럴 때 하나님은 다시 묻습니다. "너는 지금 누구를 사랑하고 있느냐?" 그 질문 앞에 우리는 더 이상 숨을 곳이 없습니다. 우박보다도 날카롭고 불보다도 뜨거운 그 질문에 우리는 진실로 응답해야 합니다.

하나님께서 우박과 불로 애굽을 치셨을 때 그것이 단지 애굽의 정치적 억압을 향한 분노였겠습니까? 아닙니다. 그것은 하나님이 아닌 것을 더 사랑한 자들에 대한 거룩한 심판이었습니다. 그 땅에 내려진 불과 우박은 창조 질서와 언약을 무시한 자들, 즉 피조물로서 스스로 주인 되려 한 인간의 교만에 대한 응답이었습니다. 그 심판은 오늘 우리의 삶에서도 여전히 유효합니다. 예수님께서 마태복음 5장 27-28절에서 말씀하십니다.

> 또 간음하지 말라 하였다는 것을 너희가 들었으나 나는 너희에게 이르노니 음욕을 품고 여자를 보는 자마다 마음에 이미 간음하였느니라.

예수님께서는 십계명의 문자 너머 우리 마음의 중심을 보고 계십니다. 겉으로는 '나는 간음한 적이 없다'고 말하지만 실제로는 욕망이 하나님보다 앞서고, 감정이 진리보다 더 중요하며, 편안함이 거룩함을 대신할 때, 우리 마음은 이미 간음한 것이며 언약을 깨뜨린 것입니다. 여기서 간음은 단지 성적인 타락만을 뜻하지 않습니다. 야고보서 4장 4절은 이렇게 선언하고 있습니다.

> 간음한 여인들아 세상과 벗 된 것이 하나님과 원수 됨을 알지 못하느냐 그런즉 누구든지 세상과 벗이 되고자 하는 자는 스스로 하나님과

원수 되는 것이니라.

야고보는 이 구절에서 성도들을 '간음한 여인들'이라고 부르고 있습니다. 이는 문자적 성적 부정행위를 말하는 것이 아니라, 하나님과 맺은 언약을 배신하고 세상을 더 사랑한 영적 간음의 상태를 고발하는 예언자적 언어입니다. 이 말은 호세아서, 에스겔 16장, 출애굽기의 우박 재앙, 고린도후서 11장과 맞닿아 있습니다. 즉, 하나님의 신부로 부름 받은 우리가 신랑 되신 예수 그리스도를 만나 사랑을 나누는 것이 아니라 오히려 그 예수 그리스도를 떠나 세상과 벗 되는 순간, 우리는 더 이상 그분의 신부가 아니라 원수가 된다는 말씀입니다. 참으로 끔찍하지 않습니까?

여기서 '세상과 벗 된 것'은 단순한 문화적 친화나 삶의 편의를 말하는 것이 아닙니다. 이것은 하나님보다 세상의 가치, 돈, 명예, 성공, 쾌락, 인정, 자기중심적 만족을 더 사랑하고 의지하는 영적 간음을 말합니다. 영적 간음, 이것이 바로 우리가 매일 직면하고 있는 문제입니다. 세상을 더 사랑하고, 말씀보다 나의 감정을 더 따르며, 하나님을 말하지만 하나님이 아닌 것을 붙들고 있는 우리의 모습, 그러면서도 뻔뻔하게 '나는 하나님을 잘 믿고 있다'며 신실한 척 행세하는 우리의 영적 타락 상태, 우리의 이러한 모습을 하나님께서는 어떻게 바라보실까요? 우리를 향한 하나님의 반응은 본래 심판이어야 마땅합니다. 그러나 놀라운 복음은 그 심판을 우리 대신 예수 그리스도께서 친히 받으셨다는 것입니다. 고린도후서 5장 21절 말씀입니다.

하나님이 죄를 알지도 못하신 이를 우리를 대신하여 죄로 삼으신 것은 우리로 하여금 그 안에서 하나님의 의가 되게 하려 하심이라.

이 말씀을 읽을 때 마음이 떨리지 않습니까? 흥분되지 않습니까? 고개를 못 들 정도로 하나님께 죄송하지 않습니까? 십자가는 바로 그 심판이 떨어진 자리입니다. 간음한 세상, 배신한 인류, 무너진 마음을 향한 하나님의 공의가 불과 같이 떨어졌지만, 그 불을 대신 맞으신 분이 예수 그리스도이시라는 것입니다. 내가 받아야 할 그 진노를 대신 받으신 분이 예수 그리스도이십니다. 예수님은 죄가 없으셨지만 우리 죄를 짊어지셔서 심판의 대상이 되셨습니다. 우리 대신 하나님의 진노를 온전히 감당하신 것입니다.

오늘 우리가 마주한 제7계명 "간음하지 말라"는 말씀은 단지 육체적 죄를 막기 위한 도덕률이 아닙니다. 이 말씀은 예수님과 우리 사이에 맺어진 거룩한 언약, 그 사랑의 언약을 끝까지 지켜내라는, 우리의 신랑 되시는 예수 그리스도의 절절한 부르짖음입니다. 성경은 반복해서 간음을 언약을 배신한 행위로 묘사합니다. 하나님은 호세아 선지자에게 음란한 여인을 다시 품으라고 명령하십니다. 이것은 무엇을 의미하는 것일까요? 그 말씀은 단지 한 선지자에게 주어진 사명이 아니라, 하나님께서 간음한 우리를 여전히 사랑하신다는, 간음한 우리를 신부로 맞이하겠다는 깊고도 끈질긴 우리를 향한 사랑의 메시지입니다. 호세아 선지자의 음란한 아내 고멜은 하나님의 사랑을 저버린 오늘 우리 자신의 모습이기도 합니다. 호세아

4장 12절은 이렇게 증언합니다.

> 이는 그들이 음란한 마음에 미혹되어 하나님을 버리고 음행하였음이니라.

간음은 행위 이전에 마음에서 시작됩니다. 마음이 하나님을 떠났을 때, 나의 마음이 하나님 행세를 할 때, 말씀보다 감정이 앞설 때, 진리보다 내 기분과 만족을 좇을 때 우리는 이미 영적 간음의 길에 들어선 것입니다. 예수님은 요한복음 8장에서 간음하다 잡힌 여인에게 이렇게 말씀하십니다. "나도 너를 정죄하지 아니하노니 가서 다시는 죄를 범하지 말라"(요 8:11). 이것이 은혜입니다. 정죄 대신 자비를 주시고, 심판 대신 기회를 주시며 포기하지 않으시는 하나님의 사랑입니다.

출애굽기 9장에서 하나님께서는 애굽에 우박과 불을 쏟으셨습니다. 그것은 단순한 자연 재해가 아니라 하나님의 언약을 거절한 자들에 대한 거룩한 진노였습니다.

왜 우박과 불이 애굽에 떨어졌습니까? 애굽이 하나님의 백성, 하나님의 신부 된 이스라엘을 짓밟았기 때문입니다. 애굽이 하나님의 신부 된 이스라엘을 짓밟았기에 하나님이 그들을 향해 심판의 우박과 불을 내리신 것입니다. 이 심판의 메시지는 에스겔 16장에서 더욱 뚜렷하게 나타납니다. 하나님은 이스라엘을 사랑하시고 신부로 삼아 왕의 자리에 세우셨지만, 그들은 주님의 사랑을 저버리고 우상과 음란에 빠져들었습니다. 에스겔 16장 37-38절 말씀입니다.

내가 너의 즐거워하는 정든 자와 사랑하던 모든 자와 미워하던 모든 자를 모으되 사방에서 모아 너를 대적하게 할 것이요 또 네 벗은 몸을 그 앞에 드러내 그들이 그것을 다 보게 할 것이며 내가 또 간음하고 사람의 피를 흘리는 여인을 심판함같이 너를 심판하여 진노의 피와 질투의 피를 네게 돌리고.

에스겔 16장은 우리를 하나님의 신부로 비유하면서, 언약을 깨뜨린 신부를 향한 하나님의 진노와 심판을 말하고 있습니다. 하나님은 그 신부에게 사랑을 쏟아부으셨고, 아름다움으로 단장시키셨으며, 왕의 자리에 세우셨습니다. 하지만 그 신부는 주님의 사랑을 잊고 다른 남자들을 찾아 정욕에 몸을 던졌습니다. 이것은 육체적인 간음이 아니라 영적 간음, 곧 하나님과의 언약을 깨뜨린 배신의 죄였습니다. 바로 이것이 십계명의 제7계명 "간음하지 말라"에 담긴 핵심입니다. 하나님은 단지 부부간의 정절만을 말씀하신 것이 아니라 자신과 맺은 언약의 사랑을 지켜내기를 요구하신 것입니다. 그런데 이스라엘은 그 언약을 가볍게 여기고 우상과 이방 문화 그리고 세상의 즐거움을 정든 자처럼 끌어안고 사랑하며 살았습니다.

38절의 '진노의 피'와 '질투의 피'는 단순한 감정적 분노가 아니라, 하나님과의 언약을 파기한 자에게 반드시 부어지는 거룩하고도 무서운 공의의 심판을 의미합니다. 그것은 단지 외적인 타락에 대한 응징이 아니라, 하나님과의 언약을 배신한 자에 대한 거룩한 분노요 심판입니다.

결국 에스겔 16장의 심판도, 출애굽기의 재앙도, 십계명의 제7계명도 모두 하나님의 사랑을 어떻게 질서와 언약 안에서만 온전히 누릴 수 있는가를 가르쳐 주는 것입니다. 그 심판의 메시지를 이어받아 사도 바울은 신약의 고린도 교회에 같은 경고를 전하고 있습니다. 고린도후서 11장 2-3절 말씀입니다.

> 내가 하나님의 열심으로 너희를 위하여 열심을 내노니 내가 너희를 정결한 처녀로 한 남편인 그리스도께 드리려고 중매함이로다 그러나 나는 뱀이 그 간계로 하와를 미혹한 것같이 너희 마음이 그리스도를 향하는 진실함과 깨끗함에서 떠나 부패할까 두려워하노라.

이 말씀에서 사도 바울은 자신을 신랑과 신부를 연결하는 중매자로 비유합니다. 하나님과 성도를 연결하는 중매자인 그는 교회를 정결한 처녀, 곧 그리스도의 신부로 세우기 위해 하나님을 열심으로 섬기고 성도들에게 훈계하며 눈물로 경고합니다. 하지만 그 열심 가운데 있는 바울의 두려움은 이것입니다. 하와가 뱀에게 미혹당한 것처럼 고린도 교회의 성도들도 그리스도를 향하는 진실함과 정결함을 잃어버릴까 염려가 된다는 것입니다.

여기서 바울이 말하는 '정결한 처녀' '한 남편' '중매' '미혹'이라는 표현들은 단지 신학적 상징이 아니라, 창세기부터 출애굽기, 예언서와 복음서에 이르기까지 성경 전체에 흐르는 하나님의 사랑의 언약을 보여 주는 핵심 개념입니다. 이 말씀은 제7계명 "간음하지 말라"와 직접 연결됩니다. 바울은 여기서 성적 간음을 말하는 것이 아니라 영적 간음, 곧 하나님보다 다른 것을 사랑하고, 진리보다 세상의 철학과 감정을 따르며, 그리스도 한 분 외에 다른 것을 마음에 품는 것을 경고하고 있습니다. 마치 출애굽기의 애굽이 하나님의 신부를 더럽힌 대가로 우박과 불의 심판을 받은 것처럼, 또 하와가 하나님보다 뱀의 말을 믿은 결과로 생명을 잃은 것처럼, 오늘 우리도 우리 마음의 중심이 주님을 떠날 때 정결을 잃고 결국 언약의 자리에서 심판의 자리로 전락할 수 있음을 말씀하시는 것입니다. 참으로 두렵지 않습니까?

우리는 외적으로는 거룩한 신앙의 옷을 입고 멋지게 신앙생활하며 살아가고 있는 것처럼 보이지만, 내면의 사랑은 철저하게 세상 것을 향하고 있지 않습니까? 하나님보다 세상의 시스템을 더 의지하고, 말씀보다 나의 기분과 상황을 더 따르고, 진리보다 내 판단을 더 신뢰하고 있다면 그것은 심각한 영적 간음입니다. 그러나 이 시간 우리 위에 쏟아지는 것은 더 이상 우박이 아니라 우리의 더러움을 씻어 주는 은혜의 단비입니다.

구원이란, 간음한 마음으로 언약을 저버린 우리를 향해 하나님께서 여전히 '내 신부'라 부르시는 사랑입니다. 우리가 하나님보다 세상을 더 사랑하고, 말씀보다 감정을 따르며 진리를 외면한 그 순간에도 우리를 정죄하지 않으시고 그 심판을 예수 그리스도의 몸 위에 쏟으신 하나님의 은혜입니다.

또 구원이란, 우박과 불처럼 쏟아져야 할 하나님의 진노를 예수님께서 십자가에서 우리 대신 받으심으로 우리가 다시 정결한 신부로 회복되는 기적입니다.

오늘 말씀을 통해 드러나는 하나님 아버지의 마음은 배신당하고도 여전히 사랑하는 신랑의 마음입니다. 하나님은 우리를 단지 피조물로만 보지 않으셨습니다. 우리를 신부로 삼으셨고, 언약을 맺으셨으며, 그 언약의 관계 안에서 충성과 정결함을 요구하셨습니다. 그러나 우리는 끊임없이 세상을 더 사랑하고, 감정과 욕망을 따르며, 하나님을 뒤로 밀어두는 영적 간음의 길을 걸어왔습니다. 그때마다 하나님은 우리를 향해 진노하시되, 단지 파괴하기 위해서가 아니라 돌아오도록 하기 위해 진노하셨습니다.

출애굽기의 우박과 불은 단지 심판이 아닌 돌이킴을 위한 외침이었습니다. "너는 내 것이다. 나 외에 다른 사랑을 좇지 말라." 그 불같은 음성 안에는 질투하시는 하나님의 사랑이 담겨 있습니다. 그 사랑은 우리를 사랑하시기 때문에 쉽게 포기할 수 없는 아버지의 마음입니다. 그리고 하나님은 그 진노를 자신의 아들에게 쏟으셨습니다. 우리가 받아야 할 불과 우박, 그 심판을 예수 그리스도의 몸에 대신 내리심으로, 죄인을 향한 하나님의 사랑이 얼마나 깊은지를 온 세상과 우리에게 똑똑히 보여 주셨습니다.

성도란, 하나님의 사랑에 정결함으로 응답하는 신부 된 자들입니다. 단지 도덕적으로 바르게 사는 사람이 아니라, 하나님과의 언약을 지키기 위해 세상의 유혹과 싸우며 사랑의 방향을 끝까지 하나님께로 향하게 하는 이들이 바로 성도입니다.

또 성도란, 세상을 더 사랑했던 마음에서 돌이켜, 자신을 위해 우박과 불 같은 심판을 대신 받으신 예수 그리스도만 바라보며 날마다 그 은혜 앞에 엎드리는 사람입니다.

오늘 말씀 앞에서 우리는 절절히 깨달아야 합니다. 간음은 단지 한순간의 실수나 육체로 범하는 성적인 죄만이 아닙니다. 하나님보다 세상을 더 사랑하고, 주님보다 나의 감정을 더 따르며, 진리를 외면하고 내 뜻을 앞세운 그 모든 순간, 우리는 하나님의 신부로서 언약을 배신하고 영적 간음을 하고 있는 것입니다. 그것은 하나님보다 다른 것을 더 사랑하는, 마음의 방향 자체가 무너진 것을 말합니다. 이는 곧 관계의 파괴로, 언약의 배신으로, 신앙의 탈선으로 이어집니다. 하나님은 그 배신을 결코 가볍게 여기지 않으십니다. 그분의 사랑이 깊은 만큼 그 사랑을 짓밟을 때 임하는 진노와 질투 또한 무섭습니다. 그것은 절대 변덕스러운 분노가 아니라, 신부 된 우리를 끝까지 지키시려는 거룩한 열정이며 무너진 언약을 회복시키려는 하나님의 아파하는 사랑입니다.

그런데 놀라운 것은 그 하나님이 간음한 우리를 여전히 사랑하신다는 것입니다. 우박과 불 대신 은혜와 보혈로 우리를 깨끗하게 씻으시며 지금도 다시 품으려 손을 내미신다는 것입니다. 그 사랑 앞에서 우리는 더 이상 고개를 돌려서는 안 됩니다. 이제는 돌이켜야 할 때입니다. 무너졌던 사랑을 다시 회복하고 흐려진 시선을 말씀 앞에 다시 고정하여, 우리 마음 깊은 곳을 차지하고 있는 그 어떤 다른 것들을 내려놓아야 할 때입니다. 그리고 그 자리를 예수 그리스도로 채워야 합니다. 그때 우리는 더 이상 심판 아래 있는 자가 아니라 십자가 은혜 아래 살아가는 정결한 신부로 다시 세워질 것입니다.

우리는 지금 주님의 정결한 신부로 살아가고 있습니까? 우리의 마음은 지금도 그리스도 한 분에게로만 온전히 향하고 있습니까? 혹 어느새 뱀의 간계에 미혹되어 달콤해 보이지만 본질은 독이 든 사랑을 우리 영혼에 품고 있지는 않습니까?

바울이 품었던 그 두려움이 오늘 우리의 영적 경계심이 되어야 합니다. 진실함과 정결함에서 떠나 있었던 마음을 이 시간 다시 주님께로 돌이켜야 합니다. 그것이 참된 회개이며, 정결함으로 돌아가는 유일한 은혜의 길입니다. 신랑 되신 예수님은 지금도 간절히 우리를 부르시며 기다리고 계십니다. 우리의 정절이 회복되기를, 식어버린 사랑이 다시 뜨거워지기를, 흐트러진 시선이 다시 그분께로 향하기를 바라며 오늘도 조용히, 그러나 끊임없이 우리를 부르고 계십니다. 우리는 더 이상 애굽의 편안함에 길들여진 그 자리에 머물러 있어서는 안 됩니다. 하와처럼 미혹된 채, 진리를 놓쳐 버린 채 살아가서는 안 됩니다. 예수께서는 우리가 정결하지 못한 호세아의 신부처럼 수치를 당하며 버려진 사랑을 안고 살아가는 인생으로 남아 있기를 절대 원치 않으십니다.

이제는 그 죄악 된 자리에서 나와야 합니다. 그리고 돌아서야 합니다. 무너졌다면 다시 세움을 받고, 더럽혀졌다면 다시 씻음을 받고, 흩어졌다면 다시 주님의 손에 붙들려야 합니다. 오직 그리스도께 드려지는 정결한 신부로, 한 분만을 사랑하는 백성으로, 그 사랑을 끝까지 지키는 거룩한 교회로, 이제 우리 모두가 다시 회복되기를 소망합니다. 지금이 바로 회개의 시간입니다. 지금이야말로 정결함으로 돌아가는 은혜의 때입니다. 우리 모두 회개합시다. 하나님을 잘 믿는다고 거짓말하지 말고 내가 바로 하나님을 저버린 배은망덕한 간음자라고 철저히 회개하시기를 바랍니다.

세상이 사랑이라 부르는 수많은 것들이 결국 우리를 배신하고 우리를 버리며 우리를 소진시킬 때 우리는 마침내 진짜 사랑의 이름을 부르게 되어 있습니다. 그 이름은 바로 예수입니다. 그분은 배신당해도 포기하지 않으시고 끝까지 우리를 기다리시는 신랑 되시는 우리의 구주이십니다. 우리의 타락과 정욕과 불순종 속에서도 한 번도 등을 돌리지 않으시고 오늘도 부드럽고 강한 음성으로 우리에게 말씀하고 계십니다. "내게 돌아오라. 나는 너를 끝까지 사랑하는 신랑이다."

주님은 우리가 시험 당할 때도 지켜 주시고, 실망에 무너질 때도 조용히 우리의 어깨를 감싸 안아주십니다. 어둠 속에서 길을 잃은 날에도, 슬피 울며 좌절하는 날에도 빛이 되어 우리 앞을 비추시는 주님, 홀로 주저앉은 밤에 말없이 내 옆에 앉아 위로해 주시는 주님을 우리는 바라보아야 합니다. 주님만이 내 힘이시고 노래시며, 나를 살게 하시는 분이십니다.

이제 우리 모두가 그 십자가 아래에서 다시 서기를 원합니다. 무너진 언약의 폐허에 복음의 불을 피우고, 상처 입은 마음에 신랑의 사랑을 다시 새기며, 우박처럼 차가운 우리의 영혼 위에 은혜의 단비를 구하며 나아갑시다. 이제 그 고백 위에 담대히 축복을 선언합시다. 주 예수 그리스도의 은혜가 우리의 마음을 날마다 지키시고,

우리의 사랑을 순결하게 하시며, 우리의 삶을 언약 안에서 끝까지 붙들어 주시기를 간절히 구합시다. 주님 외에 다른 사랑을 품지 않는 한결 같은 신부의 마음을 우리 모두에게 허락하시고, 그분의 이름만으로 숨 쉬고 노래하고 살아가는 거룩한 백성, 정결한 교회로 우리를 세우시기를 간절히 기도합시다.

우리의 중심이 하나님을 향해 곧게 뻗어 나가기를 축복합니다. 사랑의 방향이 세상이 아닌 주님께로 분명하게 고정되기를 소망합니다. 수많은 유혹 앞에서도 정결함을 선택할 수 있는 은혜와 능력이 우리의 삶을 날마다 붙들어 주시기를 소망합니다. 주님께서 우리의 지친 심령을 위로하시고, 깨어진 언약을 회복하시며, 흩어진 사랑을 모아 그리스도의 신부로 정결하게 세워 주시기를 간구합니다. 말씀보다 감정이 앞서지 않도록, 욕망보다 진리가 이기도록, 두려움보다 언약의 사랑이 더 깊이 뿌리내리도록 하나님의 복된 손길이 우리를 이끄시기를 주 예수 그리스도의 이름으로 축복합니다.

주님의 사랑 안에서 살아 숨 쉬는 신부로 거룩한 충성과 사랑의 길을 걷는 복이 우리 모두에게 임하시기를 우리 주 예수 그리스도의 이름으로 축원합니다! 축원합니다! 축원합니다!

기도

하나님, 오늘 말씀을 통하여 우리의 신랑 되시는 예수 그리스도의 절절한 사랑의 노래를 들었습니다. 이제는 영적 간음자의 자리에서 돌이켜 주님을 진정으로 사랑하게 해주시옵소서.

주님을 사랑하는 것이 무엇인지조차 모르며 살아온 수많은 예배의 순간들이 있었음을 고백합니다. 주님의 사랑을 모르는 것이 아니라 그 사랑을 훔쳐서 내가 하나님인 양 외치고, 나는 죄 없이 거룩한 자로 살아왔다고 자랑하며 철저히 죄악 가운데 무너졌던 나를 우박과 불로 심판하지 아니하시고 은혜의 단비로 적셔 주시니 감사합니다.

나의 모든 죄를 씻어 주시는 예수님, 이 세상의 모든 세제(洗劑)를 다 동원해 씻으려 해도 씻겨지지 않는 나의 죄를 예수 그리스도의 십자가 보혈로 씻어 주신 그 은혜와 사랑을 이제는 깨닫게 해주시옵소서.

주님, 영적 간음자로 철저히 망가져 버린 죄악 된 사람이 여기 서 있사오니 용서해 주시옵소서. 이제는 주님의 정결한 신부로서 살아갈 수 있도록 성령님께서 우리의 영혼 가운데 함께해 주셔서 오직 예수님만을 사랑하며 예수 그리스도의 십자가 앞에 무릎 꿇고 내가 죄인임을 고백하게 도와주시옵소서. 나 같은 죄인을 구원해 주신 예수님만을 사랑하겠노라고 결단하며 나아가는 우리 모두가 되게 해주시옵소서. 우리를 죄악에서 구원해 주신 우리 주 예수 그리스도의 이름으로 간절히 기도드리옵나이다. 아멘.

Chapter 09

도둑질하지 말라

나는 도둑질하지 않았는가?
(제8계명과 여덟 번째 재앙)

출애굽기 10장 12-15절, 20장 15절

10:12-15 여호와께서 모세에게 이르시되 애굽 땅 위에 네 손
을 내밀어 메뚜기를 애굽 땅에 올라오게 하여 우박에 상하지
아니한 밭의 모든 채소를 먹게 하라 [13]모세가 애굽 땅 위에 그
지팡이를 들매 여호와께서 동풍을 일으켜 온 낮과 온 밤에 불
게 하시니 아침이 되매 동풍이 메뚜기를 불어 들인지라 [14]메뚜
기가 애굽 온 땅에 이르러 그 사방에 내리매 그 피해가 심하니
이런 메뚜기는 전에도 없었고 후에도 없을 것이라 [15]메뚜기가
온 땅을 덮어 땅이 어둡게 되었으며 메뚜기가 우박에 상하지
아니한 밭의 채소와 나무 열매를 다 먹었으므로 애굽 온 땅에
서 나무나 밭의 채소나 푸른 것은 남지 아니하였더라

20:15 도둑질하지 말라

우리는 인생을 살아가면서 내가 무엇을 가져야 하는지, 무엇을 소유하며 살아야 인정받는지, 어디까지 올라가야 모든 사람들에게 존경받고 의미가 있다고 여겨지는지를 끊임없이 계산합니다.

그래서 어느 순간, 소유하는 것이 곧 존재의 증명처럼 여겨지고, 지키는 것보다 빼앗는 일이 성공하는 훨씬 빠른 길처럼 느껴지게 됩니다. 그렇게 우리는 남의 것을 탐하게 되고, 경계가 선명해질수록 더 자극적으로 느끼며, 끝내는 신의 옷자락까지 내 손에 넣고 그것을 입으려는 존재로 타락하고 맙니다.

허락된 것에 머물기보다는 금지된 것에 더 마음이 기울고, 맡겨진 사명보다는 허락되지 않은 다른 권위에 시선과 마음이 이끌리는 우리의 모습들. 창조주의 자리를 흉내 내는 것으로 스스로 결핍을 감추려 하는 우리의 모습들. 그렇게 우리는 내 것이 아닌 것을 내 삶의 얼굴에 걸고 잘난 척하며 살아갑니다.

우리는 어느새 남의 영광을 내 것으로 삼고, 하나님의 질서를 흔들며 하나님께서 주관하시는 생명의 영역까지 침범하면서 영원히 살 것처럼 아주 오만하게 살아갑니다. 그러나 더 두려운 것은, 그 손이 무엇을 훔쳤는지조차 더 이상 느끼지 못한다는 사실입니다. 내가 무엇을 훔쳤고, 무엇을 빼앗았는지도 모르는 그저 단세포로 살아가는 우리의 모습들. 남의 손에 들린 것이 빛나 보이고 멋져 보이면 그것이 누구의 것이든 더 이상 묻지 않고 그것을 빼앗으려는 우리의 마음. 이렇게 우리 인간은 남의 것을 탐하는 무서운 죄성을 가지고 있습니다.

태초의 인간은 하나님의 숨결로 지어진 존재였습니다. 흙으로 빚어진 육체에 하나님께서 자신의 생기를 불어 넣어 주셨습니다. 인간은 단순한 피조물이 아니라 하나님의 형상으로 지음 받은 고귀한 존재로 아주 멋지게 살았습니다. 처음 지음 받은 아담과 하와는 피조물이었지만 그 이마에 광휘가 머물렀고, 그 손으로 땅을 경작하고 생명을 돌보며 창조의 일부를 이어가는 존귀한 사명이 그들에게 주어져 있었습니다. 그들은 하나님과 함께 걷는 존재였습니다.

그러나 인간은 주어진 풍요와 아름다움으로 만족하지 못했습니다. 허락된 수많은 열매가 있는데도 단 하나의 금지된 선악과를 따먹고 싶은 마음에 끝내 그것을 향해 손을 뻗었습니다. 그 손은 단지 금지된 하나의 열매를 따먹은 것이 아닙니다. 그것은 창조의 순서를 거스르고 자신의 자리를 바꾸려는 존재의 반역이었습니다. 그 순간, 하나님께 대한 순종은 의심으로 바뀌고, 경외감은 욕망으로 바뀌었습니다. 그들에게서 창조주 하나님께 대한 감사는 사라졌습니다. 그들은 더 이상 위로부터 주어진 빛에 만족하지 않았고 스스로 빛이 되기를 원했습니다. 그들은 자신들의 손으로 허락되지 않은 선악을 분별하는 지식을 훔치고 창조의 질서를 흔들었으며, 하나님의 영광을 소유하려 했습니다. 이것이 바로 타락의 본질입니다. 자신의 한계를 넘어 하나님의 옷을 훔쳐 입으려는 교만한 손, 모든 파괴는 거기서부터 시작된 것입니다.

그 후에도 인간은 멈추지 않습니다. 스스로 주인이 되려는 싸움, 경계를 넘어서는 손짓, 그 처음의 반역은 지금까지도 계속되고 있습니다. 우리의 손이 그 반역이라는 것에 붙들려 있다는 것입니다. 우리는 여전히 무엇이 내 몫이 아닌지조차 구별하지 못한 채, 빛나는 것이라면 그저 아무 이유 없이 내 것으로 만들려는 욕심을 가지고 살아갑니다.

오늘 본문 출애굽기 10장 14-15절 말씀은 애굽 땅에 쏟아지는 하나님의 심판이 절정으로 향하는 장면입니다. 그 가운데 여덟 번째 재앙, 곧 메뚜기의 재앙은 단순한 자연 재해가 아닙니다. 이 재앙은 하나님의 공의와 창조의 구별을 침범한 제국의 탐욕에 대한 하늘의 응답이자 경고입니다.

출애굽기의 전반부는 단순히 고대 하나님 백성의 탈출 서사가 아닙니다. 그것은 하나님의 백성을 향한 구속의 이야기인 동시에, 애굽이라는 세속 제국이 어떻게 하나님의 통치를 거스르고 그분의 백성과 생명의 몫을 도둑질했는지를 똑똑히 보여 주는 사건의 기록입니다.

애굽은 히브리 백성들의 시간과 몸과 생명을 빼앗아갔습니다. 그들을 노예로 삼아 노동력을 수탈하고 생존의 권리를 박탈하였습니다. 그들이 뿌린 씨와 땀으로 자란 결실은 애굽의 창고로 들어갔고, 하나님이 정하신 공의와 경계는 철저히 무시했습니다. 이것은 단지 정치적 억압의 문제가 아니라, 하나님께서 맡기신 생명의 몫과 권리를 침탈한 죄, 곧 도둑질이라는 죄였습니다.

애굽은 피조물의 자리에서 만족하지 않고 하나님의 자리를 탐한 제국의 상징입니다. 인간의 손으로 경계를 허물었기에 이에 하나님께서도 드디어 그들에게 손을 대셨습니다. 그 말씀이 오늘 본문 출애굽기 10장 12절입니다.

> 여호와께서 모세에게 이르시되 애굽 땅 위에 네 손을 내밀어 메뚜기를 애굽 땅에 올라오게 하여 우박에 상하지 아니한 밭의 모든 채소를 먹게 하라.

하나님께서 모세에게 손을 내밀라고 명하신 이 장면은 단순한 자연 재앙의 촉발이 아닙니다. 이것은 탐욕으로 움직인 인간의 손에 대한 하나님의 응답, 곧 공의의 손이 역사 위에 펼쳐지는 순간입니다. 이어서 출애굽기 10장 14절은 이렇게 말하고 있습니다.

> 메뚜기가 애굽 온 땅에 이르러 그 사방에 내리매 그 피해가 심하니 이런 메뚜기는 전에도 없었고 후에도 없을 것이라.

이 말씀은 단지 메뚜기의 수가 많았다는 사실을 넘어, 그들의 탐욕과 죄악이 얼마나 깊고 크며 그에 따른 하나님의 심판이 얼마나 전례 없이 무서운 것인지를 말하고 있습니다. 그 수많은 메뚜기 떼는 무형의 죄가 눈에 보이는 형태로 드러난 것이며, 애굽이 빼앗은 수많은 생명의 무게가 시각적으로 환기되는 순간입니다. 그다음 구절 출애굽기 10장 15절입니다.

> 메뚜기가 온 땅을 덮어 땅이 어둡게 되었으며 메뚜기가 우박에 상하지 아니한 밭의 채소와 나무 열매를 다 먹었으므로 애굽 온 땅에서

나무나 밭의 채소나 푸른 것은 남지 아니하였더라.

무엇이 무너졌습니까? 애굽의 식탁이 무너졌습니다. 먹기 위해 살았던 자들이 이제는 먹을 것을 잃고 생존의 기반을 잃어 생명을 위협받게 되는 비참한 상황입니다. 애굽이 히브리인의 노동을 도둑질하며 자신들의 식탁을 채웠다면, 하나님은 이제 그 식탁을 비우심으로 공의를 회복하십니다. 푸른 것이 사라졌다는 것은 하나님의 은혜, 공급, 자비의 흔적이 모두 사라졌다는 선언입니다. 도둑질로 인한 결과가 생명의 단절로 이어졌음을 보여 주는 선포입니다. 이 장면은 곧 하나님께서 태초에 "푸른 풀을 먹을거리로 주셨다"고 하신 창조의 상황과 완전히 대비됩니다. 창세기 1장 30절입니다.

또 땅의 모든 짐승과 하늘의 모든 새와 생명이 있어 땅에 기는 모든 것에게는 내가 모든 푸른 풀을 먹을거리로 주노라 하시니 그대로 되니라.

창조의 순간은 하나님께서 생명 있는 모든 피조물에게 푸른 풀을 먹을거리로 주셨지만, 이제 메뚜기의 공격으로 그 질서는 무너졌고, 은혜는 거두어졌으며, 그 푸르름은 사라지고 애굽의 들판은 창조 이전의 혼돈처럼 되었습니다. 생명의 기운이 철저히 꺾여 남은 것은 생명을 위한 몫이 사라진 황폐함뿐이었습니다. 애굽에 임한 여덟 번째 재앙, 곧 메뚜기의 재앙은 단지 곤충이 곡식을 삼켜 버린 자연재해가 아니라, 도둑질한 자들에 대한 하늘의 응답이며, 남의 몫을 빼앗은 자들에게 내려진 하나님의 공의의 심판입니다.

그 땅에 더 이상 푸른 것은 남아 있지 않고, 하나님이 피조물에게 허락하신 생명의 공급은 탐욕과 억압으로 더럽혀진 땅에서 거두어졌습니다. 그리고 이 재앙 이후 하나님께서는 시내산에서 자신의 백성에게 "도둑질하지 말라"라는 여덟 번째 계명을 주십니다. "도둑질하지 말라"는 이 명령은 단순히 물질적 절도를 금하는 윤리적 계명이 아니라, 하나님께서 정하신 몫을 넘보지 말라는 창조주의 경고이며, 하나님의 자녀를 도둑질하려는 악한 권세에 대한 거룩한 보호 선언입니다. 메뚜기 재앙이 도둑질한 자에게 임한 징벌이었다면, 십계명은 다시는 도둑질하지 말라는 하나님의 거룩한 명령입니다.

이처럼 여덟 번째 재앙과 여덟 번째 계명은 서로를 비추는 거울이며, 탐욕의 끝에서 심판을 보게 하시고, 경계의 회복 속에 거룩한 삶을 살도록 부르시는 하나님의 질서와 사랑이 담긴 이중적 메시지입니다. "도둑질하지 말라"는 이 말씀이 품고 있는 깊은 뜻은 무엇일까요? 도둑질은 하나님께 속한 질서를 훔치는 것입니다. 이웃의 생존을 침해하는 것입니다. 도둑질은 결국 하나님의 자리를 욕망하는 인간의 교만한 손길입니다.

이토록 명확한 경고에도 인간은 왜 그토록 하나님의 것을 탐하려고 할까요? 그 이유는, 우리가 더 이상 하나님이 주신 것으로 만족하지 못하기 때문입니다. 아담과 하와가 수많은 과일이 주어졌음에도 딱 하나 먹지 말라는 그 과일을 탐한 것처럼, 하나님께서 우리에게 무한히 베풀어 주시는 그 사랑과 은혜에 만족하지 못하는 우리의 탐욕 때문입니다. 하나님이 우리에게 주시는 것으로 절대 만족하지 못하는 탐욕이 우리 안에 자리 잡고 있다는 것입니다.

우리에게 주어진 은혜보다 빼앗을 영광이 더 커 보이는 우리의 미련한 모습들. 맡겨진 사명보다 다른 사람이 맡고 있는 그 권위가 더 달콤해 보이고 더 크게 보여 그것을 빼앗으려고 하는 더러운 우리의 욕망들. 죄는 단순한 행위가 아니라 '하나님 없이도 살 수 있다'는 내면의 욕심의 선언입니다. 우리는 그 선언 속에서 하나님께서 정하신 몫을 작게 여기고, 그분의 질서를 불편한 울타리처럼 느낍니다.

그래서 우리는 끊임없이 내 것이 아닌 것을 간절히 원합니다. 감사보다는 비교에 익숙하고, 그 비교 속에서 내 것이 더 작다고 느끼게 되면 가차 없이 남의 것을 훔치든지 해하려는 죄가 우리 안에 있지 않습니까? 소유가 곧 존재인 줄 착각하며 우리는 살아갑니다. 그렇게 인간은 하나님께 속한 것, 하나님께 돌아가야 할 것, 하나님께 맡겨진 이웃의 몫을 조용히 그리고 익숙하게 넘보며, 하나님께 속한 것마저 내 것으로 만들려는 위험한 손짓을 끊임없이 하고 있습니다. 이처럼 도둑질은 단지 손으로 무언가를 훔치는 행동이 아니라, 하나님께서 친히 구분하신 경계와 질서를 침범하고 그분의 주권과 영광마저도 가로채려는 뿌리 깊은 반역이라는 것입니다.

그러나 놀라운 것은 인간이 경계를 무너뜨리고 질서를 파괴한 바로 그 자리에서조차 하나님은 다시 생명을 회복하시고 은혜를 우리에게 심어 주신다는 것입니다. 하나님은 홍수로 모든 것을 쓸어버린 심판 이후 노아와 그 가족에게 새로운 시작을 선포하시는데, 신기하게도 그곳에 '푸른'이라는 의미가 담겨 있습니다. 창세기 9장 1, 3절 말씀입니다.

> 하나님이 노아와 그 아들들에게 복을 주시며 그들에게 이르시되 생육하고 번성하여 땅에 충만하라…모든 산 동물은 너희의 먹을 것이 될지라 채소같이 내가 이것을 다 너희에게 주노라.

이 말씀은 단순히 먹거리의 확대나 식생활의 변화를 뜻하는 것이 아닙니다. "산 동물이 푸른 채소와 함께 너희의 먹을 것이 될 것이다." 그래서 무너진 세상 속에 하나님이 다시금 생명을 유지시키시고 은혜의 질서를 회복하시겠다는 거룩한 선언입니다. 이전에 '씨 맺는 채소와 과일'만 주셨던 하나님께서 이제는 산 동물과 모든 푸른 채소까지 허락하신 것은, 다시 시작할 수 있도록 공급하시겠다는 하나님의 자비로운 의지이며 생명의 약속이었습니다. 이 푸른 채소는 무너진 창조 질서에 피어난 회복의 징표이며, 그 생명의 공급은 하나님의 긍휼로 다시 열린 은혜의 문이었습니다.

하지만 애굽의 여덟 번째 재앙에서 이 은혜가 거두어집니다. 즉, 메뚜기가 땅 위의 푸른 채소를 모두 삼켜 버립니다. 사람의 탐욕과 죄악으로 인해 하나님이 주신 회복의 표징마저 사라진 것입니다. 푸른 채소를 잃는다는 것은 단순한 식량의 문제가 아닙니다. 그것은 곧 하나님의 생명 공급을 거절한 결과이며, 그분의 자비와 은혜마저 짓밟은 죄에 대한 심판입니다.

도둑질이 이렇게 무섭습니다. 하나님은 말라기 선지자를 통해 하나님의 것을 도둑질한 자에게 분노에 찬 음성으로 이렇게 말씀하십니다. 말라기 3장 8-9절 말씀입니다.

> 사람이 어찌 하나님의 것을 도둑질하겠느냐 그러나 너희는 나의 것을 도둑질하고도 말하기를 우리가 어떻게 주의 것을 도둑질하였나이까 하는도다 이는 곧 십일조와 봉헌물이라 너희 곧 온 나라가 나의 것을 도둑질하였으므로 너희가 저주를 받았느니라.

이 질문은 단지 수사학적인 표현이 아닙니다. 하나님은 직접적으로 말씀하십니다. 십일조와 봉헌물, 곧 하나님께 돌려야 할 것을 돌리지 않는 것이 도둑질이라고 하십니다. 왜 그렇습니까? 그 이유는 간단합니다. 우리의 소유는 모두 다 결국 하나님의 것이기 때문입니다. 우리의 시간, 물질, 은사, 생명 등 우리가 '내 것'이라 여기는 모든 것이 사실은 하나님이 맡기신 청지기의 자산이라는 것입니다. 그런데도 우리는 그것을 자기중심의 욕망을 위해 쓰고 정작 하나님의 일에는 인색합니다. 그때 하나님이 말씀하십니다. "너희가 나의 것을 도둑질하고 있다." 이것이 바로 첫 번째 영적 도둑질입니다. 하나님의 것을 나의 것으로 여기는 교만입니다. 또 하나님은 예레미야 선지자를 통해 하나님의 이름을 빙자한 당시 이스라엘 백성들의 외식적인 신앙을 이렇게 책망합니다. 예레미야 7장 9-10절입니다.

> 너희가 도둑질하며 살인하며 간음하며 거짓 맹세하며 바알에게 분향하며 너희가 알지 못하는 다른 신들을 따르면서 내 이름으로 일컬음

을 받는 이 집에 들어와서 내 앞에 서서 말하기를 우리가 구원을 얻었나이다 하느냐 이는 이 모든 가증한 일을 행하려 함이로다.

그때나 지금이나 우리 인간은 똑같습니다. 하나님을 섬긴다고 말하면서, 예수님을 믿는다고 말하면서 실제로는 세상의 신을 섬기고, 내가 가지고 있는 재산들이 나의 우상이 되며, 그것들이 나를 살린다고 착각하며 살아갑니다. 그렇게 자기 욕망을 따르고 거짓된 삶을 살아가고 있습니다. 입술로는 하나님의 이름을 부르고 손으로는 재물을 드리지만 마음은 이미 먼 데 가 있습니다. 도둑질하고 살인하고 간음하며 거짓으로 맹세하고, 알지도 못하는 신들을 좇으면서도 우리는 아무렇지 않게 하나님의 집에 들어와 말합니다. "나는 구원을 얻었노라. 나는 회개도 열심히 하고 오직 예수밖에 소망이 없으므로 구원을 얻었노라."

그러나 그것은 회개의 고백이 아니라 죄를 숨기기 위한 외식이고, 은혜를 입은 자의 감격이 아니라 은혜를 이용한 자의 철저한 기만입니다. 도둑질은 우리 손끝의 문제가 아닙니다. 죄는 하나님의 자비를 빌려 스스로를 정당화하려는 교만에 있다는 것입니다. 예배의 자리는 거룩함을 누리는 곳이지만 오히려 그 거룩을 빼앗는 자가 되고, 은혜를 받을 자가 아니라 은혜를 도둑질하는 자로 우리가 그 자리에 앉아 있다면 이것보다 더 큰 죄악은 없지 않겠습니까? 이는 곧 하나님의 이름을 빌미로 자기 욕망을 정당화하는 죄이며, 하나님의 은혜를 자기 안위와 성공의 도구로 삼는 죄입니다. 하나님의 이름으로 시작했지만 결국 자신을 위해 살았다면 우리는 예수 그리스도의 이름을 철저히 도둑질한 자들입니다.

하나님께서 이스라엘 백성에게 물으십니다. "이 모든 가증한 일을 행하면서도 내 앞에서 네가 구원을 얻었다고 말하느냐?" 그때 그들의 몸은 성전에 들어섰지만 그들의 심장은 이미 성전을 등지고 있었습니다. 하나님의 이름을 부르면서도 하나님의 뜻은 가볍게 여긴 그들은 무엇보다 무거운 죄, 은혜를 조롱하는 죄를 지은 것입니다.

하나님은 지금도 외적인 예배가 아닌 상한 마음과 진실한 회개로 드리는 예배를 찾으십니다. 오늘 우리가 주님 앞에 선 자리, 이 자리가 은혜를 도둑질하는 자리가 되어서는 안 됩니다. 은혜에 감사하며 거룩을 회복하는 자리가 되기를 간절히 기도합니다.

우리는 오늘 여덟 번째 계명 앞에서 우리의 죄를 바라봐야 합니다. 하나님의 경계를 넘고 그분의 몫을 침범하며 이웃의 것을 탐하는 것이 얼마나 깊은 죄인지를 깨달아야 합니다.

그러나 우리가 반드시 기억해야 할 것은, 그 모든 것을 빼앗기신 분이 바로 우리를 살리시기 위해 기꺼이 십자가에 달리신 예수 그리스도이시라는 사실입니다. 우리는 남의 것을 취하려 했지만, 그분은 자신의 모든 것을 우리에게 내어 주셨습니다. 우리는 하나님의 떡을 빼앗으려 했지만, 그분은 자신이 곧 떡이 되어 주셨습니다. 예수님께서는 도둑질로 인해 푸른 것이 사라진 자리, 생명이 끊긴 자리에 하늘에서 내려온 살아 있는 생명의 떡으로 오셨습니다. 그리고 그분은 이렇게 말씀하십니다. 요한복음 6장 51절 말씀입니다.

나는 하늘에서 내려온 살아 있는 떡이니 사람이 이 떡을 먹으면 영생하리라 내가 줄 떡은 곧 세상의 생명을 위한 내 살이니라 하시니라.

우리를 살리는 생명의 떡으로 이 땅에 오신 예수님은 죄 많은 우리의 잃어버린 생명의 표징, 사라진 푸른 은혜의 회복이 되어 주셨고, 메뚜기 떼가 쓸어간 자리마다 다시 푸른 풀이 자라게 하셨습니다. 그분은 세상의 죽어 가는 생명을 위하여 자기 몸을 내어 주신 우리의 구원자 예수 그리스도이십니다. 예수님은 말씀만 하신 것이 아니라 도둑맞은 우리 인생의 자리에 직접 서 주셨습니다. 우리가 빼앗은 자리, 우리가 무너뜨린 질서 한가운데에 우리 대신 자신을 십자가 위에 두심으로 우리를 살리시고 공의를 이루셨습니다.

우리가 도둑질한 것은 단지 물질이 아닙니다. 우리는 하나님께서 주신 경계와 질서, 은혜와 생명 자체를 탐하고 훔친 자들입니다. 스스로 선악의 기준을 판단하고, 하나님의 영광을 가로채며, 남의 것을 탐하고, 하나님의 것을 내 뜻대로 쓰려고 한 죄인입니다. 그러나 예수님은 그 모든 죄의 값을 자신의 몸으로 치르시고 도둑이 된 인류에게 다시 생명을 주셨습니다.

"도둑질하지 말라"는 이 여덟 번째 계명에는 또 다른 영적인 의미가 있습니다. 곧 하나님의 창조 질서와 구속 안에 있는 자녀들에 대한 하나님의 보호 선언이 담겨 있습니다. 특히 악한 영이 하나님의 자녀를 도둑질하고 죽이려 할 때, 하나님께서는 마치 울타리를 치듯 "도둑질하지 말라! 내 자녀를 건드리지 말라!"라고 말씀하십니다. 예수님께서도 이렇게 선포하십니다. 요한복음 10장 10절입니다.

도둑이 오는 것은 도둑질하고 죽이고 멸망시키려는 것뿐이요 내가 온 것은 양으로 생명을 얻게 하고 더 풍성히 얻게 하려는 것이라.

여기서 도둑은 누구를 뜻합니까? 바로 마귀를 뜻합니다. 마귀는 하나님의 자녀를 유혹하고 속여 진리에서 끌어내려 영혼과 생명을 도둑질하려 합니다. 하지만 그때마다 예수님은 말씀하십니다. "내가 내 핏값을 치르고 산 내 백성을 도둑질하지 말라. 네가 건드리지 못하리라."

스가랴 2장 8절에서는 "너희를 범하는 자는 그의 눈동자를 범하는 것이라"라고 하셨습니다. 악한 자가 하나님의 자녀를 훔치려 할 때 그것은 단지 소유의 침범이 아니라, 하나님의 눈동자를 범하는 일이요, 하나님의 거룩한 분노를 일으키는 범죄 행위입니다.

그러므로 "도둑질하지 말라"는 계명은 하나님께서 사랑하는 자녀들을 향해 외치는 보호의 선언이며, 마귀와 세상에 대한 경고의 외침이기도 합니다. 우리는 그리스도 안에서 탐욕의 자리를 떠나 청지기로 부름 받은 자로서 훔치는 자가 아니라 푸른 은혜를 나누는 자로 살아가야 합니다. 푸른 채소는 생존의 허락이자 하나님과의 화해의 징표였습니다. 오늘도 예수님 안에 거하는 자는 그 푸른 은혜를 먹고 살아나는 자요, 이웃에게 그 생명을 나누는 자입니다.

구원이란, 하나님의 것을 훔치려 했던 우리에게 오히려 하나님의 모든 것을 내어 주신 사랑입니다. 푸른 채소마저 거두어지던 심판의 들판에서, 그 누구도 살아남을 수 없었던 메마른 땅에서 하나님은 다시금 생명의 문을 여셨습니다. 우리가 도둑질한 자였음에도, 우리가 하나님의 자리를 넘보았음에도, 하나님은 우리를 버리지 않으시고 우리를 위하여 자신의 독생자 예수 그리스도를 십자가에 내어주셨습니다.

구원이란, 죄로 인해 마땅히 닫혀야 했던 공급의 문이 예수 그리스도 안에서 다시 열리는 사건이며, 하나님의 것을 훔치던 자들이 오히려 하나님의 상속자가 되는 놀라운 반전의 은혜입니다.

구원이란, 더 이상 욕망으로 남의 몫을 탐하지 않고 하나님께서 맡기신 자리에서 감사함으로 살아가는 삶의 회복입니다.

오늘 말씀을 통해 드러난 하나님 아버지의 마음은 단지 도둑질하는 자를 멸하시려는 심판의 분노가 아니라, 빼앗긴 질서를 회복하시고 도둑맞은 생명을 다시 품어 안으시려는 애끓는 사랑의 마음입니다. 인간의 반역 이후에도 하나님은 결코 그 손을 거두지 않으셨습니다. 죄로 얼룩진 땅, 탐욕으로 무너진 세상 한복판에 하나님은 여전히 생명의 씨앗을 뿌려 주셨습니다. 이것이 하나님의 성품입니다. 그분은 질서가 무너진 자리마다 다시 질서를 세우시고, 관계가 파괴된 그 틈마다 은혜로 덮으시며, 우리가 무너뜨린 생명의 경계 위에 다시 회복의 길을 여시는 분이십니다.

십계명은 단지 금지의 목록이 아닙니다. 그 속에는 하나님의 고통이, 하나님의 열망이, 하나님의 품으로 돌아오기를 기다리시는 마음이 철저하게 흐르고 있습니다. 그리고 그 회복의 손길은 지금 이 시간 말씀 앞에 선 우리에게도 변함없이 뻗어오고 있습니다. 우리를 향한 그 사랑은 어제도 오늘도 끝없이 동일하십니다.

성도란, 자기 것이 아닌 것을 탐하던 손을 거두고, 하나님이 맡기신 것을 책임지는 자입니다. 성도란, 도둑질하지 말라는 계명을 단지 윤리로 지키는 것이 아니라 그리스도 안에서 '내어 주는 삶'으로 완성하는 자입니다. 그러므로 오늘 우리는 우리 스스로에게 묻지 않을 수 없습니다. '나는 하나님께 속한 것을 탐하거나 가볍게 여기고 있지는 않은가? 말씀, 시간, 재능, 돈, 영광, 영혼, 우리가 누리고 있는 모든 것이 그분의 것인데 나는 그것을 어떻게 생각하며 다루고 있는가? 나는 예수님의 생명을 받은 자로 하나님의 것을 지키며 살아가는 청지기인가, 아니면 여전히 그것을 소유하려는 도둑인가?'

도둑질의 죄는 예수님의 십자가 앞에서 그 실체가 드러나고, 그 십자가로 인해 우리는 이제 훔치는 자가 아닌, 맡겨진 것을 끝까지 지키는 자로 살아갈 수 있게 되었습니다. 예수님께서는 단순히 도둑이 오는 것을 막으신 것이 아니라 자신의 생명을 내어 주심으로 우리를 사셨고, 그 피로 우리를 덮으심으로 다시는 누구도 우리를 빼앗을 수 없게 하셨습니다. 그래서 예수님은 이렇게 말씀하십니다. 요한복음 10장 28-29절 말씀입니다.

> 내가 그들에게 영생을 주노니 영원히 멸망하지 아니할 것이요 또 그들을 내 손에서 빼앗을 자가 없느니라 그들을 주신 내 아버지는 만물보다 크시매 아무도 아버지 손에서 빼앗을 수 없느니라.

예수님은 우리에게 영원한 생명을 주시는 분이시며, 그 생명은 어떤 존재도 끊어낼 수 없는 하나님의 언약입니다. 예수님께서는 "그들을 내 손에서 빼앗을 자가 없다"라고 선언하십니다. 이는 단지 보호의 약속이 아니라 완전한 구속의 확증입니다. 그리고 이어서 "그들을 주신 내 아버지는 만물보다 크시매 아무도 아버지 손에서 빼앗을 수 없느니라"라고 말씀하십니다.

예수님의 손과 아버지의 손은 하나의 권세로 연결되어 있으며, 그 손에 붙들린 자는 더 이상 마귀의 도둑질 대상이 아닙니다. 도둑맞지 않는 존재, 더 이상 빼앗길 수 없는 존재, 곧 하나님의 손에 붙들린 하나님의 백성으로서, 우리의 구원은 하늘의 손에 의하여 완전히 보장된 은혜의 선물임을 믿으시길 바랍니다. 다른 이를 위해 내어 주는 책임 있는 손으로 살아가는 자유, 이 자유를 사도 바울은 이렇게 말합니다. 에베소서 4장 27-28절 말씀입니다.

> 마귀에게 틈을 주지 말라 도둑질하는 자는 다시 도둑질하지 말고 돌이켜 가난한 자에게 구제할 수 있도록 자기 손으로 수고하여 선한 일을 하라.

이것이 예수님 안에서 완성된 "도둑질하지 말라"는 계명의 참된 의미입니다. 이 구절은 단순한 행위의 변화가 아니라 정체성의 회복을 요구합니다. 더 이상 훔치는 손이 아닌 살리는 손으로 살아가라는 부르심입니다. 예수 그리스도를 믿는다는 것은 곧 이제 내 손이 내 것이 아니라는 고백입니다. 주님의 손에 붙들린 자로서 내 손이 더 이상 탐욕을 위한 도구가 아니라 생명을 나누는 하나님의 손길이 되는 삶입니다. "마귀에게 틈을 주지 말라"라는 이 말씀은 탐욕과 자기중심의 손이 어둠의 통로가 될 수 있음을 경고하고 있습니다. 그러므로 이제 도둑질하던 손에서 돌이켜 가난한 자를 구제하고 복음을 실천하는 손으로 살아야 한다는 부르심입니다.

훔치던 손이 이제는 선한 일을 하는 손, 생명을 전하는 예수님의 손이 되고, 하나님의 것을 빼앗던 손이 이제는 하나님의 뜻을 이루는 손이 되기를 간절히 바랍니다. 이것이 바로 예수 그리스도 안에서 완성된 "도둑질하지 말라"는 계명의 의미입니다.

도둑질하지 말라는 말씀은 결국 하나님의 것을 하나님의 것으로 인정하라는 부르심입니다. 하나님의 이름, 하나님의 영광, 하나님의 시간, 하나님의 사명을 그분께 돌리는 삶을 살라는 간절한 요청입니다. 이제 우리 각자는 이 말씀 앞에 서야 합니다. '내가 도둑질한 것은 없는가? 나는 진실로 하나님을 경외하며 그분의 것을 그분께 돌리는 정직한 청지기로 살고 있는가?'

오늘 이 계명 앞에 우리의 마음을 겸손히 내려놓고 잃어버린 정직과 거룩을 회복하는 결단이 우리에게 있기를 간절히 소망합니다.

하늘의 평강이 우리의 마음을 지키시고, 하나님의 말씀이 우리의 길을 밝히시며, 오직 예수 그리스도의 은혜가 날마다 넘치는 복이 우리 모두에게 임하기를 우리 주 예수 그리스도의 이름으로 축복합니다. 하나님 것을 탐하지 않는 자는 절대 마귀의 도둑질의 대상이 될 수 없습니다. 하나님의 것을, 이웃의 것을 탐하지 않는 자가 되어 마귀에게 도둑질당하는 대상이 아니라 온전한 하나님의 백성으로 살아가는 복이 우리 모두에게 임하시기를 우리 주 예수 그리스도의 이름으로 축원합니다! 축원합니다! 축원합니다!

기도

하나님, "도둑질하지 말라"라는 주님의 명령 앞에서 혹 '나는 도둑질한 것이 아무것도 없다'고 말하는 자들이 있습니까? 우리는 지금까지 남의 물건만 훔치지 않으면 괜찮다고 여겼고, 세상의 기준으로는 정직하게 살았다고 스스로 자부했습니다. 하지만 이 시간 내가 하나님의 것을 도둑질한 죄인임을 알게 해주셔서 감사합니다.

주님, 이제는 온전히 성령의 능력으로 살아가는 거룩한 하나님의 백성이 될 수 있도록 복을 내려 주시옵소서. 우리를 죄악에서 구원해 주신 우리 주 예수 그리스도의 이름으로 간절히 기도드리옵나이다. 아멘.

Chapter 10

네 이웃에 대하여 거짓 증거하지 말라

우리는 진리를 증언하고 있는가?

(제9계명과 아홉 번째 재앙)

출애굽기 10장 21-23절, 20장 16절

10:21-23 여호와께서 모세에게 이르시되 하늘을 향하여 네
손을 내밀어 애굽 땅 위에 흑암이 있게 하라 곧 더듬을 만한
흑암이리라 22 모세가 하늘을 향하여 손을 내밀매 캄캄한 흑암
이 삼 일 동안 애굽 온 땅에 있어서 23 그동안은 사람들이 서로
볼 수 없으며 자기 처소에서 일어나는 자가 없으되 온 이스라
엘 자손들이 거주하는 곳에는 빛이 있었더라

20:16 네 이웃에 대하여 거짓 증거하지 말라

우리가 인생을 살아가면서 너무나도 쉽게 아무 생각 없이 사용하는 것이 말, 언어입니다. 그런데 이 말이 때로는 다른 사람에게 깊은 상처를 남깁니다. 그중에서도 거짓말은 단순히 사실을 왜곡하는 것이 아니라, 사람과 사람 사이에 불신과 혼란을 가져오며 깊은 어두움을 드리우게 하는 아주 무서운 죄입니다. 거짓말은 칼보다 깊이 우리를 찌르고 벱니다. 그것은 사람의 몸을 찌르지 않고 영혼의 중심을 찔러 무너뜨리는 것입니다. 때로는 누군가를 살리기 위한 말처럼 아주 그럴싸하게 포장하지만, 그 속에는 책임을 회피하려는 두려움과 진실을 외면하려는 이기심이 가득 숨어 있습니다. 거짓은 관계의 숨통을 조이고, 신뢰의 뿌리를 썩게 하며, 끝내 사람을 사람에게서 멀어지게 합니다.

거짓은 처음에는 유익해 보이고 달콤해 보이고 참 편리해 보입니다. 하지만 시간이 지날수록 그 어두움은 짙어져 서로를 신뢰하지 못하게 만들고 사실을 정확하게 보지 못하게 만들어 서로 간의 관계를 완전히 끊어 놓거나 멈추게 합니다. 진실이 사라진 자리에는 냉기와 침묵만이 남고, 그 침묵 속에서 신뢰는 무너지고 사랑은 식어 갑니다. 거짓은 말의 어둠이 아니라 삶 전체를 뒤덮는 흑암입니다. 서로가 서로를 보지 못하게 하고, 그 누구도 다른 누구를 향해 다가가지 못하게 만듭니다. 진실이 사라진 자리에는 침묵보다 더 무거운 정적이 깃들고, 그 안에서 사랑은 차갑게 식고 공동체는 얼어붙습니다.

그러나 고통을 감수하고서라도 진실을 선택하는 자에게 하나님은 놀라운 하나님의 빛을 주십니다. 그 빛은 얼어붙은 마음을 녹이고, 끊어진 관계를 다시 이어주며, 다시 우리가 사랑하고 서로를 향해 걷게 만듭니다.

우리가 인생을 살아가면서 기억해야 할 진실이 있습니다. 거짓은 어둠이고 진리는 빛이라는 사실입니다. 그리고 그 빛 가운데 참된 자유와 회복이 있습니다. 인간은 처음부터 거짓을 말하도록 창조되었을까요? 그렇지 않습니다. 하나님은 사람을 자신의 형상으로 지으시고, 빛 가운데 거하며 진리와 사랑 안에서 서로를 바라보며 걷도록 창조하셨습니다. 그분의 호흡이 우리의 생명이었고, 그분의 말씀 안에 머무는 것이 우리의 안전이었습니다.

그러나 에덴동산에 들어온 뱀의 유혹하는 소리가 이 세상의 모든 것을 바꾸어 버렸습니다. 그 목소리는 진실을 흐리게 하고 의심을 심었습니다. "하나님이 정말 그렇게 말씀하셨느냐?" 이 첫 거짓말은 단순한 정보의 왜곡이 아니라 하나님의 선하심에 대한 불신이었습니다. 아담과 하와는 그 순간 하나님의 말씀보다 자신의 판단을 더 신뢰하는 선택을 하였습니다. 그들의 죄는 단순히 금지된 열매를 먹은 행위가 아니었습니다. 그 죄의 뿌리는 하나님을 완전히 믿지 못하는 마음, 곧 불확실성을 견디지 못하고 눈에 보이는 확실함을 붙잡으려 한 선택이었습니다.

그 결과, 진리 대신 거짓이 우리 인생에 자리 잡았고, 빛 대신 어둠이 세상을 덮었습니다. 하나님과의 관계는 깨어지고 하나님의 얼굴을 피하며 숨었습니다. 하나님과의 사이에 두려움이 들어와 하나님과 단절되는 아주 비극적인 일이 우리에게 찾아왔습니다. 이것이 거짓의 기원이며, 오늘 우리가 경험하는 모든 영적 흑암의 시작입니다. 인간의 타락은 언제나 하나님보다 자기 자신을 더 신뢰할 때 일어납니다.

그러나 창세기의 마지막 장면이 절망으로 끝나지 않았듯, 하나님의 마음도 결코 우리를 포기하지 않으셨습니다. 빛을 잃은 세상에 하나님은 참 빛이신 예수 그리스도를 보내 주셨습니다. 그분은 처음부터 우리를 다시 빛 가운데 두시려는 아버지의 계획이자 타락을 회복시키는 유일한 길이었습니다.

우리가 진리를 외면하고 거짓을 선택할 때 그것은 단순한 말 한마디의 문제가 아니라 나의 삶 전체를 뒤덮는 영적 흑암을 초래합니다. 우리는 한마디 말로 사람을 죽일 수 있고, 침묵으로 진리를 묻어버릴 수 있으며, 거짓으로 관계 전체를 파괴할 수 있습니다.

그렇다면 하나님께서는 이 '거짓'이라는 죄의 문제를 얼마나 심각하게 여기실까요? 하나님께서 이 거짓이라는 죄를 심각하게 여긴다는 것을 안다면 우리가 정말 남을 욕하고 거짓을 말하며 거짓으로 우리의 인간관계를 파괴하고 싶을까요? 오늘 본문은 그 질문에 대해 분명하고 정확하게 답하고 있습니다.

오늘의 본문 말씀은 출애굽기 10장 21절에서 23절까지 그리고 출애굽기 20장 16절입니다. 하나는 애굽에 내린 아홉 번째 재앙 곧 '흑암의 재앙'에 관한 이야기이고, 다른 하나는 하나님께서 주신 십계명 중에서 제9계명, "네 이웃에 대하여 거짓 증거하지 말라"는 명령입니다. 이 두 본문은 서로 다른 시기에 기록되고, 다른 장르인 것처럼 보이지만 사실은 진실과 거짓, 빛과 어둠, 그리고 하나님의 나라와 세상의 권세가 정면으로 충돌하고 있는 동일한 메시지를 담고 있습니다.

먼저 우리는 이 말씀의 역사적 배경을 이해해야 합니다. 고대 애굽은 태양신 '라'(Ra)를 숭배하는 나라였습니다. 파라오 자신이 '태양의 아들'이라고 불릴 정도로 태양은 생명의 근원이며, 빛은 곧 권위와 질서의 절대적 힘의 상징이었습니다. 하지만 하나님께서는 이스라엘 백성을 구원하시기 위한 열 가지 재앙 중 아홉 번째 재앙인 흑암을 통해 애굽의 핵심 가치와 거짓 신들을 정면으로 치셨습니다. 이것은 단순히 해가 가려진 자연 현상이 아닙니다. 그 흑암은, 하나님의 빛과 진리가 사라졌을 때 세상이 어떤 모습이 되는지, 곧 거짓이 지배하는 세상이 얼마나 깊고 무서운 어둠 속으로 떨어지는지를 보여 주는 하나님의 경고이자 심판이었습니다. 본문 출애굽기 10장 21절입니다.

> 여호와께서 모세에게 이르시되 하늘을 향하여 네 손을 내밀어 애굽 땅 위에 흑암이 있게 하라 곧 더듬을 만한 흑암이리라.

하나님께서 모세에게 명령하신 이 "더듬을 만한 흑암"이라는 말은 히브리어로 '웨야마쉬 호쉐크'(וימש חשך)인데, 이는 마치 '손으로 만질 수 있을 만큼 두터운 어둠'을 뜻합니다. 우리 한글 성경이 '더듬을 만한 흑암'이라고 번역한 것도 그런 뜻이지만, 해석하기에 따라서는 마치 더듬거리며 사물을 분별할 수 있을 정도의 어두움으로 오해할 소지가 있습니다. 그러나 전혀 그런 뜻이 아니라 흑암의 정도가 손으로 만져질 정도로 칠흑 같다는 뜻입니다. 이것은 영적 혼돈과 관계의 단절, 그리고 도덕적 마비를 상징합니다. 즉, 진리가 사라지고 거짓이 지배하는 세상이 어떠한지를 보여 주는 장면입니다.

이어서 22절을 보면 "모세가 하늘을 향하여 손을 내밀매 캄캄한 흑암이 삼 일 동안 애굽 온 땅에 있어서"라고 기록하고 있습니다. 이 '삼 일'은 단순히 해가 비치지 않는 흑암의 의미를 넘어, 애굽 전역이 하나님의 권능 앞에서 완전히 정지되었음을 보여 주는 시간입니다. 빛이 없으니 아무것도 할 수가 없습니다. 사람들은 서로 볼 수 없었으며 어떤 대화도, 일도, 소통도 할 수 없었습니다.

이것이 바로 거짓이 만들어내는 현실입니다. 거짓은 한 사람의 말에서 시작되지만 공동체 전체를 멈추게 만들고, 사람과 사람 사이를 갈라놓으며 사랑과 신뢰를 완전히 무너뜨린다는 것입니다. 계속되는 23절에서는 이렇게 말합니다.

> 그동안은 사람들이 서로 볼 수 없으며 자기 처소에서 일어나는 자가 없으되 온 이스라엘 자손들이 거주하는 곳에는 빛이 있었더라.

이 구절은 극적인 대조를 보여 주고 있습니다. 거짓과 어둠의 땅 애굽에는 짙은 흑암이 덮여 있지만, 하나님의 백성이 거하는 곳에는 여전히 하나님의 빛이 있었다는 것입니다. 이것은 하나님의 백성이 거짓 대신 진실을 붙들고 살 때, 하나님께서 그들을 빛 가운데 거하게 하신다는 분명한 선언입니다.

이제 두 번째 본문을 보면, 출애굽기 20장 16절에서 하나님은 분명히 말씀하십니다.

> 네 이웃에 대하여 거짓 증거하지 말라.

여기서 '거짓 증거'의 히브리어 '에드 솨케르'(עד שקר)는 '법정에서 효력 있는 증언'으로서의 거짓 증거를 말합니다. 그러나 이것은 법정에서의 위증만을 뜻하지 않습니다. 여기에는 사실을 왜곡하거나, 진실을 흐리게 하거나, 이웃의 평판을 훼손하는 모든 형태의 거짓된 말이 포함됩니다. 이것은 단순한 언어의 문제가 아닙니다. 이웃의 명예를 짓밟고 공동체의 신뢰를 무너뜨리고 이간질하며, 결국 하나님이 세우신 질서를 허무는 너무나도 심각한 죄입니다. 왜냐하면 시내산 언약의 백성은 진리 위에 세워진 공동체이기 때문입니다. 그리고 그 진리는 곧 하나님의 성품을 반영하는 것이기에, 거짓을 말하는 사람은 단지 사람을 속이는 것이 아니라 진리이신 하나님을 부정하는 것입니다. 즉, 이는 적그리스도의 역할을 하는 것과 같습니다.

정말 우리는 아무렇지 않게 거짓을 말하고 다른 사람을 폄훼하는 일은 없는지 자신을 돌아봐야 합니다. 거짓으로 사람과 사람과의 관계를 멀어지게 하고 공동체를 무너뜨리게 한 죄악은 없는지, 이 시간 자신을 철저하게 파헤쳐 이제는 진리의 말씀으로 살아가는 우리가 되기를 간절히 바랍니다.

출애굽기의 아홉 번째 재앙과 제9계명은 하나의 메시지를 외치고 있습니다. "하나님과 이웃 앞에서 진리를 증언하는 존재로 살라." 거짓은 어둠이고 진실은 빛입니다. 거짓은 공동체를 마비시키고, 진실은 생명을 회복시킵니다. 그리고 그 진리의 빛 안에 거하는 자에게만 하나님은 그분의 영광스러운 임재와 회복을 주십니다.

우리가 앞서 살펴본 것처럼 거짓은 빛을 가리는 어둠입니다. 어둠은 시선을 흐리게 하고 관계를 멈추게 하여 마침내 공동체의 모든 것을 무너뜨리며 숨결을 멈추게 하는 아주 악한 것입니다.

그렇다면 우리는 어떻게 이 어둠으로부터 벗어날 수 있을까요? 무너진 신뢰를 어떻게 회복할 수 있을까요? 나의 입술 끝에 번지는 거짓을 끊고 다시 진실 된 말과 생명의 빛 가운데로 나아가는 길은 어디에 있을까요?

그 길은 세상의 어떤 윤리와 도덕에도 없습니다. 그 길은 오직 예수 그리스도 안에 있습니다. 아홉 번째 재앙의 '어둠'과 제9계명의 '거짓 증거하지 말라'는 명령은 결국 예수 그리스도 안에서 완성된 복음을 예표하고 있습니다. 예수님은 자신에 대해 이렇게 말씀하셨습니다. 요한복음 8장 12절 말씀입니다.

> 나는 세상의 빛이니 나를 따르는 자는 어둠에 다니지 아니하고 생명의 빛을 얻으리라.

예수님은 자신을 '세상의 빛'이라고 선포하셨습니다. 여기서 '빛'은 단순히 사물을 비추는 시각적인 빛이 아닙니다. 진리 자체를 의미합니다. 예수님은 거짓과 죄로 어두워진 세상 한가운데로 오셔서 멈춰버린 삶과 깨어진 관계를 다시 회복시키셨습니다. 그분의 말씀과 삶은 어둠 속에서 길을 잃은 자들에게 방향을 보여 주었고, 진리의 빛은 사람을 살리고 자유케 하는 능력으로 우리의 삶 가운데 드러났습니다.

예수님을 따른다는 것은 단순히 그분을 존경하거나 배우는 것이 아니라, 빛이신 그분 안에 거하며 더 이상 거짓과 어둠의 길을 걷지 않는 것입니다. 예수님은 그 입술로 거짓말하는 자들에 대하여 단호하게 경고하셨습니다. 요한복음 8장 44절입니다.

> 너희는 너희 아비 마귀에게서 났으니 너희 아비의 욕심대로 너희도 행하고자 하느니라 그는 처음부터 살인한 자요 진리가 그 속에 없으므로 진리에 서지 못하고 거짓을 말할 때마다 제 것으로 말하나니 이는 그가 거짓말쟁이요 거짓의 아비가 되었음이라.

예수님은 거짓의 뿌리를 정확하게 밝히셨습니다. 거짓은 단순한 말실수나 사소한 왜곡이 아닙니다. 마귀의 본성에서 비롯된 것입니다. 마귀는 창세기에서부터 하나님의 말씀을 왜곡하여 사람을 속였습니다. 그 결과 사람은 하나님을 의심하고 진리의 자리에서 떠나게 되었습니다.

예수님께서는 거짓을 하나님에 대한 반역이자, 사람의 영혼을 죽이는 살인의 독으로 보셨습니다. 거짓을 따르는 것은 결국 마귀의 길을 따르는 것이며, 그 길 끝에는 생명이 아니라 멸망, 죽음, 지옥이 있다는 것입니다. 예수님은 이 말씀으로 거짓을 가볍게 여기는 모든 사람들에게 경고하십니다. 거짓의 언어에 사로잡힌 자는 거짓의 아비에게 속한 자라는 것입니다. 우리는 거짓의 아비에게 속한 자입니까, 하나님의 존귀한 자녀입니까? 예수님은 거짓을 드러내는 데서 멈추지 않으셨습니다. 그분은 거짓에 사로잡혀 스스로 어둠을 선택한 우리를 그냥 내동댕이쳐서 버리신 것이 아닙니다. 오히려 진리 그 자체이신 자신을 기꺼이 우리에게 내어 주셔서 우리 대신 거짓의 화살을 맞으셨고, 우리 대신 거짓의 심판을 받으셨습니다.

거짓에서 벗어나는 길이 무엇이겠습니까? 오직 예수님을 찾고 믿는 자는 거짓이 이길 수가 없습니다. 십자가 앞에서 예수님은 스스로를 변호하지 않으셨습니다. 거짓 증언이 쏟아지는 한가운데서 왜 침묵하고 계셨을까요? 그 침묵은 무력함이 아니라 우리를 살리기 위한 사랑의 결단이었습니다. 마가복음 14장 55-56절입니다.

> 대제사장들과 온 공회가 예수를 죽이려고 그를 칠 증거를 찾되 얻지 못하니 이는 예수를 쳐서 거짓 증언하는 자가 많으나 그 증언이 서로 일치하지 못함이라.

예수님은 공회 앞에서 수많은 거짓 증언에 둘러싸이셨습니다. 그들은 진리를 말하는 예수님의 입을 막기 위해 거짓으로 그분을 죽이려 했습니다. 그러나 그들의 말은 서로 맞지 않았습니다. 거짓은 결코 완전한 일치를 만들지 못하기 때문입니다. 거짓은 스스로 모순을 품고 있고 결국 진리 앞에 무너질 수밖에 없습니다.

예수님은 이 거짓의 절정에서 침묵하셨습니다. 그 침묵은 패배가 아니었습니다. 그분은 스스로를 변호하는 대신에 하나님께서 진리를 드러내실 때까지 자신을 온전히 맡기셨습니다. 십자가에서 진리 자체로 죽으신 그 사건은 진리가 거짓의 권세를 완전히 깨뜨리고 마지막에 승리한다는 하나님의 영원한 선언이었습니다. 이사야 선지자는 이미 수백 년 전에 십자가에서 이루어질 이 장면을 이렇게 예언하였습니다. 이사야 53장 7절 말씀입니다.

> 그가 곤욕을 당하여 괴로울 때에도 그의 입을 열지 아니하였음이여 마치 도수장으로 끌려가는 어린 양과 털 깎는 자 앞에서 잠잠한 양같이 그의 입을 열지 아니하였도다.

예수님께서는 거짓된 자들을 정죄하기보다 그들을 살리기 위해 침묵하셨습니다. 진리 자체이신 그분은 모든 거짓과 불의의 무게를 홀로 짊어지셨습니다. 그러나 놀랍게도 그 거짓의 절정에서 하나님의 진리와 사랑은 가장 선명하게 드러났습니다. 예수님은 거짓된 자들을 위해 죽음을 선택하심으로 거짓 속에 살던 우리를 어둠에서 빛으로 옮기셨습니다. 그분의 죽음은 거짓으로 더럽혀진 우리의 입술을 정결케 하시고, 신뢰가 무너진 우리의 인생을 회복하시며, 서로를 보지 못하던 우리를 다시 사랑하게 하시는 빛의 새 시작이 되어 주셨습니다.

그리고 사흘 만에 부활하신 예수님은 다시 제자들을 찾아오셔서 이렇게 말씀해 주십니다. 요한복음 20장 21절에서 22절 말씀입니다.

예수께서 또 이르시되 너희에게 평강이 있을지어다 아버지께서 나를 보내신 것같이 나도 너희를 보내노라 이 말씀을 하시고 그들을 향하사 숨을 내시며 이르시되 성령을 받으라.

"너희에게 평강이 있을지어다." 이 평강은 단지 마음이 평안해지는 감정이 아니라, 거짓을 벗어버리고 다시 빛 가운데 서는 자에게 주어지는 심령의 회복입니다. 그 평강은 진리 안에서 다시 연결된 관계, 다시 살아난 공동체, 다시 일어난 생명의 증거입니다.

그리고 예수님은 이 사명을 감당하도록 우리에게 성령을 주셨습니다. 거짓을 이기는 힘은 우리 인간에게 없기 때문입니다. 오직 진리의 성령께서 우리를 모든 진리 가운데로 인도하실 때 우리는 비로소 다시 빛 가운데 걷는 자가 될 수 있습니다.

구원이란, 거짓과 왜곡으로 무너진 삶 한가운데 진리이신 주님이 찾아오셔서 우리의 죄를 짊어지시고, 입술을 정결케 하시며, 끊어진 관계를 회복하시고, 멈춘 발걸음을 다시 진리 가운데로 걷게 하시는 하나님의 사건입니다.

구원이란, 아버지께서 아들을 십자가에 내어 주신 그 사랑을 믿음으로 받아 더 이상 거짓에 묶이지 않고 성령 안에서 진리이신 예수님을 따라 빛의 사람으로 살아가는 것입니다.

하나님 아버지의 마음은 무엇입니까? 단 한 가지입니다. 내 자녀가 빛 가운데 살기를 원하신다는 것입니다. 우리가 거짓의 어둠 속에 갇혀 숨조차 쉬지 못할 때도 하나님은 우리를 결코 그 자리에 버려두지 않으십니다. 길이 막혀도, 발걸음이 멈춰도 어떻게든 어떤 방법으로든 우리를 생명의 빛 가운데로 인도하시는 하나님의 그 사랑, 하나님의 마음을 우리는 알아야 합니다.

그 빛은 막연한 희망이 아닙니다. 그 빛은 곧 예수 그리스도이십니다. 아들을 이 땅에 보내시기까지, 십자가에 내어 주시기까지 우리를 살리고자 하신 하나님은 "내게 돌아오라. 거짓의 어둠에서 나와 내 빛 가운데서 다시 살아나라" 하시며 오늘도 간절히 우리를 부르고 계십니다. 하나님의 그 음성을 듣기 바랍니다.

성도란, 흑암이 덮인 세상 속에서도 거짓의 어둠을 벗고 하나님이 주신 빛을 따라 걷는 사람입니다. 성도란, 거짓의 입술을 멈추고 사람을 살리는 진실의 말로 공동체를 세우는 사람입니다. 성도란, 하나님께서 아들을 십자가에 내어 주시기까지 우리를 살리려 하신 그 사랑을 붙들고 빛의 사람으로 살아가는 하나님의 백성입니다.

오늘 말씀을 통해 분명히 보듯, 거짓은 빛을 가리고, 그 어둠은 우리의 눈을 멀게 하며 관계와 공동체를 멈추게 합니다. 그러나 예수님이 바로 그 어둠 한가운데로 오셔서 우리의 거짓을 짊어지시고 십자가에서 침묵하심으로 진리의 길을 우리에게 열어 주셨습니다.

그러므로 오늘 이 시간 예수님 앞에 머뭇거리지 마십시오. 거짓의 습관을 변명하지 말고, 더 이상 어둠 속에 머물 이유를 찾지 말고 예수 그리스도 곧 진리 되신 빛 앞으로 걸어 나오십시오. 그리고 하나님의 빛 앞에 서서 우리의 입술과 마음을 내려놓고 진실한 회개의 고백을 주께 올려 드리기를 간절히 원합니다. "주님, 저의 거짓을 용서하여 주시옵소서. 저를 다시 빛 가운데 세워 주시옵소서."

이 고백이 우리의 진심이 되기를 원합니다. 그리고 회개에서 멈추지 말고, 믿음으로 일어나 빛의 길을 걸어갑시다. 예수님의 진리로 말하고 그분의 사랑으로 살아가려는 결단을 합시다. 그럴 때 하나님께서는 바로 지금 이 자리에서 우리를 빛의 사람으로 변화시켜 주시고 세워 주실 줄로 믿습니다.

오늘 우리가 이 말씀 앞에서 기억해야 할 복음은 이것입니다. 우리가 아무리 거짓으로 얼룩진 지난날을 살았을지라도, 예수님은 진리로 오셔서 우리의 모든 어둠을 덮으시고 우리를 다시 빛 가운데로 이끄시는 분이라는 것입니다. 우리의 영원한 구원자가 되신다는 것입니다. 우리가 아무리 깊은 흑암 속에 머물고 있다 해도, 예수님은 더듬을 수 없는 생명의 빛이 되셔서 우리의 굳어진 마음을 깨우시고 멈춰 버린 관계를 회복시켜 주십니다.

예수님은 오늘도 우리를 향해 말씀하십니다. "어둠 가운데 머물지 말고, 내 빛을 따라오라. 거짓을 말하는 입술을 버리고, 생명을 살리는 진실 된 입술로 나를 따르라."

이제 우리가 주님의 음성에 응답할 시간입니다. 거짓의 어둠을 벗고 진리의 빛을 입읍시다. 공동체를 무너뜨리는 말이 아니라 서로를 살리는 말로 복음의 빛을 나누는 자가 됩시다. 그렇게 그분을 따를 때 우리는 다시 서로를 볼 수 있게 될 것입니다. 무너졌던 신뢰가 회복되고 끊어졌던 사랑이 다시 흐름으로 우리 공동체가 모두 빛의 사람들로 일어나게 될 것입니다.

그러므로, 이제는 거짓을 벗어버리고 진리이신 예수님만 찾고 따르는 우리가 되기를 바랍니다. 그분의 빛이 우리의 마음에 임하시고, 우리의 가정과 직장과 삶의 자리마다 임하시기를 바랍니다. 믿음의 말, 소망의 말, 사랑의 말이 흐르기를 축복합니다.

이제 그 어떤 어둠도 우리를 삼키지 못하며, 그 어떤 거짓도 우리를 무너뜨리지 못할 것입니다. 진리이신 예수 그리스도께서 우리 안에 계시기 때문입니다. 그분의 빛이 우리의 발걸음을 비추고, 우리의 입술과 삶에서 하나님의 진리와 영광이 흘러나오기를 간절히 축원합니다. 그리하여 우리 삶이 빛 가운데 걷는 자의 담대함과 진리 안에 사는 자의 평강으로 가득 차기를 우리 주 예수 그리스도의 이름으로 축원합니다! 축원합니다! 축원합니다!

기도

하나님, 예수를 믿는다고 하면서도 철저하게 거짓의 어둠 속에 파묻혀 진리 되시고 빛 되신 예수님을 바라보지 못했음을 회개합니다. 함부로 다른 사람을 정죄하며 욕하고 이간질하며 살아온 죄인이 바로 여기 있사오니 용서해 주시옵소서. 이제는 빛 되신 예수 그리스도의 말씀을 따라 살아갈 수 있도록 역사해 주시옵소서. 예수 그리스도의 보혈로 모든 죄악을 씻으시고, 이제는 생명의 빛으로 나오라 하시는 주님의 말씀을 좇아가게 하여 주시옵소서.

그 어둠 속에 우리를 버려두지 아니하시고 진리 자체이신 예수 그리스도를 이 땅에 보내 주셔서 오늘도 나를 그 진리의 빛 가운데로 초청하시는 하나님을 바라보게 해주시옵소서. 우리를 죄악에서 구원하여 주신 우리 주 예수 그리스도의 이름으로 간절히 기도드리옵나이다. 아멘.

Chapter 11

네 이웃의 집을 탐내지 말라

탐욕을 버리는 길은 어디에 있는가?
(제10계명과 열 번째 재앙)

출애굽기 11장 4-6절, 20장 17절

11:4-6 모세가 바로에게 이르되 여호와께서 이와 같이 말씀
하시기를 밤중에 내가 애굽 가운데로 들어가리니 5애굽 땅에
있는 모든 처음 난 것은 왕위에 앉아 있는 바로의 장자로부터
맷돌 뒤에 있는 몸종의 장자와 모든 가축의 처음 난 것까지 죽
으리니 6애굽 온 땅에 전무후무한 큰 부르짖음이 있으리라

20:17 네 이웃의 집을 탐내지 말라 네 이웃의 아내나 그의 남종이나 그의 여종이나 그의 소나 그의 나귀나 무릇 네 이웃의 소유를 탐내지 말라

우리 인간은 나의 유익과 나의 욕심, 내가 바라고 원하는 것들을 간절히 소망하면서, 작은 바람결에도 흔들리는 불씨 같은 욕망을 가슴에 품고 살아갑니다. 처음에는 그것이 우리 삶을 더 풍요롭게 만들 것처럼 보입니다. 조금만 더 가지면 이제는 만족하며 살 것 같은 기분이 우리 안에 충만합니다. 그러나 우리가 가지면 가질수록 그 탐심은 멈추지 않고 계속해서 더 많은 것을 바라고 요구합니다. 채우면 채울수록 더 큰 허기가 찾아오고, 얻으면 얻을수록 불안감은 더 깊어만 갑니다.

결국 우리는 나의 안에 있는 탐심에 의하여 경계선을 넘어 타인의 몫에까지 손을 뻗고, 양심과 이성을 스스로 무너뜨리게 됩니다. 마침내 처참하게 무너지는 그 행동을 우리는 탐심으로 인해 거침없이 해나가고 있습니다. 역사 속의 수많은 비극들, 무너진 공동체와 상하 관계, 죄악의 어둡고 짙은 그림자 뒤에는 언제나 이 한 가지가 있었습니다. 그것은 멈출 줄 모르는, 그리고 스스로를 삼키는 무서운 인간의 탐욕입니다. 이 탐욕은 끝내 모든 것을 집어삼키고, 결국 남는 것은 텅 빈 마음과 돌이킬 수 없는 상처와 죽음뿐입니다.

태초의 인간은 부족함이 없었습니다. 모든 것이 충만했고, 그의 마음에는 평화가 깃들어 있었습니다. 그러나 그 평화 속에 아주 미세한 갈증이 스며들었습니다. 그것은 필요한 것을 구하는 갈망이 아니라, 더 가지려는 마음 곧 '더! 더! 더!'라는 속삭임이었습니다.

탐욕은 그렇게 시작되었습니다. 처음에는 사소한 호기심이었으나, 그것은 은밀히 마음 깊은 곳에서 자라나 "지금보다 더 높이…더 많이…더 크게…"라고 속삭이며 아담과 하와의 마음의 경계를 허물고, 주어진 은혜보다 금지된 것을 더 매력적으로 보이게 했습니다. 주어진 은혜를 당연하게 여기게 만들고, 지금의 만족을 작은 것으로 느끼게 만들었습니다. 그들의 눈은 더 많은 것을 소유하고자 남들이 가지고 있는 것으로 향했고, 마음은 손에 쥔 것을 잊고 가지지 못한 것에 사로잡혀 있었습니다.

마침내 그 손이 경계를 넘어 선악과를 붙잡았습니다. 손끝에 닿은 부드러운 그 감촉, 그 안에 숨겨진 듯한 달콤한 약속이 마지막 인간의 저항을 완전히 무너뜨렸습니다. 그 순간, 탐욕은 죄의 문을 열었고, 그 문을 통해 불순종이 들어왔습니다. 불순종은 곧 두려움과 수치, 그리고 죽음을 불러왔습니다.

인간의 탐욕은 그렇게 안전했던 세상에 죄가 들어오게 하는 통로가 되어 버렸습니다. 그리고 그 문은 한 번 열리자 영원히 닫히지 않았습니다. 그렇게 타락한 인간의 마음은 지금도 변함없이 세대마다, 민족마다 같은 방식으로 죄를 불러들이고 있습니다.

오늘 본문인 십계명의 열 번째 계명과 출애굽 당시 열 번째 재앙은 모두 단순히 구약의 역사적 기록이 아니라 우리 내면을 향한 하나님의 깊은 메시지를 담고 있습니다.

열 번째 재앙은 출애굽 기사의 절정이자, 하나님께서 애굽의 심장을 치신 사건입니다. '처음 난 것' 곧 '장자'를 치신 이 심판은 단순한 기적이나 징계 혹은 한 가정의 비극이 아닙니다. 그것은 애굽이 의지하던 신과 문화 그리고 욕망의 체계를 정면으로 꺾으시며 불의한 제국 질서의 미래를 끊어내신 하나님의 공의의 심판이었습니다.

고대 사회에서 장자는 가문의 대표이자 상속자, 그리고 나라의 지속을 상징했습니다. 따라서 장자를 치신다는 것은 가정과 사회, 나아가서 나라의 뿌리 기초, 그리고 미래를 흔드시는 진노였습니다. 그 시각이 '밤중'이었다는 것은, 인간의 힘과 통제가 멈춘 그 경계의 시간에 하나님의 주권적 손길이 역사에 깊숙이 들어오셨음을 보여 줍니다. 이 심판은 계층과 신분의 경계를 가리지 않았습니다. 왕좌에 앉은 바로의 장자에서부터 맷돌 뒤의 여종의 장자까지, 심지어 가축의 처음 난 것에 이르기까지, 모든 계층, 모든 산업, 모든 영역이 포함되어 있었습니다. 이것은 일부를 향한 경고가 아니라 불의한 질서를 뒤집는 하나님의 전면적인 심판이었습니다.

하나님은 출애굽기 12장 12절에서 이렇게 말씀하셨습니다.

> 내가 그 밤에 애굽 땅에 두루 다니며 사람이나 짐승을 막론하고 애굽 땅에 있는 모든 처음 난 것을 다 치고 애굽의 모든 신을 내가 심판하리라 나는 여호와라.

이 말씀은 열 번째 재앙이 단순한 자연재해나 전염병이 아니라, 애굽이 세워놓은 모든 거짓 권위와 제도화된 탐욕의 근본을 겨냥한 하나님의 심판이었음을 보여 줍니다. 열 번째 재앙인 장자의 죽음은 우리에게 무엇을 말씀하고 있는 것일까요? 그것은 인간이 가장 소중하게 여기는 것, 곧 가문 계승과 재산 상속의 중심인 '장자'를 하나님께서 치심으로, "너희가 가장 탐내던 것이 나의 것이며, 나는 결코 너희가 마음의 우상으로 탐하는 그것을 절대 용납하지 않겠다"라고 선포하신 것입니다.

그리고 우리는 이 열 번째 재앙을 오늘 본문의 또 다른 말씀, "네 이웃의 집을 탐내지 말라"는 열 번째 계명과 연결해서 보아야 합니다. 애굽의 억압 체제는 단순한 정치와 경제 구조가 아니라, 타인의 집과 삶, 노동과 생산, 미래와 권리를 빼앗은 제도화된 도둑질이며 탐욕이었습니다. 이 탐욕이 세대와 세대를 거쳐 누적되자 그 끝은 죽음과 울부짖음임을 오늘 성경은 우리에게 똑똑히 보여 주고 있습니다. 십계명의 마지막 계명은 바로 이 지점을 겨냥합니다. 출애굽기 20장 17절 말씀입니다.

> 네 이웃의 집을 탐내지 말라 네 이웃의 아내나 그의 남종이나 그의 여종이나 그의 소나 그의 나귀나 무릇 네 이웃의 소유를 탐내지 말라.

제10계명은 외적 범죄를 다루는 앞선 계명들과 달리, 행동 이전의 마음, 욕망의 뿌리를 다룹니다. "탐내지 말라"는 명령은 소유 이전에 먼저 마음을 다스리라는 하나님의 질서입니다. 탐욕은 반드시 경계를 넘고, 그 경계 너머에서 타인의 삶을 침탈하기 때문입니다. 열 번째 재앙은 탐욕이 끝까지 자라날 때 세상이 어떤 대가를 치르게 되는지 보여 주고, 열 번째 계명은 새로운 공동체가 그 길을 다시 가지 않도록 마음의 단계에서부터 울타리를 세웁니다. 심판의 현실과 거룩한 공동체의 질서는 이렇게 맞닿아 있습니다.

그러나 문제는 법이 마음을 완전히 바꿀 수는 없다는 것입니다. 탐욕을 막는 울타리가 아무리 높아도, 마음속 불씨는 여전히 우리 안에서 살아 있습니다. 언제나 탐욕을 꿈꾸고, 언제든지 탐욕을 실행할 수 있는 존재라는 것입니다. 그렇다면 이 탐욕을 꺾고 새 마음을 얻는 길은 어디에 있습니까?

인간의 탐욕은 스스로 멈출 수 없는 속성을 가지고 있습니다. 경계가 있어도 넘어가고, 금지가 있어도 우회하며, 심지어 법도 마음을 다스릴 수 없다는 사실은 역사가 증명합니다.

그러나 하나님께서 이 절망의 경계에 한 길을 두셨습니다. 바로 예수 그리스도이십니다. 예수님은 하늘의 영광과 부요를 버리시고 이 땅에 오셨으며, 인간이 가장 탐내는 것, 권세와 소유를 전혀 붙잡지 않으셨습니다. 오히려 "여우도 굴이 있고 공중의 새도 거처가 있으되 인자는 머리 둘 곳이 없다" 하시며 철저히 자신을 비우고 낮아지는 길을 걸으셨습니다. 그분은 탐욕의 뿌리를 꺾기 위해 인간이 움켜진 모든 것을 스스로 놓아 버려 주셨습니다.

그런데 왜 예수님은 탐욕이 없으신데도 '탐욕의 시험' 앞에 서야만 했을까요? 마귀는 그분을 지극히 높은 산 위로 이끌었습니다. 발아래 펼쳐진 천하만국과 눈부신 영광, 한 번의 절(엎드림)로 단숨에 손에 넣을 수 있는 모든 것, 이것은 단순한 유혹이 아니었습니다. 인류의 역사를 비틀어놓은 가장 오래된 탐욕의 속삭임이었습니다. 더 많이, 더 높이, 더 강하게, 소유와 권세를 위해, 창조주보다 피조물을 경배하게 만든 속삭임, 그것은 곧 우리가 에덴에서 무너진 자리입니다.

왜 예수님은 그렇게 탐욕을 유혹하는 자리에 서 있었을까요? 그곳이 바로 우리가 에덴에서 무너진 자리이기 때문입니다. 이미 모든 것을 받았음에도 '더'라는 한 음절 앞에 흔들렸던 자리, 그날 이후 인간의 심장은 끊임없이 탐욕에 목말라했습니다. 채우면 금세 달아나는 만족, 손에 쥐면 더 커지는 허기, 우리는 그렇게 탐욕의 굴레 안에서 세월을 흘려 보냈습니다.

그러나 예수님은 인간이 무너졌던 에덴의 그 자리로 다시 돌아오셨습니다. 광야의 바람이 살을 에는 그곳, 사십 일 동안 굶주린 육신으로 세상과 단절된 그 고요 속에서 그분은 우리 대신 시험을 받으셨습니다. 왜입니까? 우리가 처음 무너진 에덴의 그 자리에서 우리의 패배를 그분의 승리로 바꾸시기 위함이었습니다. 패배한 우리에게 승리를 다시 안겨주기 위함이었습니다.

마귀의 제안에 예수님의 대답은 단호했습니다. 마태복음 4장 8-10절 말씀입니다.

> 마귀가 또 그를 데리고 지극히 높은 산으로 가서 천하 만국과 그 영광을 보여 이르되 만일 내게 엎드려 경배하면 이 모든 것을 네게 주리라 이에 예수께서 말씀하시되 사탄아 물러가라 기록되었으되 주 너의 하나님께 경배하고 다만 그를 섬기라 하였느니라.

그분은 권세를 거절하셨습니다. 소유를 거절하셨습니다. 세상의 왕좌 대신 십자가의 길을 선택하셨습니다. 이 승리는 단순히 예수님의 개인적 의지가 아닙니다. 그것은 인류 역사 속에 새겨진 반전의 선언입니다. 이제 더 이상 우리는 탐욕의 포로로 살 필요가 없습니다. 이미 그분께서 그 사슬을 끊으셨기 때문입니다. 곧 우리는 예수 그리스도를 구하고 예수 그리스도의 능력으로 살아갈 때 그 탐욕을 끊을 수 있습니다. 복음은 우리에게 이렇게 선포합니다.

"네 생명이 네 지갑의 무게에 있는 것처럼 보이나, 절대 그렇지 않다. 네 안전이 네가 쌓아올린 성벽 안에 있다고 생각하느냐? 그렇지 않다. 네 만족은 더 많은 '무엇'이 아니라, 더 깊은 '누구'에게 있다. 그리고 그 '누구'가 바로 예수 그리스도이시다."

그분 안에서 우리는 비로소 자유함을 누릴 수 있으며, 탐욕의 불길은 그분의 사랑 앞에서 꺼질 수밖에 없습니다. 허기의 골짜기는 그분의 은혜로 만족함을 느낄 수 있다는 것입니다. 예수 이름을 믿는 자를 세상은 더 이상 묶어둘 수 없습니다. 예수님은 말씀하셨습니다. 요한복음 8장 36절 말씀입니다.

그러므로 아들이 너희를 자유롭게 하면 너희가 참으로 자유로우리라.

이 자유는 잠깐의 휴식이 아닙니다. 쇠사슬이 풀린 듯 보여도 마음이 여전히 두려움과 욕망에 묶여 있다면 그것은 진정한 해방이 아닙니다. 그러나 그분이 주시는 자유는 다릅니다. 속박의 자국마저 지워지고 그림자까지도 빛 속에 사라지는 자유, 더 이상 과거의 주인에게 돌아가지 않는 참 자유입니다.

세상은 우리에게 수많은 자유를 약속합니다. 그러나 그 자유의 값을 거침없이 우리에게 요구합니다. '더 높이 오르라, 더 많이 가지라, 더 강해지라, 이러한 약속은 달콤하지만 결국 또 다른 사슬을 우리의 목에 걸어놓습니다.

예수님의 자유는 그 반대입니다. 더 내려놓을수록, 더 비울수록, 더 가난해질수록 더 깊어지는 그 참 자유, 더 이상 가진 것으로 나를 증명하지 않아도 되는 자유, 남의 것을 빼앗아야 숨 쉴 수 있는 그런 존재가 아니라 이미 충분하다고 고백하는 존재가 되는 그 자유. 이러한 자유를 누려보고 싶지 않습니까? 그리고 "참으로 자유로우리라"는 이 선언은 미래의 소망이 아니라, 지금 우리가 누릴 수 있는 현재의 선물입니다. 주님은 이미 승리하셨고, 그 승리가 우리 안에 심어졌기 때문입니다. 이제 우리는 더 이상 세상의 영광에 매이지 않고 그분 안에서 영원히 자유롭게 잘 살아갈 수 있다는 것입니다.

십계명의 열 번째 계명은 단순히 "남의 것을 탐내지 말라"는 금지의 명령으로 머물지 않습니다. 그것은 인간 내면 깊숙한 곳에서 일어나는 갈망의 방향을 점검하라는 하나님의 명령입니다. 탐욕은 언제 시작됩니까? 언제나 '아직 내게 없는 것'을 붙잡으려는 갈망에서 비롯됩니다. 남의 집이 더 커 보입니다. 남의 차가 더 좋아 보입니다. 남의 자리, 남의 삶을 바라보며 내게 없는 것을 메우려 애쓰는 것, 그것이 바로 탐욕입니다. 그래서 탐욕은 결핍의 언어이고 비교의 탄식입니다. '왜 나는 저 사람처럼 좋은 집에서 살지 못할까? 왜 나는 저 사람처럼 재능이 없을까? 왜 나는 저 사람처럼 예쁘지 않을까? 왜 나는 저 자리, 저 집, 저 외모를 가지지 못했을까?' 이 비교와 결핍이 만들어내는 탄식은 곧 탐욕의 탄식입니다. 이 탄식은 끝없는 결핍을 낳고, 결국 우리를 죄와 멸망으로 이끌어갑니다.

하지만 복음은 거기서 끝나지 않습니다. 예수님 안에 있는 자에게도 탄식이 있는데, 그와 다른 또 다른 탄식이 있다는 것입니다. 바로 성령의 탄식입니다. 사도 바울은 로마서 8장 23절에서 이렇게 말합니다.

> 우리 곧 성령의 처음 익은 열매를 받은 우리까지도 속으로 탄식하여 양자 될 것 곧 우리 몸의 속량을 기다리느니라.

탐욕의 탄식은 '세상 것을 가지지 못했다'는 허무에서 나오지만, 성령의 탄식은 '하나님의 나라가 곧 완성될 것이다'라는 소망에서 나온다는 것입니다. 탐욕의 탄식은 끝없는 결핍의 울음이지만, 성령의 탄식은 장차 올 영광을 향한 거룩한 갈망입니다. 그리고 하나님은 이 거룩한 탄식에 응답하셨습니다. 로마서 8장 32절에서는 이렇게 선포하고 있습니다.

> 자기 아들을 아끼지 아니하시고 우리 모든 사람을 위하여 내주신 이가 어찌 그 아들과 함께 모든 것을 우리에게 주시지 아니하겠느냐.

내 안에 있는 성령으로 말미암아 하나님을 향한 갈망의 탄식을 하면 하나님께서는 이렇게 모든 것을 주겠다고 말씀하십니다. 여기서 말하는 '모든 것'이 세상의 부귀나 권세인 것 같습니까? 절대 아닙니다. 하나님이 주시는 모든 것은 곧 예수님 안에서 이미 주어진 영광과 능력입니다. 우리가 죽으시고 부활하신 예수 그리스도를 간절히 구하고 갈망하면 하나님께서는 이러한 복을 주십니다. 곧 사도행전 1장 8절에서는 우리에게 성령의 권능을 주신다고 말씀하십니다. 에베소서 1장 19-20절에서는 부활의 능력으로 우리 안에 역사해 주신다고 약속하십니다. 빌립보서 4장 13절에서는 모든 것을 능히 감당할 힘을 우리에게 주신다는 것입니다. 고린도후서 5장 21절에서는 하나님의 의를 우리에게 덧입혀 주신다고 말씀하고 있습니다. 로마서 8장 35절에서는 그 무엇도 우리를 그 사랑에서 끊을 수 없다고 말씀해 주시며, 로마서 8장 17절에서는 장차 하나님의 나라를 상속받을 자녀의 영광을 주신다고 약속하십니다.

우리는 지금 세상의 돈 따위가 탐욕을 부릴 만큼 그렇게 간절합니까, 아니면 지금 말씀하신 이 하나님의 능력이 간절합니까? 우리는 도대체 무엇을 갈망하며 살아가고 있습니까? 여전히 남의 것을 탐하며 비교 속에서 탄식하고 절망하고 있습니까, 아니면 이미 자기 아들을 주신 하나님이 그 아들과 함께 모든 것을 주신다는 복음의 충만 안에서 가진 것이 없어도 행복하게 살아가고 있습니까?

하나님은 이미 가장 귀한 예수 그리스도를 우리에게 내어 주셨습니다. 그러므로 이제 우리의 탄식은 더 이상 결핍의 울음이 아니라 영광을 향한 거룩한 갈망이 되기를 간절히 원합니다. 이것이 곧 복음의 충만이며, 우리의 참된 자유입니다. 이 고백이 오늘 우리의 출애굽이요 내면의 예배가 되기를 간절히 축원합니다.

구원이란, 죄와 탐욕에 사로잡혀 있던 우리가 예수 그리스도 안에서 참 자유를 얻는 것입니다. 우리가 스스로는 결코 끊을 수 없었던 욕망의 사슬을 예수님께서 십자가에서 자신의 생명으로 끊어내신 것입니다.

구원이란, 우리가 넘어졌던 그 자리, 세상의 영광을 하나님보다 더 사랑했던 그 자리에서 예수님이 우리 대신 승리하시고 그 승리를 우리에게 주신 것입니다. 마귀가 천하만국과 그 영광을 보여 주며 경배하라고 했을 때 예수님은 오직 하나님만 섬기셨습니다. 그 거절과 순종이 오늘 우리의 자유가 되었습니다.

구원이란, 더 많이 가져야 살 수 있고, 더 높아져야 안전할 수 있다는 세상의 거짓말에서 벗어나, 예수님 안에서 이미 충분하다고 고백하면서 살아가는 것입니다. 아들이 우리를 자유롭게 하면 우리는 참으로 자유로울 것입니다. 그분 안에서만 참된 자유가 있고, 그 자유가 곧 우리의 구원입니다.

본문에서 나타나는 하나님 아버지의 마음은 탐욕에 묶여 방향을 잃고 살아가는 우리를 그냥 두고 보실 수 없는 간절한 마음입니다. 우리가 더 많은 것을 붙잡으려다 결국 스스로를 잃어버릴 때 아버지는 그 끝이 죽음이 아니라는 것을 아셨습니다. 그래서 가장 사랑하는 아들을 보내 주셨습니다. 예수님은 광야에서 세상의 모든 영광과 권세를 거절하셨습니다. 그 거절 속에 아버지의 깊은 사랑이 들어있다는 것을 아십니까? "내 자녀를 거짓된 주인에게 빼앗기지 않겠다."

그러므로 십자가는 아버지의 선언입니다. "나는 너를 세상의 욕망에 넘기지 않겠다. 나는 너를 위해 모든 것을 내어 주었다." 이것이 바로 하나님 아버지의 마음입니다.

성도란, 예수 그리스도 안에서 탐욕의 사슬이 끊어진 사람입니다. 세상이 약속하는 권세와 소유가 아니라 예수님만을 만족과 생명으로 삼는 사람이 성도입니다.

오늘 우리는 하나님의 말씀 앞에서 한 가지 분명한 사실을 보았습니다. 바로 탐욕은 단지 외적인 행동이 아니라 마음의 주인을 바꾸는 힘이라는 것입니다. 그리고 탐욕의 그 쇠사슬을 끊을 수 있는 길은 오직 예수 그리스도뿐이라는 것입니다. 그러므로 우리는 이제 결단해야 합니다. '더 높이' '더 많이' '더 강하게'를 외치는 세상의 속삭임에 귀를 닫고 광야에서 세상의 영광을 거절하신 예수님의 길을 따르기로 결단해야 합니다.

회개란, 단순히 잘못을 인정하는 것이 아니라 마음을 돌이켜 하나님께로 돌아오는 것입니다. 우리는 십자가 앞에 우리가 붙잡고 있던 거짓된 안정과 만족을 내려놓고, 예수님만이 우리의 생명이고 만족이심을 고백해야 합니다.

오늘 이 시간, 그분 앞에서 우리의 마음을 열기를 바랍니다. 탐욕이 차지했던 마음의 자리를 비우고, 그 자리에 예수님의 통치와 평안을 받아들이는 하나님의 복이 우리에게 임하기를 원합니다. 그리고 아버지의 음성을 들으십시오. "아들이 너희를 자유롭게 하면 너희가 참으로 자유로우리라." 이 말씀이 오늘 우리의 고백이 되기를 원합니다. 이제 우리 모두 믿음으로 그분 앞에 바로 서서 진정한 회개로 새로운 피조물이 되기를 간절히 축복합니다.

오늘 우리는 탐욕의 탄식에서 성령의 탄식으로 옮겨가는 복음을 들었습니다. 우리는 이제 비교의 노예가 아니라 예수님 안에서 자족과 자유를 누리는 하나님의 자녀임을 명심하십시오. 탐욕의 사슬은 우리의 의지로는 절대 끊을 수 없습니다. 오직 예수 그리스도의 십자가와 부활만이 그 사슬을 끊을 수 있습니다. 그분은 광야에서 세상의 모든 권세와 소유를 거절하셨고, 십자가에서 우리의 죄와 욕망을 짊어지셨으며, 부활하심으로 우리에게 모든 것을 주셨습니다.

이제 우리에게 남은 길은 단 하나, 그분께 돌아가 그분만을 주인으로 섬기는 것입니다. 그러므로 오늘 결단하십시오. '더 많이' '더 높이' '더 강하게'라고 외치는 세상의 속삭임에 귀를 막고 오직 예수님만이 나의 만족, 나의 기쁨, 나의 영광임을 고백하기를 원합니다. 그분이 주시는 자유와 평안함에 거하는 삶을 선택할 때, 주님은 세상의 소망과 재물과 성공이 줄 수 없는 모든 것을 우리에게 주신다고 약속하셨습니다. 이제 우리의 마음 안에 주님이 거하시고, 우리의 걸음마다 복음의 빛이 비치며, 우리의 생애가 하나님 나라의 기쁨으로 채워지기를 축복합니다.

세상의 헛된 속삭임이 아니라 하나님의 음성에 귀 기울이는 은혜가 우리 삶에 넘치기를 축원합니다. 탐욕의 무거운 사슬이 아니라 주님의 사랑 안에서 누리는 참된 자유가 넘치기를 축원합니다. 끝없는 소유의 욕망이 아니라 오직 예수님만으로 만족하는 기쁨이 우리의 신념과 삶을 온전히 붙드시기를 축원합니다. 이 모든 놀라운 복이 우리 모두에게 충만하게 임하시기를 예수 그리스도의 이름으로 축원합니다! 축원합니다! 축원합니다!

기도

하나님, 어떻게 하면 주님만을 바라보며 세상의 모든 탐욕을 버리고 예수님께로 나아갈 수 있습니까? 오늘 이 말씀을 들었지만 아직도 탐욕으로 말미암아 우리 안에는 세상의 것과 거짓된 것을 사랑하는 마음과 거짓말, 질투, 남을 미워하는 마음이 있습니다.

그 어떤 것을 동원해서라도 내 안에 있는 탐심을 채우려는 어처구니없는 죄악이 우리 안에 가득합니다. 우리는 거침없이 남을 정죄하면서 내 안에 세상의 것을 채우려 합니다. 그것도 예수님의 이름을 빌려가면서 말입니다. 하나님, 용서해 주시옵소서.

우리가 스스로의 죄악을 보지 못하고 있습니다. 주님, 용서해 주시옵소서. 주님, 우리를 버리지 마시옵소서. 아무리 복음을 들어도 내 안에 있는 탐심을 제거하지 못하는 우리를 불쌍히 여기시어 오늘 이 시간 내가 가장 탐심이 많은 자이고, 가장 죄가 많은 자이며, 가장 죽어 마땅한 자임을 알게 해주시옵소서. 나를 구원해 주실 분은 오직 예수 그리스도밖에 없음을 알게 해주셔서 예수님의 십자가 앞에 무릎 꿇게 하시옵소서.

주님, 이제는 예수 그리스도의 이름으로 새로운 사람이 되어 새로운 주님의 능력으로 살아가게 하시옵소서. 그리하여 모든 세상의 탐욕을 벗어버리고 주님이 이루신 승리의 길을 걸어가는 우리 모두가 되게 하여 주시옵소서. 우리를 죄악에서 구원하여 주신 우리 주 예수 그리스도의 이름으로 간절히 기도드리옵나이다. 아멘.

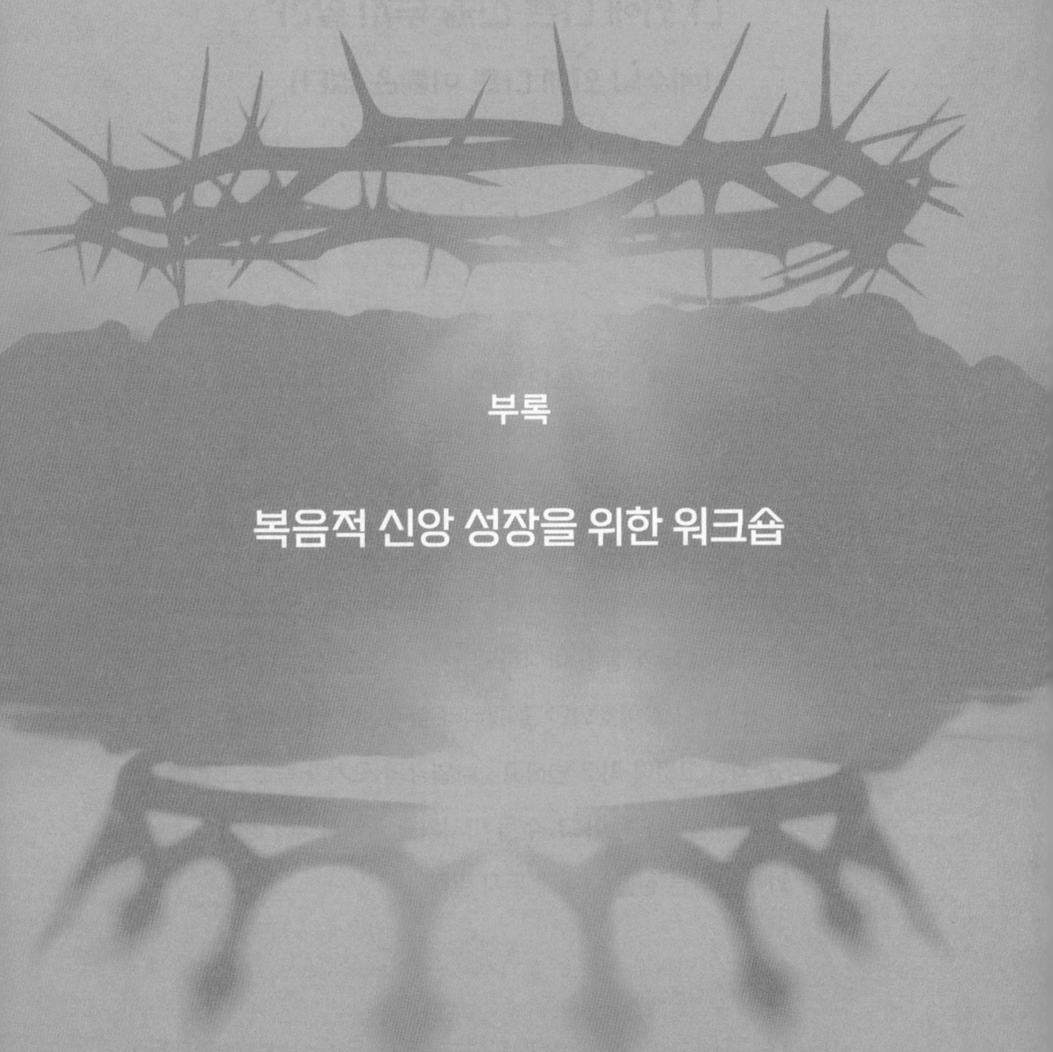

부록

복음적 신앙 성장을 위한 워크숍

워크숍 1

"나 외에 다른 신을 두지 말라"

(예수님 외에 다른 이름은 없다)

- 제1계명과 첫 번째 재앙

본문: 출애굽기 7장 14-18절, 20장 3절

14여호와께서 모세에게 이르시되 바로의 마음이 완강하여 백성 보내기를
거절하는도다 15아침에 너는 바로에게로 가라 보라 그가 물 있는 곳으로 나
오리니 너는 나일강가에 서서 그를 맞으며 그 뱀 되었던 지팡이를 손에 잡
고 16그에게 이르기를 히브리 사람의 하나님 여호와께서 나를 왕에게 보내
어 이르시되 내 백성을 보내라 그러면 그들이 광야에서 나를 섬길 것이니라
하였으나 이제까지 네가 듣지 아니하도다 17여호와가 이같이 이르노니 네
가 이로 말미암아 나를 여호와인 줄 알리라 볼지어다 내가 내 손의 지팡이
로 나일강을 치면 그것이 피로 변하고 18나일강의 고기가 죽고 그 물에서는
악취가 나리니 애굽 사람들이 그 강 물 마시기를 싫어하리라 하라
3너는 나 외에는 다른 신들을 네게 두지 말라

본문 핵심 요약

하나님은 출애굽의 첫 재앙에서 애굽이 신으로 섬긴 나일강을 치심으로, "너희가 신이라 부르는 것은 아무것도 아닌 허상이다"라고 선언하셨습니다. 그리고 제1계명은 이를 향한 하나님의 마음으로,

"나 외에는 다른 신들을 두지 말라"는 절대적 요구이자 사랑의 부르심입니다. 진짜 신뢰는 피 아래 거하는 순종이며, 가짜 신뢰는 결국 우리를 썩은 강물처럼 무너뜨립니다.

1. 나는 오늘 무엇을 '나일강'처럼 의지하고 있는가?

애굽은 나일강을 '생명의 근원'이라 부르며 신격화했습니다. 그러나 하나님은 그 강을 피로 변하게 하심으로, 인간이 붙들어온 생명력의 기만성을 드러내셨습니다.

우상이란 돌이나 금속으로 만든 형상이 아니라, '나는 하나님 없이도 살 수 있다'는 내적 확신이 만들어낸 신입니다. 그것은 필요 이상으로 안정감, 통제감, 인정, 성공의 달콤함을 제공하기 때문에 우리는 그것을 쉽게 놓지 못하고, 어느새 하나님보다 먼저 그것을 붙잡으며 살아가게 됩니다.

나일강의 정체는 단순한 강물이 아니라, 하나님의 자리를 슬그머니 차지한 우리의 '자기중심성'의 상징입니다. 그리고 오늘 우리 안에도 똑같은 강이 흐르고 있습니다. 겉으로는 깨끗해 보이지만, 하나님 앞에서는 피처럼 썩고 악취가 나는 것들입니다.

묵상 질문

» 나는 무엇을 통해 '살아 있다' '안전하다' '가치 있다'는 감각을 얻고 있는가?

» 만약 하나님이 그것을 잠시 제하신다면, 나는 무엇을 가장 두려워하며, 무엇 때문에 무너질 것인가?

» 나는 "하나님은 나의 구원자"라고 말하면서도, 실제 삶에서는 무엇을 '구원의 통로'처럼 붙잡아 왔는가?

- 사람의 인정
- 내가 만든 계획
- 경제적 안정감
- 건강과 자기관리
- 명예, 성취, 효율
- 종교적 행위로 느끼는 자기 의(義)

» 그중에서 하나님보다 더 강하게 나를 움직이고 지배하는 힘은 무엇인가?

실천사항

1. 하루의 끝마다 '오늘 나는 어제보다 주님께 더 가까워졌는가?' 라는 질문으로 내 믿음을 정직하게 점검한다.

2. 믿음이 약해진 시기를 부끄러워하지 않는다. 그 연약함 속에서도 나를 붙드신 주님의 손길을 기억하며, 실패를 정죄가 아닌

돌아옴의 기회로 삼는다.

3. 구원의 여정에서 만난 시련을 재해석한다. 그것을 '포기해야 할 이유'가 아니라 하나님이 믿음을 빚어 가시는 성숙의 재료로 받아들이며 감사한다.

복음적 결단

"주님, 제가 그동안 하나님보다 앞세워 '이것만 있으면 나는 살 수 있다'고 믿어온 나의 나일강을 지금 주 앞에 고백합니다.

그 강이 결국 피와 악취로 드러났음을 인정합니다.

오늘 제 마음의 주인이신 하나님 앞에 거짓 생명을 내려놓고, 참 생명 되신 예수님의 샘물로 돌아가겠습니다.

예수님만이 나의 숨이시고, 나의 떡이시며, 나의 안전이십니다."

2. 나는 하나님보다 '덜 두려운 우상'을 더 두려워한 적은 없는가?

애굽의 우상은 강한 것에서 만들어진 것이 아니라, 사람이 가장 두려워한 지점—생존, 안전, 미래—에서 태어났습니다.

우상은 언제나 인간의 가장 깊은 두려움 위에 세워집니다. 그리고 그 두려움은 결국 하나님보다 더 큰 목소리를 내며 우리의 선택을 흔들고, 마음을 지배하며, 하나님보다 먼저 움직이게 만듭니다.

성경은 우상을 "입이 있어도 말하지 못하고, 귀가 있어도 듣지 못한다"라고 했지만, 실상 우리의 마음속에서는 하나님보다 더 크게 들리고, 더 강하게 끌어당기는 존재로 자리 잡고 있습니다.

사람이 만든 우상은 사람보다 강하지 않지만, 우리가 그것을 두려워하기 때문에 강해집니다. 우상은 능력이 없지만, 우리가 그것을 무서워하기 때문에 힘을 가지게 됩니다. 결국 우상 숭배의 본질은 '하나님보다 더 두려운 것이 있다'는 마음의 고백입니다. 그리고 오늘 우리의 삶에서도 두려움이 하나님을 밀어내고 새로운 주인이 되려고 합니다.

묵상 질문

» 나는 무엇을 하나님보다 더 두려워해 왔는가?

- 사람의 평가
- 실패와 실수
- 미래의 불확실성
- 돈의 부족
- 관계의 상실
- 병, 건강 문제

» 최근 내가 내린 중요한 결정 중에 하나님보다 두려움이 더 크게 작용한 선택은 무엇인가? 두려움 때문에 하나님께 순종하지 못

한 것이 있는가?

- 용서해야 할 사람을 용서하지 못한 일
- 버려야 할 죄를 내려놓지 못한 일
- 하나님이 부르시는 자리로 가지 못한 일
- 하나님이 멈추라 하신 것을 멈추지 못한 일

» 만약 '하나님만 두려워하는 마음'이 회복된다면 내 삶에서 가장 먼저 바뀌게 될 모습은 무엇일까?

실천사항

1. 오늘 하루 동안 내 마음을 강하게 흔든 두려움 하나를 기록하고, 그것이 과연 하나님보다 큰 목소리를 낼 자격이 있는지 살펴본다.

2. 두려움 때문에 멈춘 순종이 있다면, 작더라도 한 걸음 행동으로 옮긴다(전화, 메시지, 회개, 용서, 정리, 중단 등).

3. 걱정이 밀려올 때마다 "나는 하나님을 더 두려워합니다"라는 짧은 기도로 두려움의 힘을 무너뜨리는 훈련을 한다.

복음적 결단

"주님, 제가 하나님보다 더 크게 느껴왔던 두려움들을 오늘 모두 주 앞에 내려놓습니다. 저를 지켜 주지 못할 것들을 더 두려워하며 살았음을 고백합니다. 이제 두려움의 자리를 비워 하나님만이 그 자리를 차지하게 하겠습니다. 주님, 제 마음을 다시 정돈해 주시고, 주님만을 경외하는 거룩한 두려움으로 제 영혼을 새롭게 하옵소서."

워크숍 2

"우상을 만들어 그것들을 섬기지 말라"

(하나님의 참 형상이신 예수 그리스도)

제2계명과 두 번째 재앙

본문: 출애굽기 8장 3-4절, 20장 4-5절

3개구리가 나일강에서 무수히 생기고 올라와서 네 궁과 네 침실과 네 침상
위와 네 신하의 집과 네 백성과 네 화덕과 네 떡 반죽 그릇에 들어갈 것이며
4개구리가 너와 네 백성과 네 모든 신하에게 기어오르리라 하셨다 하라

4너를 위하여 새긴 우상을 만들지 말고 또 위로 하늘에 있는 것이나 아래로
땅에 있는 것이나 땅 아래 물 속에 있는 것의 어떤 형상도 만들지 말며 5그
것들에게 절하지 말며 그것들을 섬기지 말라 나 네 하나님 여호와는 질투
하는 하나님인즉 나를 미워하는 자의 죄를 갚되 아버지로부터 아들에게로
삼사 대까지 이르게 하거니와

본문 핵심 요약

하나님께서는 두 번째 재앙인 '개구리의 창궐'을 통해, '너희가 만든 이 우상들은 가짜이고 무력하다'라는 사실을 천하에 드러내셨습니다. 하나님께서 그들이 신으로 떠받들던 '형상' 자체를 심판의 도구로 전환하심으로, 개구리가 축복의 표상에서 삶 전체를 뒤덮는 악취와 혼란의 상징으로 변했습니다.

십계명의 제2계명은 '너를 위하여 형상을 만들지 말라. 그 형상은 너를 지켜주지 못하며, 오히려 너를 삼키는 지배자가 될 것이다'라는 의미입니다. 이는 오직 하나님 안에서만 온전할 수 있다는 하나님의 사랑의 경고요 보호였습니다.

1. 나는 오늘 어떤 '형상'(우상)을 만들어 섬기고 있는가?

애굽이 섬기던 '헤켓'(Heqet) 곧 개구리 여신은 본래 생명과 다산의 상징이었습니다. 그러나 하나님은 그 형상인 개구리를 애굽인 개인의 가장 사적인 삶의 공간에까지 침투시키셔서, 인간이 신격화해서 만든 것이 얼마나 파괴적일 수 있는지를 보여 주셨습니다. 우리는 보이지 않는 하나님을 대신할 무언가의 형상을 만듭니다. 그러나 그 우상은 단순히 눈에 보이는 조각상이 아니라, '이것을 붙들면 내가 내 삶을 통제할 수 있다'라는 욕망입니다. 하지만 그 우상은 우리를 도울 수 없고, 당연히 구원할 수도 없습니다.

제2계명은 '하나님을 대신해 나를 지배하는 모든 방식의 우상화'를 금지하고 있습니다. 내 마음속 형상은 금으로 만든 형상이 아니라, '내가 원하는 방식으로 하나님을 조종하려는 욕망'임을 경고하고 있습니다. 그 우상들은 화려하고 달콤하게 내 삶을 지켜줄 것 같지만, 결국은 나를 고통스럽게 하고 파괴하는 도구입니다.

묵상 질문

» 나는 오늘 어떤 방식으로 하나님을 내 마음대로 '형상'처럼 축소하려 하고 있는가?

- 하나님을 나를 위한 도구로 여기지 않는가?
- 하나님을 특정 결과, 응답, 조건으로 가둬 놓지 않는가?
- 하나님을 내가 정의한 이미지 안에 넣어두지 않는가?

» 내가 만든 우상(형상)은 어디에 가장 깊이 자리 잡고 있는가?

- 성취, 능력, 커리어의 이미지
- '이 정도는 되어야 한다'는 자기 이상
- 누군가에게 보여 주고 싶은 성공의 이미지
- 사람들에게 인정받기 위해 만들어낸 종교적 모습

» 하나님이 그 형상을 무너뜨리신다면 나는 무엇이 가장 견디기 어려울까? 그 이유는 거기에 내 정체성이 묶여 있기 때문은 아닐까?

실천사항

1. 하나님보다 더 우선하고 앞서 있는 내 마음 깊은 곳에 있는 '형상'(우상)을 정직하게 점검하고 인정하며 내려놓도록 엎드린다.

2. 그 형상이 무너졌을 때 내가 불안해지는지 내면의 진짜 이유 곧 불신을 회개하고, 회개하는 자를 기뻐하시는 주님의 사랑을 느끼며 감사하고 찬양한다.

3. 하나님께서 삶의 순간순간 함께하시고 내 삶의 아주 세밀한 부분까지 간섭하시며 나를 생명으로 이끄심을 믿고 마음의 시선을 세상(우상)이 아닌 주님께로 재정렬한다.

복음적 결단

"주님, 제가 만들어 놓은 크고 작은 형상들을 내려놓습니다.

하나님을 내 마음대로 조종하려 했고, 나의 욕망대로 형상을 디자인하며, 그 앞에 너무도 쉽게 무릎을 꿇어왔습니다. 이제 우리의 참된 형상이신 예수님 앞에서 모든 세상의 거짓 우상들을 부수고, 나에게 영원한 생명을 허락하신 예수님만 바라보며, 하나님의 형상을 따라 지으심 받은 새 피조물로 예수님만 섬기며 살아가겠습니다. 주님만이 나의 하나님이십니다."

2. 나는 하나님보다 더 안전해 보이는 형상을 지금도 섬기고 있지 않은가? 나는 애굽 사람들과 똑같은 사람이 아닌가?

개구리는 애굽에서 생명력과 보호의 상징으로, 그들은 보이지 않는 하나님보다 눈에 보이고 만질 수 있는 형상을 더 안전하다고 여겼습니다. 그러나 하나님은 그 형상을 폭발적으로 넘치게 하셔서 '너희가 붙든 형상은 결코 너희를 지켜주지 못하고 오히려 너희의 삶을 파괴시킨다'라는 진실을 드러내셨습니다. 사람이 하나님보다 더 안전하게 느끼는 것, 그것이 곧 우상이며 형상입니다.

우상은 언제나 처음에는 '안전'을 약속하지만, 결국 '지배'와 '혼란', '파괴'를 가져옵니다. 형상은 우리가 만든 것인데 나중에는 우리가 그것에 붙잡혀 살게 되며, 결국 그 형상이 우리를 삼켜 버립니다. 우리도 동일한 방식으로 생존, 통제, 안전을 확보하기 위해 우상을 만들며 살아갑니다. 시대와 모양만 다를 뿐 애굽인들의 우상 숭배와 본질은 동일합니다.

묵상 질문

» 나는 무엇을 하나님보다 더 안전하게 느끼고 있는가?

- 물질/재정의 안전성
- 관계의 지지와 인정

- 직장, 학력, 경력
- 감정적 안정(사람, 중독, 패턴)
- 종교적 행위('이렇게 하면 하나님이 나를 지키시겠지')

» 그 형상이 실제로는 나를 어떻게 지배하고 있는가?

- 계속 성취해야만 안심할 수 있는가?
- 사람의 반응이나 평가가 내 가치를 흔드는가?
- 작은 실패에도 무너져 버리는가? 보이지 않고 만져지지 않으면 불안해하는가?

» 만약 하나님을 더 신뢰하는 마음이 회복된다면 오늘 나의 하루는 무엇이 달라질까?

실천사항

1. 내가 붙들고 있는 '안전의 형상'들을 적어보며, 그것이 어떻게 나를 지배해 왔는지 솔직하게 점검해 본다.

2. 하나님보다 앞세운 그 안전장치의 형상들을 하나씩 내려놓는 연습을 한다(작은 순종, 작은 중단, 작은 고백).

3. 연약하여 불안과 두려움이 생길 때마다 "하나님만이 나의 피

난처이십니다, 하나님만이 나의 구원이시며 생명이십니다"라고 기도하며 마음을 하나님께로 향하게 하는 훈련을 한다.

복음적 결단

"주님, 제가 하나님보다 더 안전하게 여긴 이 세상의 수많은 거짓 형상(우상)들을 내려놓습니다. 그것들이 나를 지키지 못하며, 오히려 나를 지배하며 나를 아프고 힘들고 괴롭게 한 거짓이었음을 깨달습니다. 오늘 내가 의지하고 사랑했던 세상의 우상들을 부수겠습니다. 주님만이 나의 방패와 도움이며, 살아 계신 하나님이십니다. 변함없이 나를 붙드시는 주님만이 나의 사랑입니다."

워크숍 3

"하나님의 이름을 망령되게 부르지 말라"

(예수 그리스도의 이름을 부르십시오)

제3계명과 세 번째 재앙

본문: 출애굽기 8장 16-17절, 20장 7절

16여호와께서 모세에게 이르시되 아론에게 명령하기를 네 지팡이를 들어
땅의 티끌을 치라 하라 그것이 애굽 온 땅에서 이가 되리라 17그들이 그대로
행할새 아론이 지팡이를 잡고 손을 들어 땅의 티끌을 치매 애굽 온 땅의 티
끌이 다 이가 되어 사람과 가축에게 오르니

7너는 네 하나님 여호와의 이름을 망령되게 부르지 말라 여호와는 그의 이
름을 망령되게 부르는 자를 죄 없다 하지 아니하리라

본문 핵심 요약

세 번째 재앙인 '티끌이 이로 변한 재앙'은 애굽의 종교 체계 전체가 하나님의 이름 앞에서 아무 힘 없는 허상이며 인간의 흉내는 무력하다는 것을 선언합니다. 티끌(흙)에서 생명을 주신 하나님께서 이제 그 티끌에서 심판을 일으키셨습니다. 이것은 단순한 벌레의 재앙이 아니라, 하나님의 권능이 위선을 깨뜨린 사건입니다. 그리고 제3계명 "여호와의 이름을 망령되게 부르지 말라"는 말씀은, 그분의 권위, 성품, 임재, 능력 그 자체를 가볍게 말하는 행동은 하나님을 '힘

없는 신' 수준으로 취급하는 것임을 말해줍니다. 티끌에서조차 창조의 능력을 보이시는 하나님 앞에서 어떤 이름, 어떤 신, 어떤 시스템도 하나님의 이름과 견줄 수 없음을 선포합니다.

1. 나는 오늘 하나님의 이름을 어디에서 어떻게 '가볍게' 여기고 있는가?

하나님의 이름을 망령되게 부른다는 것은 단지 욕을 하거나 헛되이 "주여!"를 남발하는 차원을 넘어, 삶에서 하나님의 이름을 '무력한 존재'처럼 취급하는 태도입니다. 우리는 너무도 쉽고 가볍게 하나님의 이름을 입술에 올립니다. 욕심을 위해 하나님의 이름을 부르고, 습관처럼 그 이름을 소비하며 그 중심에 진실과 두려움과 순종이 없는 모든 것, 입술로만 공경하고 마음은 멀리 있는 믿음 없음과 외식과 위선, 이 모든 언행심사가 하나님의 이름을 망령되게 부르는 죄입니다. 겉모습은 경건해 보이나, 그 안에 전혀 하나님을 경외함이 없는 거짓, 우리는 이렇게 애굽처럼 경건을 흉내 냅니다. 하나님의 이름을 입술로만 부르고, 삶으로 그 이름을 모독하는 거짓 경건, 거짓 믿음은 결국 어둠에 종속된 삶이며 고통으로 달려갑니다.

묵상 질문

» 나는 하나님의 이름 앞에 '진짜 경건'을 추구하고 있는가?

- 내 삶의 모든 것이 주님의 주권 아래 있음을 말하면서도 내 마음, 내 뜻, 내 방식대로 결정하지 않는가?
- 하나님 앞에서의 정직함보다 사람에게 인정받는 것을 더 추구하지 않는가?
- 기도할 때 습관처럼 하나님의 이름을 부르지만 실제로도 그분의 능력을 믿는가?
- 하나님의 뜻은 무엇일지 생각조차 하지 않고 내 뜻을 이루어 달라고 고집하지는 않는가?
- 삶의 현장에서 하나님을 높이는가, 나를 높이는가?

» 나는 어떤 상황에서 하나님의 이름을 '권위'로 여기는가?

- 하나님의 이름을 내게 유리할 때만 부르고 불리할 때는 뒤로 밀어두며, 내가 원하는 결과의 도구로 이용하고 있지는 않은가?
- 죄를 합리화할 때 하나님의 이름을 이용하고 있지는 않은가?

» 내가 가볍게 여겨온 하나님의 어떤 부분을 다시 무겁게 여겨야 하는가?

» 하나님이 오늘 나의 거짓 경건을 드러내시면, 나는 어떤 모습으로 변화될 것인가?

실천사항

1. 오늘 하루 나의 언행을 돌아보고, 그 속에 하나님을 향한 공경과 실제적인 믿음이 있었는지 점검한다.

2. 아무리 결단을 해도 하나님의 이름을 가볍게 여기는 나 자신의 연약함 앞에, 이런 나를 위해 삶 전체로 하나님을 가장 경외하고 영화롭게 하신 예수님을 기억하며, 정죄와 좌절이 아닌 그분의 임재를 간구하며 나아간다.

3. 하나님의 이름을 공경하고, 하나님의 말씀에 순종하는 삶을 소망하며, 기도와 찬양과 예배에 나의 진심을 담는다.

복음적 결단

"주님, 제가 하나님의 이름을 말하면서도 그 이름을 실제 능력으로, 실제 권위로 믿지 못했음을 고백합니다. 하나님의 이름을 '형식'으로 소비하고, 내 목적을 위한 도구처럼 사용했던 죄를 내려놓습니다. 이제 하나님의 이름을 무겁고 거룩하게 여기며 실제로 역사하시는 권능의 이름으로 붙들겠습니다. 주님의 말씀에 순종하는 삶, 나의 전부로 주님을 존귀히 여기는 삶을 살겠습니다. 주님만이 창조주이시며 생명의 근원이십니다. 내 삶의 가장 높은 곳에 주님을 모시고, 그 위엄과 권능을 찬양하며 경배하겠습니다."

2. 나는 하나님보다 다른 이름을 더 현실적 능력으로 붙잡고 있지 않은가?

애굽은 수많은 신의 이름을 부르며 정결과 보호를 구했지만, 하나님은 애굽 온 땅의 티끌이 이가 되도록 치셔서 사람과 가축에게 오르게 하심으로, 그들의 신들이 얼마나 헛되고 무력한지 폭로하셨습니다. 보잘것없는 티끌이 이가 되는 광경은 생명을 다루는 권세가 오직 하나님께 있음을 선언하는 강력한 상징입니다. 사람이 하나님을 떠나고 거짓된 경건으로 포장하고 살아갈 때, 그 삶은 '심판의 티끌'이 되어 하나님의 임재 앞에 고스란히 가짜임이 드러납니다. 오늘 우리도 겉으로는 '여호와의 이름'을 부르지만, 실제 삶에서는 세상의 온갖 권세, 돈, 사람, 안전, 능력 등 눈에 보이는 것을 더 신뢰하며 살아갑니다. 하나님의 기적에는 감탄하지만, 그 기적을 주신 분 앞에는 엎드리지 않고 순종하지 않습니다. 순종과 경배보다 자기 편의와 계산으로 하나님을 섬깁니다. 겉으로는 예배와 기도, 신앙의 언어를 사용하지만, 실제 삶에서는 세상의 이름, 자신의 능력, 사람들의 평가, 재물과 성공 등 하나님이 아닌 다른 이름을 의존하며 살아갑니다.

묵상 질문

» 나는 어떤 이름을 하나님의 이름보다 더 현실적으로 신뢰하고 있는가?

- 통장 잔고
- 직장의 안정성
- 사람들의 평가
- 내 능력과 스펙
- 과거의 트라우마
- 나의 자존심

» 그 다른 이름은 실제로 나를 정결케 하는가, 아니면 더 깊은 염려와 불안을 만들어내는가?

» 하나님이 오늘 내 앞에서 티끌을 이로 바꾸신다면, 곧 내가 붙든 그 이름이 얼마나 무력한지를 드러내신다면, 나는 무엇을 내려놓을 것인가?

» 하나님의 이름을 망령되게 일컫지 않기 위해 가장 먼저 변화되어야 할 나의 모습은 무엇인가?

실천사항

1. 오늘 나는 하나님의 이름보다 어떤 이름을 더 크게 듣고 더 우선으로 여겼는지 돌아보며, 하루 동안 내 마음을 흔든 이름들을 낱낱이 입술로 고백하고 회개한다.

2. 하나님이 아닌 세상의 다른 이름의 지배를 끊기 위해 내가 해야 할 것을 구체적으로 실행한다(재정, 관계, 일, 감정 문제에서 내려놓거나 순종하기).

3. "여호와의 이름이 나의 삶을 덮고 통치하시며 나를 생명으로 이끄십니다. 주님의 이름 안에 생명이 있고, 회복이 있습니다" 라고 고백하고 선언하며 감사 찬송으로 하루를 마무리한다.

복음적 결단

"주님, 제가 하나님의 이름을 부르면서도 그 마음에 진정과 믿음이 없었고, 하나님의 이름을 가볍고 망령되게 여겼습니다. 돈의 이름, 건강의 이름, 성공의 이름, 명예와 권력의 이름, 두려움과 상처의 이름 앞에 무너졌던 죄를 회개합니다. 이제는 말이 아닌 삶으로 주님의 이름을 높이고 증언하며 거룩히 여기겠습니다. 말씀에 순종하겠습니다. 주님의 이름만이 나의 능력이고, 나의 정결이며, 나의 권위임을 고백합니다. 하나님의 이름을 내 삶의 중심에 다시 모시며 그 이름 아래 살겠습니다."

워크숍 4

"안식일을 거룩하게 지키라"

(우리의 영원한 안식 되시는 예수님)

제4계명과 네 번째 재앙

본문: 출애굽기 8장 21절, 20장 8-11절

21네가 만일 내 백성을 보내지 아니하면 내가 너와 네 신하와 네 백성과 네
집들에 파리 떼를 보내리니 애굽 사람의 집집에 파리 떼가 가득할 것이며
그들이 사는 땅에도 그러하리라
8안식일을 기억하여 거룩하게 지키라 9엿새 동안은 힘써 네 모든 일을 행할
것이나 10일곱째 날은 네 하나님 여호와의 안식일인즉 너나 네 아들이나 네
딸이나 네 남종이나 네 여종이나 네 가축이나 네 문안에 머무는 객이라도
아무 일도 하지 말라 11이는 엿새 동안에 나 여호와가 하늘과 땅과 바다와
그 가운데 모든 것을 만들고 일곱째 날에 쉬었음이라 그러므로 나 여호와
가 안식일을 복되게 하여 그날을 거룩하게 하였느니라

본문 핵심 요약

네 번째 재앙인 '파리 떼의 창궐'은 단순한 위생적 재앙이나 환경적 재난이 아닌, 무차별적인 침입, 통제할 수 없는 혼란, 즉 하나님의 질서를 떠난 세상이 얼마나 급속하게 부패와 무질서에 빠질 수 있는지를 보여 주는 표적입니다.

애굽의 생태, 경제, 가정, 신전, 왕궁 등 모든 곳에 파리가 가득했다는 말은 삶의 리듬과 질서가 완전히 붕괴되었다는 의미입니다. 그리고 창조 질서를 거부하고, 억압과 노동과 생산성만을 우상화했던 애굽 문화를 향한 하나님의 완전하신 심판과 주권을 보여 줍니다. 그리고 제4계명인 "안식일을 기억하여 거룩하게 지키라"는 말씀은, 안식일은 단순한 휴식이 아니라, 하나님의 백성이 하나님의 주권 아래 살게 하는 거룩한 구별과 참된 안식, 질서의 회복이라는 의미입니다.

1. 나는 오늘 안식의 질서를 잃어버린 채 파리 떼와 같은 혼란 속에서 살고 있지 않은가?

파리는 구약에서 부패, 악취, 침투, 지속적 괴로움의 상징입니다. 이 재앙은 단지 위생 문제가 아니라, 삶의 모든 영역이 부패하고 흔들리는 영적 혼란을 뜻합니다. 애굽은 이스라엘을 노예의 노동에서 하루도 쉬게 하지 않았습니다. 오늘 우리도 세상 욕망을 이루기 위해 하나님을 떠나 쉼 없이 기계처럼 돌아가며, 탈진 상태로 영혼의 깊은 목마름 속에서 살아갑니다. 참된 쉼이 없는 삶의 반복은 파리 떼가 출몰해 와도 전혀 이겨낼 힘이 없고 결국 무너집니다.

묵상 질문

» 나는 하나님이 정하시고 허락하신 참된 안식을 거부하며, 하나님의 시간이 아닌 애굽의 시간으로 살아가고 있지는 않은가?

- 하나님보다 나의 힘과 능력으로 살고 있는가?
- 예배보다 내 사업, 내 유익이 먼저인가?
- 일과 성과에 더 가치를 두는가?
- 쉼 없이 달려야만 가치가 증명된다고 믿는가?
- 멈추면 뒤처진다는 두려움이 있는가?

» 나는 내 삶의 '파리 떼'를 인식하고 있는가?

- 이유 모를 짜증과 과민함
- 영적 무감각
- 관계에서의 지속적인 마찰
- 감정의 난조
- 작은 일에도 무너지는 정신력
- 예배, 말씀, 기도에서의 집중력 상실

» 나는 안식일을 어떻게 생각하는가?

» 내가 느끼고 누리는 참된 안식은 무엇인가?

실천사항

1. 나는 오늘도 애굽의 노예처럼 일과 시간에 쫓기며 사는가, 아니면 시간을 누리며 사는가? 나의 삶의 방식을 돌아보고 점검한다.

2. 나는 하나님과의 안식을 위한 조용한 기다림, 말씀 묵상, 기도 등의 시간을 소중히 여기며 사모하는지, 세상 것을 더 소중히 여기는지 정직하게 돌아본다.

3. 쉬면 안 될 것 같은 내 안에 숨어 있는 두려움(가난, 질병, 실패, 비교 등)이 불신임을 알고 회개하고, 오직 예수님만이 소망임을 선포하며 그분 안에서 살아간다.

복음적 결단

"주님, 제 삶에 쉼을 주셨는데도, 저 스스로 쉼을 거부하며 파리 떼 같은 혼란을 자초했던 마음을 회개합니다.

주님보다 일정을 더 신뢰하고, 주님보다 성과를 더 의지하며, 멈춤보다 분주함으로 제 가치를 증명하려고 했던 교만을 내려놓습니다. 이제 저의 시간과 하루와 리듬을 주님의 창조 질서 아래 다시 두겠습니다. 참된 안식 되시는 예수님 안에 거하겠습니다. 예수님만이 나의 생명 되십니다."

2. 나는 하나님보다 일, 성과, 분주함의 이름을 더 믿고 있지 않은가?

애굽은 경제, 국가, 생산 이데올로기를 신격화했기에 멈춤은 죄였고, 쉼은 허세였으며, 안식은 무기력이었습니다. 그러나 하나님은 파리 떼 재앙으로 이들의 신 곧 '쉬지 않고 달리는 삶이 너를 지켜준다'는 거짓 신념을 폭로하셨습니다. 오늘 우리도 '열심'이라는 이름으로, '책임감'이라는 이름으로, '성취'라는 이름으로, '바쁨이 곧 가치'라는 이름으로, '멈추면 뒤처진다'는 이름으로 하나님이 아닌 거짓 신을 섬깁니다.

그러나 하나님은 말씀하십니다. "내가 주는 쉼을 잃으면 너의 삶은 파리 떼처럼 무질서해진다. 내가 시간과 인생과 역사를 주관한다. 나의 안에 머물러라. 너에게 참되고 영원한 안식을 주겠다."

묵상 질문

» 나는 무엇 때문에 쉼을 잃었는가?

- 사람의 인정
- 완벽주의
- 미래에 대한 불안함
- 과한 책임감
- '내가 아니면 안 된다'는 착각

» 하나님이 멈추라고 하신다면 나는 무엇을 두려워할까?

- 경제적 문제
- 직장/사역
- 관계 관리
- 이미지 유지

» 하나님보다 먼저였던 세상의 우선순위를 내려놓고, 하나님 최우선의 삶을 살기 위해 가장 먼저 변화되어야 할 것은 무엇인가?

실천사항

1. 이번 주 일정 중에서 불필요한 세상 속에서의 분주함을 점검하고 그중 하나를 의도적으로 멈춰 본다.

2. 하나님이 통치하신다는 사실을 경험하도록 일과 쉼의 경계를 분명히 그어보고, 쉼을 통해 얻는 평안과 회복에 감사한다.

3. 세상 욕심이 나를 흔들고 하나님보다 세상 것이 우선될 때마다, 나의 모든 것을 주님께서 인도하시고 책임지신다는 믿음의 고백을 드리는 훈련을 한다.

복음적 결단

"주님, 나의 욕망을 위하여 바쁨과 성취의 이름을 하나님의 이름보다 더 신뢰했던 죄를 고백합니다. 예배와 기도도 소홀히하며, 제 삶을 스스로 지켜려고 했습니다. 하나님의 주권과 통치와 질서를 무시하고 믿지 못한 저의 죄악의 짐을 주님 앞에 내려놓습니다. 그리고 새롭게 결단합니다. 세상의 그 어떤 일도 하나님보다 앞서지 않게 하고 하나님 안에 거하겠습니다. 저를 지키시는 분, 제 삶의 참된 안식은 예수님임을 고백합니다. 저를 새롭게 하시고 회복시키시며 참된 쉼을 주실 분은 오직 예수님이십니다. 주님만이 영원한 안식이십니다."

워크숍 5

"네 부모를 공경하라"

(하나님을 공경하신 예수님처럼)

제5계명과 다섯 번째 재앙

본문: 출애굽기 9장 2-4절, 20장 12절

[2]네가 만일 보내기를 거절하고 억지로 잡아두면 [3]여호와의 손이 들에 있는
네 가축 곧 말과 나귀와 낙타와 소와 양에게 더하리니 심한 돌림병이 있을
것이며 [4]여호와가 이스라엘의 가축과 애굽의 가축을 구별하리니 이스라엘
자손에게 속한 것은 하나도 죽지 아니하리라 하셨다 하라 하시고
[12]네 부모를 공경하라 그리하면 네 하나님 여호와가 네게 준 땅에서 네 생명
이 길리라

본문 핵심 요약

다섯 번째 재앙은 애굽의 가축에 내린 치명적 돌림병으로, 애굽 사회에서 가축은 단순한 재산이 아니었습니다. 애굽의 생존, 경제, 권세, 미래의 기반이었습니다. 하나님은 이 가축의 생명을 치심으로 하나님의 절대적인 권위를 거부하고 무시하는 자는 곧 생명의 붕괴로 이어진다는 영적 원리를 보여 주십니다. 하나님께서는 "나만이 생명을 주고, 생명을 보존하며, 생명을 연장한다"라고 선언하십니다.

그리고 제5계명은 "네 부모를 공경하라. 그리하면 네 생명이 길리

라"고 말씀하시며, 참된 생명의 길은 권력과 자원이 아니라 하나님이 세우신 권위의 질서 안에 있음을 강력히 경고하십니다. 애굽은 이 질서를 거부했고, 결과는 생명력 붕괴(가축의 죽음)였습니다.

1. 나는 지금 하나님이 세우신 생명의 질서를 거부한 채, 애굽처럼 내 방식의 기반에 매달리고 있지 않은가?

애굽의 가축의 죽음은 하나님의 권위의 질서를 무시하면 생명력의 뿌리가 무너진다는 메시지를 담고 있습니다. 하나님의 권위를 공경하지 않는 자는 살아가는 기반이 흔들리고, 가정이 무너지며, 미래에 대한 상실과 죽음만이 기다립니다. 성경에서 부모 공경은 단순히 예절을 말하는 것이 아니라, 하나님이 정하신 창조 질서 아래서 사는 삶의 태도입니다.

부모를 공경하는 것은 하나님이 세우신 생명 구조를 인정하는 것입니다. 반면 부모를 무시하는 것은 생명의 질서를 거부하는 것이며, 그 결과는 곧 생명의 단축입니다. 오늘 우리의 삶에도 동일한 하늘의 법칙이 적용됩니다. 부모의 권위를 무시하는 것은 곧 하나님의 권위를 무시하는 것입니다. 그 결과는 영원한 죽음입니다.

묵상 질문

» 나는 생명을 하나님의 질서가 아니라 내가 세운 세상의 기반에 두고 있지 않은가?

» 나는 하나님이 세우신 권위(부모, 가정, 질서)를 내 마음대로 평가하며 거부하고 있지 않은가?

- 부모의 부족함을 이유로 무시하고 있지 않은가?
- 부모의 말보다 내 판단을 절대화하고 있지 않은가?
- 부모에 대해 공경이 아니라 거리 두기, 비판, 방치로 일관하고 있지 않은가?
- 하나님이 세우신 질서를 인정하지 않고, 내가 중심이 되고 있지 않은가?

» 나는 부모를 공경하는 마음 없이 하나님의 복을 기대하는 모순 속에 살고 있지 않은가?

» 부모 공경과 '생명이 길리라'의 출발점은 어디인가?

실천사항

1. 현재 부모와의 관계에서 오늘 내가 할 수 있는 '작은 공경'을 실천한다(감사 문자나 안부 전화, 필요를 살펴서 채워드리기, 귀 기울여 부모의 마음의 소리 듣기, 진심으로 사랑을 표현하기).

2. 부모를 공경하지 못하게 만드는 내 마음 깊은 곳의 상처과 교만과 두려움이 있다면 하나님 앞에 솔직하게 고백하고, 내 영

혼을 새롭게 해달라고 성령님의 도우심을 간구한다.

3. 내가 하나님보다 더 의지했던 세상의 '가축'이 무엇인지 돌아보고 회개한다.

4. 부모 공경은 곧 하나님 공경임을 잊지 말고, 부모를 주 안에서 진심으로 사랑하고 공경한다.

복음적 결단

"주님, 제가 부모를 공경하라는 하나님이 세우신 거룩한 질서를 가볍게 여기고 무시했던 죄악을 고백합니다. 저는 생명을 다른 곳에서 얻으려고 했습니다. 돈, 능력, 사람, 미래 보장 이 모든 것이 저의 가축이었고, 하나님보다 더 신뢰했던 우상이었습니다. 주님, 오늘 다시 생명의 근원 되신 하나님께 돌아갑니다. 부모를 공경하라는 말씀을 통해 하나님의 질서로 돌아오게 하신 은혜에 감사드립니다. 제 마음을 새롭게 하시고 공경함으로 흐르는 생명의 복을 경험하게 하옵소서."

2. 나는 하나님이 주신 생명의 관계(부모)를 가볍게 여기면서 다른 관계와 성취에는 과도하게 집착하고 있지는 않은가?

애굽인들은 가축(생계, 경제, 힘의 근간)을 신처럼 붙잡으며 생존의 기초, 삶의 안정, 미래의 보장을 가축에 두었습니다. 반면 하나님의 말씀은 무시하고, 하나님이 세운 질서와 권위를 우습게 여기며 거부했습니다. 그 결과는 가축의 죽음, 즉 생명의 기반의 붕괴였습니다.

오늘의 우리 또한 하나님이 직접 우리에게 허락하신 생명의 관계(부모)는 가볍게 여기면서 정작 중요하지 않은 세상 것들에는 지나칠 만큼 집착합니다. 부모 공경은 단순한 도덕이 아니라, 하나님의 질서에 순종하는 믿음의 표현이며 생명이 흘러가는 통로입니다. 부모를 가볍게 여기고 다른 관계나 성취, 인정, 만족에 집착하는 것은, 애굽이 가축을 붙잡고 하나님의 뜻을 거역한 것과 동일한 영적 모습입니다.

묵상 질문

» 나는 부모를 공경하는 일에 어떤 이유로 마음을 닫고 있었는가?

- 상처, 교만, 무관심, 바쁨, 판단

» 내가 부모보다 더 신뢰해 온 내 인생의 '가축'은 무엇인가?

- 돈, 친구, 일, 꿈

» 하나님이 정하신 질서보다 나의 기준과 판단을 우선시했던 순간은 언제인가?

» 부모를 공경하지 못한 내 마음과 태도로 하나님의 권위를 무시한 흔적은 무엇인가?

실천사항

1. 부모님의 말씀 중 한 문장을 '존중의 언어'로 피드백해 드린다. "아버지(어머니)가 말씀하신 이것이 제게 도움이 되었어요. 부모님의 말씀이 제게 힘이 됩니다"라고 공경의 마음을 구체적으로 표현한다.

2. 부모님이 좋아하는 것을 기억하여 말씀을 안 해도 미리 준비해 드린다(좋아하는 음식이나 물건, 함께 여행하기). 관심과 사랑은 선제적으로 배려할 때 가장 크게 전달된다.

3. 부모님의 삶의 이야기를 경청한다(과거의 이야기, 어려웠던 시절, 신앙의 여정 등).

4. 부모님의 영혼과 몸을 위해 매일 잠시라도 기도한다.

복음적 결단

“주님, 제가 부모를 공경하라는 하나님의 질서를 내 감정과 판단으로 가볍게 여겼습니다. 주님보다 나의 ‘가축들’을 더 신뢰하고 붙잡았던 교만을 내려놓습니다. 오늘 다시 하나님이 세우신 권위 아래로 돌아옵니다. 부모를 공경함으로 하나님의 생명의 길을 따르게 하시고, 저의 작은 순종으로 주님이 약속하신 생명의 복을 경험하게 하소서. 하나님을 공경하시고 그 말씀에 순종하신 예수님을 따라 공경의 사람, 순종의 사람으로 살겠습니다.”

워크숍 6

"살인하지 말라"

(우리가 예수님을 죽였습니다)

제6계명과 여섯 번째 재앙

본문: 출애굽기 9장 8-9절, 20장 13절

8 여호와께서 모세와 아론에게 이르시되 너희는 화덕의 재 두 움큼을 가지
고 모세가 바로의 목전에서 하늘을 향하여 날리라 9 그 재가 애굽 온 땅의
티끌이 되어 애굽 온 땅의 사람과 짐승에게 붙어서 악성 종기가 생기리라
13 살인하지 말라

본문 핵심 요약

여섯 번째 재앙은 '악성 종기'입니다. 하나님은 이스라엘에게 억압과 노동을 강요하던 바로의 생명 경시의 잔혹함에 화덕의 재로 애굽 전역을 덮어 사람과 짐승에게 악성 종기가 나게 하셨습니다. 생명 경시는 죽음과 고통의 열매를 낳는다는 하나님의 직면(直面)과 심판입니다. 그리고 제6계명으로 "살인하지 말라"고 말씀하십니다. 살인은 생명을 파괴하는 모든 태도와 마음을 포함합니다. 애굽은 하나님의 백성의 생명을 하찮게 여기고, 그들의 고통을 아무렇지 않게 소비하며, '살의(殺意)의 구조'를 국가적 시스템으로 만들었습니다. 하

나님은 그 구조적 악을 향해 "너희가 만든 죽음의 구조가 너희 자신에게 돌아온다"라고 강력히 경고하십니다.

1. 나는 누군가의 생명을 파괴하는 태도를 마음속에 품고 있지는 않은가?

애굽의 악성 종기는 단순히 피부에 난 종기가 아니라, 보이지 않는 마음의 구조적 병을 가시적 형태로 드러내는 하나님의 언어이며, 생명 경시의 열매입니다. 애굽의 히브리인 억압은 결국 죽음을 초래하는 힘이었습니다. 하나님은 그들이 피워 올린 억압의 불길에서 나온 재를 다시 그들에게 돌려보내셨습니다.

제6계명의 살인은 직접적인 살인 행위보다 더 넓은 의미로, 차가운 눈빛, 혐오, 분노, 관계 파괴, 증오의 말, 무시, 정서적 폭력, 마음속에서 누군가를 지워버리는 것을 포함합니다. 나의 한숨이 어떤 이의 영혼을 짓누를 수 있고, 나의 무시가 누군가를 한순간에 존재적 고통으로 몰아넣을 수 있으며, 나의 짧은 말 한마디가 어떤 이의 자존감을 붕괴시킬 수 있습니다.

이 모든 것은 하나님 보시기에 생명을 죽이는 방향으로 향한 마음의 칼날입니다. 예수님께서는 "형제에게 노하는 자마다 이미 살인한 것과 같다"라고 하셨습니다. 즉, 살인은 행위 이전에 이미 마음에서 시작되는 것입니다.

묵상 질문

» 나는 오늘 누구의 생명을 마음속에서 지워버리고 있는가?

- 어떤 사람을 향해 마음속으로 '없어졌으면 좋겠다'라고 생각하는가?
- 누군가를 무가치하다고 느끼고 있는가?
- 아파하고 힘들어하는 자를 보며 '나와 무슨 상관인가?'라고 생각하는가?
- 질투, 시기, 외면, 침묵, 무관심, 책임지지 않음, 단절

» 최근에 누군가를 향한 말, 표정, 태도, 생각으로 그 사람을 죽이지 않았는가?

» 나는 지금 애굽의 화덕과 같이 짜증, 분노, 상처의 열기를 쌓아 놓고 있지 않은가?

» 그 열기에서 나온 재가 결국 나와 가까운 사람들의 마음에 상처(악성 종기)를 일으키고 있지는 않은가?

실천사항

1. 오늘 하루 동안 나의 말과 감정 중 누군가의 생명을 경시한 태도를 정직하게 낱낱이 기록해 보고, 나의 살인을 인정하며 회개한다.

2. 누군가를 향해 분노할 때 '정당한 분노'라는 이름 아래 숨겨진 살의(殺意)는 없었는지 나의 내면을 점검한다.

3. 생명을 살리는 말 한마디, 생명을 살리는 행동 하나를 매일 의도적으로 실천한다.

4. 내가 살인자임을 알게 해주신 하나님의 은혜에 감사하면서 다른 사람의 죄를 정죄하지 않고, 예수님 안에서 죄인(살인) 됨의 자유함을 누린다.

복음적 결단

"주님, 제 마음속에 남아 있는 미움과 냉담함, 누군가를 향한 조용한 살의(殺意)를 고백합니다. 제가 만든 화덕의 열기에서 나온 재가 수많은 사람에게 종기가 되어 고통을 퍼뜨렸음을 인정합니다. 오늘 제 마음을 성령의 생명으로 새롭게 하소서. 주님, 제 안의 죽음의 기운을 생명을 주는 마음으로 바꿔 주소서."

2. 나는 살리는 자인가, 죽이는 자인가?

애굽은 오랜 시간 동안 하나님의 백성을 노예로 부리면서 그들의 생명을 짓밟아 왔고, 신생아를 나일강에 던졌으며, 천하보다 귀한 생명을 인력 자원으로 취급하였습니다. 애굽의 악성 종기 재앙은, 이토록 하나님의 백성들의 생명을 경시한 자들에게 내린 하나님의 거룩한 심판이요, 돌이키라는 사랑의 경고입니다. '생명은 단순한 존재가 아니라, 내 형상을 담은 거룩한 작품'이라는 선언입니다. 살인은 누군가를 직접 죽이지는 않더라도, 칼보다 먼저 차가운 말로, 무시로, 비난으로, 끝없는 비교로, 무감각으로, 정죄로, 자신만의 기준을 강요하는 것으로 시작됩니다. 오늘 우리도 누군가를 직접 죽이지는 않지만, 말과 태도와 감정으로 충분히 '죽음의 기운'을 퍼뜨리며 살인합니다. 나에게 유익하면 가치 있고, 나에게 불편하면 가치가 떨어지고, 나와 맞지 않으면 관계를 끊고, 나보다 약하면 무시하고, 나에게 상처를 주면 마음에서 지워버리는 이 모든 것이 현대 사회에 존재하는 애굽의 방식입니다.

애굽의 종기는 단지 심판이 아니라, "너희가 만든 죽음의 방식이 결국 너희 자신에게 돌아온다"라는 하나님의 거룩한 역설입니다. 우리 역시 누군가를 죽이는 마음으로 살 때, 결국 그 독은 우리 자신에게 돌아옵니다.

묵상 질문

» 나는 어떤 모습으로 누군가의 생명을 조금씩 죽여 왔는가?

- 관계를 끊어버리고 싶은 충동
- 내 기준에서 벗어난 사람에게 무자비해지는 경향
- 나도 모르게 만든 정서적 화덕
- 가정과 직장, 교회에서 만드는 '죽음의 공기'
- 내 뜻에 안 맞으면 수없이 분노했던 마음
- 지적하고 정죄하며 나는 죄인이 아니라는 의로움

» 최근 내 결정 중에 사랑보다 분노, 두려움, 교만, 자기 보호가 더 크게 작용한 것은 무엇인가?

» 만약 하나님이 생명을 살리는 마음을 회복시키신다면 내 관계에서 가장 먼저 회복될 영역은 무엇일까?

» 나는 앞으로 마음에서 살인을 멈출 준비가 되어 있는가?

실천사항

1. 내가 생각할 때 가장 불편한 사람 한 명을 기록하고 그 사람을 향한 내 감정의 뿌리를 살펴본다.

2. 그 사람과의 관계에 작은 생명력 한 조각을 흘려보낸다(사과, 축복, 문자, 침묵, 인내, 기도 등).

3. 분노가 올라올 때마다 "주님, 생명을 살리는 마음을 주소서"라는 기도로 반응하는 훈련을 한다.

복음적 결단

"주님, 저는 그동안 '나는 살인을 저지르지 않았다'고 생각하며 스스로 의롭다 여겼습니다. 그러나 이제 제가 살아오면서 수많은 사람을 죽인 살인자임을 알게 되었고, 이를 인정합니다. 생명을 파괴하는 말과 감정, 태도를 품어온 나의 죄악 된 마음을 주님 앞에 내어놓습니다. 이제는 예수님의 보혈의 피로 맺어진 형제를 사랑하겠습니다. 형제를 지키고 책임지는 자가 되겠습니다. 외면하지 않고 예수님의 눈과 마음으로 살리는 자가 되겠습니다. 예수님의 온유와 생명이 제 안에 새롭게 피어나게 하옵소서."

워크숍 7

"간음하지 말라"

(영적 간음을 하지 않은 자, 누구인가?)

제7계명과 일곱 번째 재앙

본문: 출애굽기 9장 23-24절, 20장 14절

23 모세가 하늘을 향하여 지팡이를 들매 여호와께서 우렛소리와 우박을 보
내시고 불을 내려 땅에 달리게 하시니라 여호와께서 우박을 애굽 땅에 내
리시매 24 우박이 내림과 불덩이가 우박에 섞여 내림이 심히 맹렬하니 나라
가 생긴 그때로부터 애굽 온 땅에는 그와 같은 일이 없었더라
14 간음하지 말라

본문 핵심 요약

일곱 번째 재앙인 '불과 우박의 폭풍'은 하나님이 세우신 관계의 질서를 짓밟고 왜곡한 애굽에 대한 초자연적인 하늘의 심판입니다. 하늘로부터 쏟아진 우박과 불은 간음으로 타락한 인간 문명을 무너뜨리는 하나님의 거룩한 분노이며 하나님의 백성을 구원하시려는 하나님의 주권적 역사입니다.

제7계명 "간음하지 말라"는 단순히 부부 관계의 윤리를 넘어 하나님과 사람 사이의 언약적 정결성과 관계된 계명입니다. 또한 관계를 무너뜨리는 죄는 결국 인생 전체의 멸망으로 흘러간다는 하나님

의 사랑의 경고이자 보호입니다.

1. 나는 오늘 어떤 관계의 질서를 무너뜨리고 있는가?

애굽 위에 쏟아진 우박은 그 땅의 농작물, 들의 짐승, 그리고 사람이 의지하던 모든 생계 기반을 무너뜨렸습니다. 애굽은 하나님을 거부하고, 관계를 깨뜨리고, 사람을 억압하며, 정의와 자비의 질서를 무시했습니다. 이토록 관계를 무너뜨릴 때, 하나님이 세우신 하늘의 질서도 함께 흔들립니다. 간음은 단순한 도덕적 탈선이 아니라 하나님이 세우신 관계의 창조 질서 자체를 파괴하는 죄입니다. 그 결과는 우박처럼 내 삶에 예상치 못한 파괴와 손실로 임합니다. 하나님은 "관계의 왜곡은 반드시 삶 전체를 파괴한다. 보이지 않는 작은 균열이 결국 모든 것을 무너뜨린다"라고 경고하십니다. 관계를 경시하고, 언약을 가볍게 여기며, 욕망을 우상으로 삼아 하나님보다 앞세우는 마음, 그 모든 방식이 '간음하지 말라'는 범주에 들어갑니다.

묵상 질문

» 나는 오늘 어떤 관계에서 하나님의 질서가 아닌 내 욕망, 감정, 편의를 앞세우고 있는가?

- 감정적 소진 속에서 누군가를 이용하고 있지 않은가?
- 책임감 없이 감정적 의존을 만들고 있지 않은가?

- 하나님 앞에서 정직하지 않은 관계의 방식이 있는가?

» 나는 하나님께서 세우신 언약적 관계(가족, 친구, 공동체)를 어떤 방식으로 대하고 있는가?

- 지켜야 할 경계를 허물고 있지 않은가?
- 감춰둔 욕망이 관계를 왜곡시키고 있지 않은가?
- '아무도 모른다'는 생각이 내 마음을 어둡게 만들고 있지 않은가?

» 만약 하나님께서 오늘 내 삶의 잘못된 관계 방식을 드러내신다면 나는 무엇이 가장 두려운가? 그 두려움 속에 회피하고 싶은 진실이 숨어 있지 않은가?

실천사항

1. 관계 안에서 하나님보다 앞세운 욕망을 직면하고 고백한다.

2. 세상과 사람에게서 '채움'을 얻으려 하던 마음을 내려놓고, 오직 하나님만이 진정한 충만을 주신다는 믿음을 새롭게 한다.

3. 오늘도 나는 하나님보다 세상을 더 사랑한 간음자임을 고백하며, 이런 나를 돌이키게 하시는 주님께 회개와 간구, 감사의 기

도를 한다.

복음적 결단

"주님, 저는 하나님보다 세상을 더 사랑하며 간음하였습니다. 모든 관계를 하나님의 방식이 아닌 내 방식으로 다루며 하나님의 질서를 무너뜨린 죄악을 회개합니다. 주님과의 관계를 파괴하는 모든 죄의 방식을 끊어 주소서. 이제 우박 속의 불처럼 서로 섞일 수 없는 죄와 거룩을 제 안에 함께 두려고 했던 어리석음을 떠나, 오직 예수님 안에서 정결함과 회복을 선택하겠습니다. 주님만이 나의 사랑이시며 영원한 소망이십니다."

2. 나는 하나님보다 더 달콤해 보이는 욕망이라는 형상을 섬기고 있지 않은가?

우박 속의 불은 영적 모순의 상징입니다. 겉으로는 차갑고 단단한 우박처럼 보이지만, 그 속에는 꺼지지 않는 불이 타오르고 있습니다. 이 모순된 조합은 우리 마음 깊은 곳의 이중성을 비추는 거울입니다.

겉으로는 매력적이고 안정감을 주는 듯하고, 잠시라도 위로가 되는 것처럼 보입니다. 하지만 그 내면은 우리의 영혼을 태우는 불덩이입니다. 관계를 망가뜨리고, 삶을 무너뜨리는 파괴적인 힘입니다.

하나님이 애굽에 우박을 내리신 것은 단순한 징계가 아니라, '너희가 붙들고 있는 욕망의 본질이 무엇인지 보라'는 하나님의 해석(interpretation)입니다. 그들은 풍요, 성공, 번영, 정치적 안정, 자기 만족과 같은 욕망을 붙잡고 살았습니다. 이 욕망은 그들의 삶을 지탱해주는 것처럼 보였지만, 하나님은 그것이 그들을 집어삼키는 불덩이임을 드러내셨습니다. 간음의 죄는 이러한 우박 속의 불과 똑같은 구조를 가지고 있습니다. 간음은 단지 성적 일탈을 넘어, 인간이 하나님보다 더 즉각적이고 더 달콤해 보이는 '다른 위로'를 선택하는 행위입니다. 처음에는 공허함을 달래줄 것처럼 보이고, 외로움을 메워줄 것 같고, 마음의 허기와 피로를 이해해 주는 것처럼 다가오며, 무엇보다 즉각적이고 손쉬운 달콤함을 약속합니다. 그러나 그 내면에는 관계의 신뢰를 깨뜨리는 불, 영혼의 중심을 무너뜨리는 혼란, 정체성과 자존감을 좀먹는 재, 부끄러움, 자기혐오, 죄책감이라는 뜨거운 불덩이가 타고 있습니다.

욕망은 처음에는 선물처럼 보이지만 결국 징벌의 형태로 변하여 우리를 칩니다. 욕망은 결코 중립적이지 않습니다. 우리가 그것을 잡으면, 곧 그것이 우리를 잡습니다. 우리가 그것을 섬기면, 결국 그것이 우리의 주인이 됩니다. 애굽의 우박은 이렇게 말하고 있습니다. "네가 붙들고 있는 욕망의 속을 보라. 그 안에는 꺼지지 않는 파괴의 불이 있다."

묵상 질문

» 나는 하나님보다 무엇에서 더 큰 위로를 얻으려 하는가?

- 감정적 위로를 준다는 이유로 놓지 못하는 관계
- 순간적 만족을 주는 죄의 습관
- 욕구를 채워주는 방식의 관계
- 내 존재 가치를 증명해 주는 성취나 이미지

» 그 욕망은 지금 내 삶을 어떻게 지배하고 있는가?

- 죄책감, 은밀함, 두려움으로 나를 묶어두고 있는가?
- 하나님 앞에서 자유롭게 기도하지 못하게 만드는가?
- 관계와 마음의 평안을 흔드는가?
- 나 자신을 속이게 만드는가?

» 오늘 내가 하나님을 더 신뢰한다면 그 욕망과 관계는 어떻게 달라질까?

실천사항

1. 오늘도 나를 지배하고 있는 하나님이 아닌 욕망의 이름들을 입술로 고백하고 나열하면서 간음을 인정하고 회개한다.

2. 그 욕망을 강화하는 행동, 대화, 환경에서 돌이키는 첫 번째 행동으로, 작은 순종을 내 의지가 아닌 성령님의 도우심으로 실천한다.

3. 간음한 여인에게 "나도 너를 정죄하지 않는다"라고 말씀하신 예수님의 사랑의 음성을 기억하고, 유혹이 올 때마다 "주님만이 나의 만족입니다"라고 고백하며 마음의 시선을 다시 하나님께로 돌린다.

복음적 결단

"주님, 제가 하나님보다 더 간절히 원했던 세상의 욕망들을 내려놓습니다. 그것들은 내게 위로를 준다고 했지만 결국 나를 파괴하는 우박이었습니다. 주님만이 내 영혼의 참된 만족이며 구원임을 고백합니다. 오늘 내 마음의 중심을 예수님께 다시 드리고 거짓 욕망이 아닌 주님의 사랑으로 채우겠습니다."

워크숍 8

"도둑질하지 말라"

(나는 도둑질하지 않았는가?)

제8계명과 여덟 번째 재앙

본문: 출애굽기 10장 12-15절, 20장 15절

12 여호와께서 모세에게 이르시되 애굽 땅 위에 네 손을 내밀어 메뚜기를 애
굽 땅에 올라오게 하여 우박에 상하지 아니한 밭의 모든 채소를 먹게 하라
13 모세가 애굽 땅 위에 그 지팡이를 들매 여호와께서 동풍을 일으켜 온 낮
과 온 밤에 불게 하시니 아침이 되매 동풍이 메뚜기를 불어 들인지라 14 메
뚜기가 애굽 온 땅에 이르러 그 사방에 내리매 그 피해가 심하니 이런 메뚜
기는 전에도 없었고 후에도 없을 것이라 15 메뚜기가 온 땅을 덮어 땅이 어둡
게 되었으며 메뚜기가 우박에 상하지 아니한 밭의 채소와 나무 열매를 다
먹었으므로 애굽 온 땅에서 나무나 밭의 채소나 푸른 것은 남지 아니하였
더라

15 도둑질하지 말라

본문 핵심 요약

여덟 번째 재앙인 '메뚜기의 몰려옴'은 애굽이 하나님과 사람에게서 빼앗고, 착취하고, 움켜쥐며 누려왔던 부와 생명을 하나님께서 한순간에 거두시는 재앙입니다. 남의 삶을 훔친 자들이 결국 자기

생계도 빼앗기는 심판입니다.

제8계명은 단순히 "남의 것을 도둑질하지 말라"는 금지보다 더 깊은 의미가 있습니다. 곧 '훔치는 손'을 '생명을 살리고 나누는 손'으로 바꿈으로 하나님의 창조 질서를 회복하라는 계명입니다. 메뚜기가 모든 푸른 것을 먹어버린 재앙은 도둑질의 본질—다른 이의 생존 기반을 갉아먹는 죄—을 극단적 이미지로 드러냅니다. "빼앗는 삶은 결국 자신도 파괴된다. 너의 손은 죽이는 손이 아니라 살리는 손이 되어야 한다"라고 경고하십니다.

1. 나는 오늘 어떤 방식으로 '빼앗는 삶'(도둑질)을 살고 있는가?

메뚜기 재앙은 단순한 자연현상이나 농업적 피해가 아니라, 수백 년 동안 이스라엘에게서 빼앗아 온 것들이 무엇인지 보라는 하나님의 날카로운 폭로였습니다. 애굽은 히브리인의 노동력만 빼앗은 것이 아니라, 그들의 자유와 존엄과 가치, 가족과 미래, 정체성까지 도둑질했습니다. 이 사건은 단순한 벌이 아니라 영적 법칙을 드러내는 것입니다. "빼앗는 삶은 결국 스스로 생명을 잃는 삶이 된다." 하나님은 인간이 누군가의 생명을 갉아먹는 방식으로 번영하려 할 때, 그 번영이 얼마나 허무하게 사라질 수 있는지를 보여 주십니다.

메뚜기 떼가 한순간에 애굽의 모든 수고를 비워버렸듯, 내 욕심으로 채운 삶은 결국 텅 비어버립니다. 우리는 타인의 시간을 존중하지 않을 때, 타인의 감정을 나의 방패처럼 사용할 때, 내 필요를 채우기 위해 누군가의 희생을 당연히 여길 때, 공의와 정의를 빼앗고 다른 이들이 설 자리를 밀어낼 때, 칭찬과 공로를 가로채거나 정서적·경제적·시간적 부담을 상대에게 떠넘길 때가 있습니다. 이 모든 것이 하나님 앞에서는 남의 것을 빼앗는 도둑질입니다

묵상 질문

» 나는 오늘 누구의 '푸른 것'을 갉아먹고 있는가?

- 누군가의 시간을 당연히 사용하고 있는가?
- 상대방의 감정, 에너지, 헌신을 일방적으로 사용하고 있는가?
- 내 편의를 위해 가족, 동료, 공동체의 수고를 소비하고 있는가?

» 나는 어떤 방식으로 공정함을 훔치고 있는가?

- 정직보다 효율을 우선시하며 결과를 가로채고 있지 않은가?
- 보이지 않는 편법과 합리화로 내 몫을 키우고 있지 않은가?

» 오늘 내 손은 하나님 보시기에 살리는 손인가, 훔치고 죽이는 손인가?

실천사항

1. 내가 당연히 누려온 것들이 사실은 누군가의 희생의 결과임을 인정하고 회개한다.

2. 빼앗는 습관(시간, 에너지, 인정, 기회)을 멈추고, 돌려주는 작은 행동을 시작한다.

3. 그동안 빼앗고 움켜쥐었던 부분을 내려놓고, 주는 것과 나누는 것을 하루의 실천 사항으로 정한다.

4. 전에는 도둑질하는 자였으나, 이제는 나눠주고 베풀고 살리는 기쁨을 허락하신 주님께 감사 기도를 드린다.

복음적 결단

"주님, 제 손이 누군가의 삶을 갉아먹는 메뚜기 같은 손, 도둑질하는 손이었음을 고백합니다. 욕심을 정당화하며 더 많이 가지려고 했습니다. 주님, 제 손을 다시 붙드사 이제 생명을 훔치는 손이 아니라 살리고 세우는 손이 되게 하옵소서. 예수님의 십자가로 저의 손을 정결케 하시고 오늘부터 나누는 삶을 선택하게 하소서. 주님만이 나의 공급자이십니다."

2. 나는 하나님보다 더 안전해 보이는 '소유'를 붙잡고 있지는 않은가?

메뚜기 재앙은 인간이 의지하는 소유의 허상을 여지없이 드러낸 사건입니다. 애굽은 곡식과 창고, 토지와 식량을 생존의 기반이자 안전의 보증으로 여겼습니다. 그것들이 충분하기만 하면 미래는 안전하고, 삶은 유지될 것이라 믿었습니다. 그러나 하나님은 단 한 번의 바람, 단 한 번의 메뚜기 떼의 움직임으로 인간이 절대적이라고 여긴 모든 기반을 흔적 없이 쓸어내리셨습니다. 즉, 이 사건은 "네가 붙잡고 있는 안전과 평안의 기초가 무엇이냐?"라고 물으시는 것입니다.

소유는 처음에는 안전을 약속하지만, 시간이 지나면 우리를 지배하고 삼켜버립니다. 더 많이 가져야 안심이 되고, 조금이라도 잃을까 두려워지며, 비교를 통해 불안이 커지면서 잃을 것을 생각하면 잠이 오지 않습니다. 결국 소유가 나를 소유하고 삼켜버리는 상태에 이르게 됩니다. 이것이 소유가 만든 감옥이며, 메뚜기 재앙이 끌어낸 진실입니다. 메뚜기 떼 재앙은 인간의 불안과 탐욕을 폭로하는 영적 진단서입니다.

하나님보다 소유가 더 안전해 보이는 순간, 사람은 자연스럽게 채우려고 하고, 움켜쥐고 빼앗고 확보하려는 마음에 사로잡힙니다. 이것이 바로 도둑질의 근원적 뿌리입니다. 도둑질은 단순히 무언가를 훔치는 행위가 아니라, '하나님보다 소유가 더 안전하다'는 세계관에서 시작되는 행동입니다. 나의 미래를 책임지는 분이 하나님이 아니라 내가 쥔 돈, 재산, 통제권이라고 믿을 때, 도둑질은 자연스럽게 삶의 방식이 되어버립니다.

묵상 질문

» 나는 무엇을 하나님보다 더 안전한 자원으로 붙들고 있는가?

- 재정/계좌 잔액
- 능력/경력/스펙
- 가족/관계의 지지
- 눈에 보이는 물질적 안전장치

» 그 소유는 지금 내 삶을 어떻게 지배하고 있는가?

- 그것을 잃을까 두려워 관계를 이용하고 있는가?
- 더 가지기 위해 정직을 포기하고 있는가?
- 그것이 없으면 무너질 것 같다는 불안 속에 살고 있는가?

» 만약 하나님을 더 신뢰한다면 나는 무엇을 내려놓고, 무엇을 새롭게 붙들어야 할까?

실천사항

1. 오늘도 나의 '소유'를 위해 살아왔는지 돌아보고 그것이 내 마음을 지배한 흔적을 정확히 성찰한다.

2. 그중 지금 즉시 내려놓을 수 있는 것은 무엇인가? 이제 그것을 실제로 내려놓는 실천을 해보자. 주님의 이끄심을 믿으며 기쁘게 실천한다.

3. 연약하여 불안이 생길 때마다, 나를 위해 생명까지도 내어 주신 예수님을 더욱 믿으며 평안을 선포하고 감사와 찬양으로 나아간다.

복음적 결단

"주님, 제가 안전을 위해 붙들어왔던 세상의 소유를 내려놓습니다. 그것들은 결국 내 마음을 지배하고, 욕심을 부추기며, 저를 메뚜기처럼 갉아먹는 거짓 안전임을 깨달았습니다. 주님만이 나의 피난처요, 공급자이심을 고백합니다. 공급하시고 책임지시는 하나님을 신뢰하는 믿음으로 살겠습니다."

워크숍 9

"네 이웃에 대하여 거짓 증거하지 말라"

(우리는 진리를 증언하고 있는가?)

제9계명과 아홉 번째 재앙

본문: 출애굽기 10장 21-23절, 20장 16절

[21]여호와께서 모세에게 이르시되 하늘을 향하여 네 손을 내밀어 애굽 땅 위
에 흑암이 있게 하라 곧 더듬을 만한 흑암이리라 [22]모세가 하늘을 향하여
손을 내밀매 캄캄한 흑암이 삼 일 동안 애굽 온 땅에 있어서 [23]그동안은 사
람들이 서로 볼 수 없으며 자기 처소에서 일어나는 자가 없으되 온 이스라
엘 자손들이 거주하는 곳에는 빛이 있었더라
[16]네 이웃에 대하여 거짓 증거하지 말라

본문 핵심 요약

아홉 번째 재앙인 '손으로 더듬을 만큼 짙은 흑암'은, 애굽이 오랫동안 태양신을 섬기면서 진리를 가리고 속이며 거짓으로 살아오게 한 애굽인들의 영적이고 도덕적인 어둠의 실체를 외부로 시각화한 사건입니다. 하나님은 거짓의 결국은 관계 단절, 시야 상실, 방향 상실, 그리고 완전한 고립임을 보여 주시며, "태양신은 가짜다. 내가 참 빛이고 진리이고 생명이다"라고 선언하십니다.

제9계명은 단순히 "거짓말하지 말라"는 것이 아니라, "진리의 빛

을 지키라"라는 명령이자, "거짓의 어둠은 결국 너의 삶 전체를 가두게 된다. 그러니 생명의 빛인 나에게로 오라. 나의 빛 안에 거하라"는 부르심입니다.

1. 나는 오늘 어떤 말, 어떤 방식으로 어둠을 만들고 있는가?

애굽에 임한 흑암은 단순한 자연 현상이 아니라 도덕적, 영적 거짓의 결과'를 형상화한 심판이었습니다. 그들을 손으로 더듬을 만한 두려운 어둠으로 인해 서로를 볼 수도 없고, 자리에서 움직일 수도 없었습니다. 거짓은 인간을 이렇게 어둠에 묶어 둡니다. 거짓은 단순한 정보 왜곡이 아니라 관계, 정직, 신뢰, 공동체를 파괴하는 영적 어둠입니다. 한 번의 말이 공동체를 흐려놓고, 한 번의 왜곡이 마음을 가리고, 한 번의 침묵이 관계의 방향을 잃게 합니다. 우리는 말로 빛을 낼 수도 있고, 어둠을 만들 수도 있는 존재입니다.

묵상 질문

» 나는 오늘 누구에게 어둠이 되는 말을 하고 있는가?

- 사실을 왜곡하거나 과장하며 나를 방어하고 있지 않은가?
- 누군가를 해하는 말(뒷말, 비난, 왜곡)을 가볍게 사용하고 있지 않은가?

- 내 유익을 위해 사실을 선택적, 부분적으로 말하고 있지 않은가?
- 사랑을 핑계 삼아 다른 사람을 조종하는 말을 하고 있지 않은가?

» 나는 어떤 방식으로 관계에 흑암을 만들고 있는가?

- 감춰야 할 것처럼 느끼는 마음은 무엇인가?
- 솔직해지지 못하는 이유는 두려움인가?
- 침묵으로 진실을 가리고 있지는 않은가?

» 하나님이 보시기에 오늘 내 말과 의도는 빛인가, 흑암인가?

» 빛이시고 진리이신 주님이 내 안에 계시면 나는 어떤 모습으로 변화될까?

실천사항

1. 나는 오늘도 빛이신 예수님 안에 거했는지, 어둠 가운데 거했는지 스스로를 점검한다.

2. 내가 만들어온 생각과 말의 어둠(왜곡, 비난, 감춤)을 정직하게 하나님께 고백하며 빛으로 돌이킬 수 있는 은혜의 기회로 삼는다.

3. 오늘 한 번이라도 관계를 밝히는 말, 누군가에게 빛이 되는 말을 한다.

4. 말을 할 때마다 '이 말은 빛을 만드는 말인가?'를 점검하는 훈련을 한다.

복음적 결단(Deep Version)

"주님, 제 마음의 두려움과 욕심이 만든 거짓의 어둠을 고백합니다. 저의 거짓이 수많은 관계에 흑암을 드리웠습니다. 이 거짓의 어둠에서 저를 건져 주소서. 제 입술을 정결케 하시고, 진리와 사랑의 말을 하게 하소서. 예수님의 빛이 내 안에 비추사 어둠이 아닌 빛을 전하는 사람으로 세워 주소서. 주님만이 영원한 빛이며 진리이고 생명입니다."

2. 어떤 은밀한 욕심과 자기 합리화라는 포장된 거짓이 내 삶을 지배하고 있는가?

하나님은 우리에게 도둑질을 금하시며, 겉으로 드러나는 행동뿐 아니라 마음 깊은 곳까지 정결하게 지키라고 하십니다. 눈에 보이지 않는 사소한 욕심, "이 정도는 괜찮아"라는 자기 합리화, 아무도 모를 것이라는 생각으로 시작되는 작은 타협들, 이 모든 포장된 거짓은 결국 우리 마음을 조종하고, 삶을 미묘하게 흐립니다. 하나님은 오늘도 "네 마음속 은밀한 욕심이 너를 어둠으로 이끌도록 그대로 둘 것이냐, 아니면 나의 말이 너의 길과 생각을 지키도록 맡기겠느냐?"라고 물으십니다.

겉으로 드러난 죄보다 더 무서운 것은 마음속에서 길러지고 있는 거짓, 죄의 씨앗입니다. 작은 욕심 하나가 결국 행동을 만듭니다. 행동은 습관을, 습관은 결국 우리 삶 전체를 '어두움' 곧 '죽음'으로 규정하게 됩니다. 이렇든 거짓은 결국 나 자신과 타인을 향한 살인의 도구입니다.

묵상 질문

» 나는 오늘 어떤 사소한 욕심과 자기 합리화로 정직을 놓치고 있는가?

- 작은 속임수나 눈가림
- 조금만 숨기면 괜찮을 것 같은 마음
- 사실을 약간 왜곡해도 문제없을 것 같은 마음

» 편의를 위해 진실을 흐리는 선택을 하고 있지 않은가?

- 사소한 편법과 기만
- 번거롭다는 이유로 대충 넘어가는 순간들

» 나만 손해 보는 것 같다는 생각에 조용히 타협하는 순간이 있지 않은가?

- 마음속 비교와 질투
- 다른 사람의 성공이나 위치가 내 마음을 불편하게 만들 때

» 그 감정이 나도 모르는 사이에 판단, 불평, 비난으로 이어지고 있지 않은가?

» 작은 거짓이 내 삶과 관계에 영향을 미치고 있지 않은가?

실천사항

1. 오늘 마음속에서 일어난 작은 탐욕, 자기 합리화의 순간을 솔직하게 기록해 보며 점검한다. 이를 통해 그 욕심이 어떻게 나를 흔들었는지 더 명확히 본다.

2. 오늘 하루 중 작은 정직과 투명함을 행동으로 실천한다. 사람들이 보지 않는 곳에서도 하나님 앞에서 진실하게 행동한다.

3. 하루를 마치면서 조금의 숨김도 없이 마음 깊은 곳까지 점검한다. 이를 통해 하나님이 주시는 내면의 평안과 자유, 하나님과의 친밀함을 경험한다.

복음적 결단

"주님, 제가 작은 욕심과 자기 합리화를 통해 정직함을 잃었던 모든 순간을 내려놓습니다. 이제 이 작은 거짓은 마귀의 본성에서 비롯된 것이며, 나와 타인을 어둠에 가두고 영원한 죽음으로 이끈다는 것을 깨달았습니다. 오늘부터 내 마음을 주님께 맡기며, 내 행동과 생각이 거룩하고 정직하도록 인도해 주소서. 주님 안에서 정직과 청결로 세상을 비추는 빛이 되겠습니다. 예수님 안에서, 내 마음과 손이 주님의 정의와 사랑을 실천하는 도구가 되게 하겠습니다. 하나님만이 참이시며 나를 참되게 하십니다. 나의 거짓을 짊어지시고 죽으셔서 그 거짓의 뿌리를 뽑으시고 부활하신 주님만이 나의 소망입니다."

워크숍 10

"네 이웃의 집을 탐내지 말라"

(탐욕을 버리는 길은 어디에 있는가?)

제10계명과 열 번째 재앙

본문: 출애굽기 11장 4-6절, 20장 17절

4모세가 바로에게 이르되 여호와께서 이와 같이 말씀하시기를 밤중에 내가
애굽 가운데로 들어가리니 5애굽 땅에 있는 모든 처음 난 것은 왕위에 앉아
있는 바로의 장자로부터 맷돌 뒤에 있는 몸종의 장자와 모든 가축의 처음
난 것까지 죽으리니 6애굽 온 땅에 전무후무한 큰 부르짖음이 있으리라
17네 이웃의 집을 탐내지 말라 네 이웃의 아내나 그의 남종이나 그의 여종이
나 그의 소나 그의 나귀나 무릇 네 이웃의 소유를 탐내지 말라

본문 핵심 요약

열 번째 재앙인 장자의 죽음은, 하나님께서 애굽의 처음 난 것들을 치시는 심판을 통해 은밀한 죄와 완고한 마음의 결국을 보여 주시는 공의의 선언입니다. 인간의 통제가 멈춘 밤중에 임하시는 여호와의 손길 앞에서 애굽 전역은 피할 수 없는 부르짖음과 파괴의 현실을 맞게 됩니다.

이는 하나님의 주권과 거룩함을 무시한 결말이며, 애굽이 수백 년 동안 탐욕적으로 이스라엘의 생명과 노동을 삼켜 온 죄의 최종

심판입니다.

제10계명 "탐내지 말라"는 단순히 욕심을 부리지 말라는 것이 아니라, 마음의 욕망 구조 자체를 새롭게 하라는 하나님의 근원적 요구입니다. 죄는 손에서 시작되지 않고 마음의 탐욕에서 시작됩니다. 하나님은 "탐욕은 결국 너의 생명까지 파괴한다. 새 마음을 얻도록 돌아오라"고 부르십니다.

1. 아직도 내 안의 숨은 탐욕이 내 삶을 지배하고 있는가?

애굽의 탐욕은 이스라엘을 종으로 삼아 그들의 노동력, 생명력, 시간, 자유, 가정, 세대까지 빼앗았습니다. 그 탐욕의 결말은 장자를 잃는 파괴였습니다. 탐욕은 단순한 욕심이 아니라 생명을 삼키는 영적 구조입니다. 우리의 삶에서도 탐욕은 이렇게 시작됩니다. "조금만 더 가졌으면…." "저 사람보다 더 나아야 해…." "나도 저걸 가져야 안정되지…." "이 정도 욕심은 당연한 거잖아…."

결국 '조금만 더, 조금만 더'를 외치며 나의 소유와 권세를 위해 창조주보다 피조물을 숭배하고, 세상을 더 사랑하며, 탐욕의 쳇바퀴 속에 갇혀 살아갑니다.

묵상 질문

» 나는 오늘 어떤 형태의 탐욕으로 마음이 흔들리고 있는가?

- 비교의 탐욕 — 다른 사람의 삶을 바라보며 내 것을 하찮게 여기는가?
- 관계의 탐욕 — 사람을 소유하려 하거나 감정적으로 지배하려 하는가?
- 성취의 탐욕 — 끝없는 목표와 높아지려는 욕구에 내 영혼을 불태우고 있는가?
- 물질의 탐욕 — 갖지 못하면 불안해지는 소유에 대한 의존이 있는가?

» 나는 무엇을 갖기 위해서라면 내 신앙과 영혼까지도 희생하려 하는가?

- 그 탐욕은 내 삶에서 무엇을 빼앗고 있는가?
- 그것이 내 관계를 황폐하게 하고 있지는 않은가? 하나님의 영광을 가리고 있지는 않는가?

» 하나님이 오늘 내 마음을 비추신다면 '내 장자'(가장 중요한 것)를 잃을 위기에 있지는 않은가?

실천사항

1. 나도 어찌 할 수 없는 내 마음 깊은 곳에서 작동하는 탐욕의 이름을 정직하게 점검하며 내어놓는다.

2. 오늘 하루 동안 그 탐욕이 요구하는 행동을 거절하는 작은 순종으로 영적 승리를 경험한다.

3. 하나님께서 주시는 만족과 평안이 소유나 높음이나 강함보다 훨씬 크다는 사실을 묵상하며 고백한다.

복음적 결단

"주님, 제 마음을 삼키던 탐욕을 내려놓습니다. 더 갖고 싶어 했고, 더 나아야 한다고 스스로를 몰아세웠으며, 다른 이의 것을 바라보며 하나님을 원망하기도 했습니다. 이 탐욕이 결국 제 영혼을 파괴한다는 것을 깨닫습니다. 주님, 제 마음을 새롭게 하시고, 예수님의 마음으로 채워 주소서. 욕망이 아닌 성령을 따라 살게 하소서. 주님만이 나의 기업이시며, 나의 넘치는 복이십니다."

2. 나는 지금 무엇을 갈망하며 살아가고 있는가?

애굽의 장자 재앙은 단순한 벌이 아니라, 하나님이 아닌 것을 갈망한 마음의 최후를 보여 줍니다. 애굽은 권세, 소유, 지배를 갈망했습니다. 그 욕망으로 인해 결국 가장 소중한 것이자 애굽의 심장, 미래와 희망의 상징인 장자를 잃었습니다.

하나님은 이 사건을 통해, "너의 갈망은 생명을 살리고 있느냐, 아니면 너의 장자를 앗아가는 우상이 되고 있느냐? 너의 마음이 지금 무엇을 향하고 있느냐?"라고 물으십니다.

"네 이웃의 그 어떤 것도 탐내지 말라." 이는 단지 소유의 문제를 넘어, 마음이 향하는 갈망의 방향을 바로잡으라는 하나님의 생명의 부르심입니다. 우리의 갈망은 결국 삶의 방향, 생각의 중심, 선택의 기준, 하나님과의 관계까지 결정합니다. 그러므로 우리의 마음을 빼앗는 거짓된 충만의 대상을 내려놓고, 우리의 갈망 전체가 하나님을 향해야 합니다.

묵상 질문

» 나는 지금 무엇을 가장 깊이 갈망하며 살아가고 있는가?

- 성공
- 인정받음
- 안전과 소유
- 인맥

» 이 갈망은 내 삶에서 무엇을 빼앗고 있는가?

- 기도의 자리
- 말씀에 귀 기울이는 감각
- 하나님 안에서 누리던 자유와 기쁨
- 건강한 교제와 사랑

» 내가 지금 갈망하는 그 대상이 하나님의 자리에 앉아 영적 장자를 위협하는 우상이 되어 있지 않은가?

» 하나님이 오늘 내 마음을 비추신다면 그 갈망은 하나님이 주신 생명을 살리는 갈망인가, 하나님 없이도 만족하려는 죽음의 욕망인가?

실천사항

1. 내 마음 깊은 곳에서 계속 소리를 내는 '최우선의 갈망'의 정체를 기록하고 정직하게 드러낸다(사람, 성취, 소유, 인정, 감정적 충족 등).

2. 오늘 하루 동안 그 갈망이 요구하는 행동 중 하나라도 거절하는 작은 순종을 실천한다. 잠들기 전, 하나님 안에서만 누릴 수 있는 만족과 평안을 조용히 묵상한다.

3. 세상에 대한 갈망을 멈추기 힘들 때마다, "내 영혼을 채우는 분은 오직 주님뿐입니다"라고 고백하며 승리하는 훈련을 한다.

복음적 결단

"주님, 제 마음에는 세상의 욕망을 이루고 싶은 죽음의 갈망이 가득함을 고백합니다. 이제 주님을 가로막고 나를 지배하던 세상의 갈망을 주님 앞에 내려놓습니다. 더 가지려는 열망, 더 인정받고 싶은 목마름, 내가 만든 안정과 성공에 의지하려던 마음을 회개합니다. 오늘, 제 마음의 왕좌를 다시 주님께 내어드립니다. 주님이 나의 만족이고 평안이며, 나의 미래입니다. 욕망이 아닌 복음의 자유, 소유가 아닌 성령의 만족, 비교가 아닌 하나님의 사랑으로 살아가게 하소서. 주님, 제가 갈망해야 할 대상은 오직 주님뿐입니다."

누가 우리의 왕인가

1판 1쇄 발행 _ 2025년 12월 26일
1판 6쇄 발행 _ 2026년 2월 25일

지은이 _ 서대천
펴낸이 _ 이형규
펴낸곳 _ 쿰란출판사

주소 _ 서울특별시 종로구 이화장길 6
편집부 _ 745-1007, 745-1301~2, 743-1300
영업부 _ 747-1004, FAX 745-8490
본사평생전화번호 _ 0502-756-1004
홈페이지 _ http://www.qumran.co.kr
E-mail _ qrbooks@daum.net / qrbooks@gmail.com
한글인터넷주소 _ 쿰란, 쿰란출판사
페이스북 _ www.facebook.com/qumranpeople
인스타그램 _ www.instagram.com/qrbooks
등록 _ 제1-670호(1988.2.27)
책임교열 _ 이주련·최진희

 ISBN 979-11-24013-48-9 93230

책값은 뒤표지에 있습니다.